ARSÈNE HOUSSAYE :

HISTOIRE DU 41ᵉ FAUTEUIL DE L'ACADÉMIE
DEPUIS MOLIÈRE JUSQU'A BÉRANGER

7ᵉ édition. — Portrait. — 1 volume in-8º cavalier.

Mˡˡᵉ DE LA VALLIÈRE ET Mᵐᵉ DE MONTESPAN
ÉTUDES SUR LA COUR DE LOUIS XIV

5ᵉ édition. — Portraits. — 1 volume in-8º cavalier.

LE ROI VOLTAIRE
SA COUR — SES MINISTRES — SON PEUPLE — SES CONQUÊTES — SON DIEU

5ᵉ édition. — Gravures. — 1 volume in-8º cavalier.

HISTOIRE DE L'ART FRANÇAIS AU XVIIIᵉ SIÈCLE
SCULPTEURS — PEINTRES — MUSICIENS

Nouvelle édition. — 1 volume in-8º cavalier glacé. — Portraits.

VOYAGE A MA FENÊTRE

1 volume in-8º cavalier. — Gravures de Johannot.

PRINCESSES DE COMÉDIE ET DÉESSES D'OPÉRA

1 volume in-8º cavalier. — Gravures de Flameng.

LES CHARMETTES
JEAN-JACQUES ET Mᵐᵉ DE WARENS

2ᵉ édition. — 1 vol. in-8º.

LUCIANA MARIANI, HISTOIRE PARISIENNE

6ᵉ édition. 1 volume grand in-18.

LA PÉCHERESSE

Nouvelle édition. 1 volume grand in-18.

LE VIOLON DE FRANJOLÉ

Nouvelle édition. 1 vol. gr. in-18

BLANCHE ET MARGUERITE

Nouvelle édition. 1 vol. gr. in-18.

MADEMOISELLE

CLÉOPATRE

Histoire Parisienne

MADEMOISELLE CLÉOPATRE

Histoire Parisienne

PAR

ARSÈNE HOUSSAYE

PARIS

MICHEL LÉVY FRÈRES, LIBRAIRES ÉDITEURS

RUE VIVIENNE, 2 BIS, ET BOULEVARD DES ITALIENS, 15

A LA LIBRAIRIE NOUVELLE

—

1864

Tous droits réservés

A LA PRINCESSE ***

MADAME,

A Bade, au trente et quarante, à Venise, dans votre gondole, à Palerme, sous les orangers de votre jardin, vous m'avez demandé un conte : voici une histoire.

Vous la lirez, vous qui avez vu Cléopâtre à Bade, vous qui avez vu à Rome la marquise Cavoni, et vous reconnaîtrez un monde que ne connaissent bien maintenant que ceux qui n'en sont pas. Quand tant d'autres diront que tout ceci est impossible, vous direz : C'est vrai. Car si vous êtes blanche et fière comme le marbre, c'est que vous avez pâli sous les passions, c'est que vous avez souffert en les défiant ; c'est que, devinant l'abîme, vous n'avez pas condamné les victimes des tourmentes que vous traversiez victorieuse.

A LA PRINCESSE ***

Ce n'est pas le premier livre que je vous dédie. C'est tout simple : l'auteur d'un livre est comme une planète, qui pour les uns est en pleine lumière, quand pour les autres il est dans les ténèbres : votre esprit ne connait pas les ténèbres.

Si on vous demande pourquoi j'ai écrit ce drame parisien, quand je pouvais lire Homère, admirer Léonard de Vinci, interroger les sphinx aux lèvres roses, courir les mondes, rêver dans la forêt, fumer à Tortoni, — ou vous écouter, vous seule qui contez les plus beaux romans :

Vous répondrez que j'ai écrit, parce que j'ai été spectateur; parce que c'est en agitant les flammes des passions qu'on aspire l'air vif de la vertu, comme après l'orage on respire allégrement la saveur sauvage des buissons d'églantines.

AR— H—YE.

MADEMOISELLE

CLÉOPATRE

I.

STRADELLA ET LA PLUIE-QUI-MARCHE.

Ce jour-là, le 5 juin 1863, mademoiselle Cléopâtre, à peine éveillée, se coucha voluptueusement dans sa victoria attelée en demi-daumont. Il était trois heures; le soleil, contre son habitude, répandait ses gerbes d'or sur Paris; la gaieté éclatait en mille rayons. Ceux qui n'avaient rien à faire prenaient leur part de soleil.

La victoria était emportée par deux admirables chevaux, crinières aux vents, yeux de feu, fiertés de race, fronts indomptables. Et pourtant ces diables à quatre, trente-six quartiers de noblesse, étaient domptés par un écuyer de seize ans qui avait tout l'air de M. de Cupidon poudré à frimas, casaque bleu de ciel, casquette rayée d'or, bottes à la Souwaroff qui rappelaient, d'un peu loin, celles du chat botté.

— Mes beaux chevaux! dit mademoiselle Cléopâtre ; comme ils vont désespérer mes ennemis aujourd'hui!

Elle promenait plus encore ses chevaux qu'elle-même.

Et elle se pencha à droite et à gauche pour voir les robes noires des deux merveilleuses bêtes qui dévoraient l'espace avec un entrain et une fierté dont s'émerveillaient messieurs les chevaliers du turf. Près de l'Arc de Triomphe, comme on venait d'arroser avec abondance, l'un d'eux fut éclaboussé et se retourna furieux ; mais dès qu'il reconnut l'attelage de mademoiselle Cléopâtre, il salua et s'écria avec enthousiasme :

— Ah! Stradella et la Pluie-qui-Marche! les plus belles bêtes de Paris!

Mademoiselle Cléopâtre était allée elle-même en Angleterre pour acheter ses chevaux. Les railleurs, tout en les estimant très-haut, disaient qu'ils ne lui avaient pas coûté cher. Ils lui avaient coûté deux mille livres sterling, sans compter quelques poignées de napoléons jetées aux valets d'écurie et aux maquignons ; il est vrai que la main de Cléopâtre était si petite !

A Chantilly, aux dernières courses, on lui avait offert, au nom d'un prince — qui désirait garder l'anonyme, — cinquante mille francs de ses deux chevaux. Elle avait répondu : — Ni pour or, ni pour argent; j'aimerais mieux me séparer de mon amant que de mes chevaux. — Je vous crois sans peine, avait dit l'ambassadeur du prince ; mais, si vous voulez, vous ne vous séparerez pas de vos chevaux. Ils seront encore à vous, seulement ils vous conduiront par un autre chemin.

Mademoiselle Cléopâtre avait refusé du même coup le prince et ses cinquante mille francs, ce que mademoiselle Chantilly et la Dame de Carreau trouvèrent outrecuidant: — les femmes ne comprenant pas les femmes qui ont un quart d'heure de vertu.

Mademoiselle Cléopâtre descendait l'avenue de l'Impératrice avec ce beau dédain qui la relevait presque de ses chutes. A peine répondait-elle par un sourire perdu à tous les saluts que les jeunes gens lui offraient au passage, pour se prouver — les fats —

qu'ils étaient fort de ses amis, — illusion qui ne trompait qu'eux-mêmes.

Elle fermait à demi ses beaux yeux, jouant des paupières et des cils comme d'autres jouent de l'éventail. En descendant de sa chambre à coucher pour monter dans sa victoria, elle n'avait fait que changer de lit. On eût dit qu'elle poursuivait un songe amoureux après un sommeil interrompu. Elle pensait peut-être tout simplement au mémoire de sa blanchisseuse. Les jeunes gens qui la voyaient ainsi enviaient tous son amant, et se demandaient par quelle force invisible M. Max Auvray régnait despotiquement sur ce cœur rebelle et cet esprit impérieux.

Cléopâtre n'était pas précisément le nom de baptême de la dame. On vous dira bientôt son histoire d'hier. — Une fille bien née, — une cantatrice, — une grande dame, — une courtisane. — On peut déjà vous dire pourquoi elle portait le nom de la reine d'Égypte, quoiqu'elle fût de Troyes en Champagne.

Elle avait une passion pour les perles, — non pas toutefois jusqu'à en faire dissoudre quelques-unes pour son déjeuner. Elle aimait les perles comme d'autres aiment les roses, — les chiffons, — les dentelles, — le vin de Chypre, — le jambon d'York et autres agaceries des yeux et des lèvres. Comme elle le disait à la Dame de Carreau, elle couchait seule, mais jamais sans son collier à trois cents perles, la merveille des deux mondes. Elle sentait vivre ses perles sur le satin de son beau cou, elle frissonnait voluptueusement sous les caresses froides de ces filles de la mer.

Les perles de Cléopâtre étaient du plus bel orient ; elles venaient du golfe Persique, comme les belles filles viennent d'Arles, de Rome ou de Venise. Elles avaient enrichi trois pêcheurs des îles d'Ormuz. Le Hollandais qui les vendit à l'amant de Cléopâtre lui dit que c'étaient des perles de reines ou des reines de perles.

Cléopâtre adorait ses perles parce qu'elles étaient incomparables et parce qu'elles étaient venues, toutes virginales, caresser son cou. Porter un collier qui a fait mille fois depuis cent ans le tour du monde et le tour des femmes, c'est peut-être le luxe des orgueilleuses, mais sentir rouler sur son cou cette rosée toute fraîche tombée du sein de Vénus, c'est le luxe des Cléopâtres.

— Pour tout mon vrai collier de perles, disait Cléopâtre avec un sourire cruel, ce sont les larmes que j'ai fait répandre.

Aux premiers arbres du bois, mademoiselle Cléopâtre se croisa avec la Dame de Carreau qui avait dans sa calèche mademoiselle Chantilly, surnommée la Taciturne, un miracle de bêtise humaine.

Cléopâtre permettait à ces demoiselles de lui parler, parce qu'elles étaient fort belles et qu'à son point de vue la beauté était un brevet de noblesse.

— Ah! voilà Cléopâtre, s'écria Chantilly.

Et d'un coup d'ombrelle elle fit signe à son cocher d'arrêter court.

Mademoiselle Cléopâtre voulait passer outre, mais la Dame de Carreau donna, d'un air décidé, l'ordre d'arrêter Stradella et la Pluie-qui-Marche.

— Pourquoi me réveilles-tu? demanda mademoiselle Cléopâtre.

— Parce que le feu est à la maison, répondit la Dame de Carreau.

— Chut! murmura mademoiselle Cléopâtre; ne vas-tu pas conter nos aventures à tous les échos d'alentour? Tu ne vois donc pas que ces coqueluchons écoutent aux portes?

— Voilà un mot qui restera, dit la Dame de Carreau, en regardant les cavaliers qui s'étaient approchés.

— Je saute dans ton carrosse, dit la Taciturne.

— De grâce, ma chère, mon lit est si étroit! Tu sais bien que je me couche toujours seule.

— Je ne doute pas que tu ne te couches toujours seule, mais tu te coucheras d'autant plus seule cette nuit que ton amant sera ce soir à Clichy.

— Max !

— Oui, Max. Tu croyais que tous les chercheurs d'or travaillaient pour lui, mais la Californie lui est fermée.

— Qui t'a dit cela ?

— Mon agent de change.

— Lequel ?

— Est-ce qu'elle le sait ? dit Dame de Carreau ; tous les agents de change font des affaires avec Chantilly.

Mademoiselle Cléopâtre ne put s'empêcher de sourire, mais la Taciturne dit en se mordant les lèvres :

— Tous les agents de change ne font pas des affaires avec Max.

— A cette heure, reprit la Dame de Carreau, je n'en sais pas un seul qui voulût acheter ou vendre pour lui trente-six mille à prime, dont cinq sous. Il avait trop compté sur la baisse ; moi, je ne jouerai jamais qu'à la hausse. Songez donc qu'il avait vendu cinq mille mobiliers à mille cinquante, les uns à terme, les autres dont vingt et dont dix ; on n'est pas plus imprudent.

— Comment, dit mademoiselle Cléopâtre, Max jouait à la Bourse?

— Tu n'en savais rien! s'écria la Dame de Carreau. T'imaginais-tu donc qu'il remuât des millions en ciselant, comme son père, un bracelet pour moi ou un plat d'argent pour t'offrir son cœur?

— Je n'y avais pas songé, dit Cléopâtre avec ce beau naturel des femmes qui ne s'inquiètent jamais d'où vient l'argent ni où va leur vertu.

Les courtisanes s'imaginent que l'or doit venir à elles comme le soleil aux roses, comme la lune aux amoureux, comme le fleuve à l'Océan.

— A propos, dit Chantilly, tu n'oublies pas que je donne ce soir un souper de la décadence.

— A la bonne heure, dit la Dame de Carreau, tu commences à profiter de mes vocables.

— J'irai, dit Cléopâtre.

Sur un signe au postillon, Stradella et la Pluie-qui-Marche s'envolèrent vers la rivière. Cléopâtre reprit ses airs à la fois victorieux et penchés, regardant du haut de son dédain les enthousiastes et les critiques de sa beauté.

II.

QUE POUR SAVOIR L'HISTOIRE DE M. RODOLPHE DE MARCILLAC IL FAUDRAIT SAVOIR L'HISTOIRE DE MADEMOISELLE CLÉOPATRE.

Quand la victoria fut au bord de la rivière, deux jeunes cavaliers, le duc Guy de Chavailles et le comte Rodolphe de Marcillac, qui revenaient de Jérusalem et qui sans doute ne voulaient pas retourner en terre sainte, aventurèrent leurs chevaux pour mieux voir Cléopâtre.

— Tu la connais? dit le duc à son ami.

— Non, répondit le jeune homme en cachant son émotion.

— L'autre soir elle a chanté les grands airs de Verdi et de Meyerbeer.

— Oui, comme la Patti. Elle a passé trois ans à Milan et à Naples.

— C'est singulier, reprit le duc, elle est si belle qu'elle me fait peur.

— Quelle idée! C'est mademoiselle Léonie qui te fait peur? Depuis quand as-tu peur d'une belle femme?

— Depuis que j'ai lu un proverbe arabe dans le Dictionnaire de M. Littré; écoute : *La beauté est un navire qui jette toutes les marchandises à la mer.*

— Ce qui ne l'empêche pas de faire naufrage. Sais-tu ce qui arrivera un jour, c'est que Cléopâtre se jettera en pleine mer et que je m'y jetterai avec elle.

— Donc tu la connais?

— Eh bien, oui, j'ai été son premier amant et je serai le dernier.

Rodolphe s'était singulièrement attristé.

— Pourquoi as-tu passé la main?

— Parce que je ne connaissais pas mon jeu.

— Et pourquoi ne vas-tu pas à elle aujourd'hui, si tu l'as aimée hier, — si tu l'aimeras demain?

— Parce que aujourd'hui il y a entre nous une montagne, un volcan, un océan, que sais-je!

— Pas de phrases, il y a un homme.

— S'il n'y avait que cela !

Le jeune comte exprima un dédain superbe.

— Dis-moi, est-ce que c'est vraiment une femme hors ligne ?

— Oui, comme Cléopâtre.

— Pourquoi l'a-t-on surnommée Cléopâtre ?

— Je ne sais pas. Elle se nomme Angèle. Elle ne pouvait pas se nommer Angèle dans le monde où elle vit.

— J'aime mieux Cléopâtre. Pour conserver la fraîcheur de sa maîtresse, Bolingbroke lui donnait des faisans nourris de sang de vipère. Dans la beauté de toutes ces courtisanes il y a du sang de vipère. Quand l'aspic mordit le sein de la vraie Cléopâtre... Tu ne m'écoutes pas, Rodolphe ?

— Je t'écoute, mais je suis indigné de ce mot : *courtisane*. C'est une cantatrice.

— Qui a perdu sa voix et qui fait chanter ceux qui l'aiment.

— Courtisane ! Va donc lui offrir ton cœur et ta bourse ! Et d'ailleurs, où commence, où finit la courtisane ? Elle commence à Sappho et à Aspasie, elle finit à Ninon de Lenclos et à Sophie Arnould. Elle va du libertinage de l'esprit à celui du cœur, en passant par le vrai libertinage, comme Marion Delorme. Mais combien qui ont eu les heures de sainte Thérèse! Sache bien qu'on ne peut pas dire de la Cléopâtre qui va passer devant nous que c'est un carrosse de Brion qu'on loue à l'heure ou à la journée pour prendre, à La Marche ou à Longchamp, des airs de marquis. La Cléopâtre est tout une, elle se donne et ne se vend pas.

— Et qui donc lui paye ses robes et ses chevaux? Elle a un hôtel rue du Cirque et un château je ne sais où.

— Tu t'imagines qu'elle a tout cela! Elle est dans tout cela, mais elle n'a rien. Tu la verras tout abandonner à sa prochaine fantaisie. Pour quelques femmes, l'amour c'est l'argent; pour quelques autres, c'est la curiosité; pour elle l'amour, c'est l'amour.

Cléopâtre venait de dépasser les deux cavaliers.

— Elle ne t'a pas vu, dit le duc à son ami.

— Elle me croit au bout du monde. Mais je lui ai écrit aujourd'hui.

— Conte-moi donc cette histoire.

— Non. Puisque tu as cité les Arabes, je vais te dire aussi un de leurs proverbes : « *Ne parle jamais de ton voisin, mais parle encore moins de toi.* » D'ailleurs, les histoires amoureuses ne sont bonnes que pour celui qui se les conte à soi-même. — Quand tu rencontreras Cléopâtre, demande-lui son histoire, son histoire c'est la mienne.

— Sais-tu, dit le duc, je trouve qu'elle ressemble prodigieusement à la marquise Vittoria Cavoni.

— Es-tu fou! La marquise est brune et Cléopâtre est blonde.

— Oui, mais dans l'air de tête, dans la profondeur du regard, dans je ne sais quoi d'étrange et d'attractif, je reconnais la marquise.

— Tu as peut-être raison; mais je l'ai à peine vue un soir chez ta cousine et un matin à Sainte-Clotilde.

— Crois-tu à la fatalité?

— Oui, puisque je ne fais jamais ce que je veux faire.

— Eh bien, ces deux femmes, celle que j'aime et celle que tu aimes, voilà notre destinée. Tout ce qu'elles feront contre nous, tout ce que nous ferons pour elles, *c'est écrit là-haut!*

III.

PORTRAIT DE MADEMOISELLE CLÉOPATRE.

Mademoiselle Cléopâtre était belle comme la beauté. Les plus graves ne voyaient pas sans émotion ses beaux cheveux vénitiens ondés à la grecque, ses yeux bleus profonds comme le ciel et voilés par de longs cils bruns, sa bouche voluptueusement entr'ouverte, ses grâces de roseau penché, l'exquise distinction de son sourire, qui tempérait la sereine fierté de son regard. Vue de profil, c'était la beauté des statues; mais vue de face, Cléopâtre se féminisait : c'était la femme trois fois vivante qui portait sur sa figure toutes les passions de son temps.

On la trouvait un peu pâle dans ses moments de repos, dans ses heures de rêverie; mais dans ses réveils, le sang s'annonçait doucement sur ses joues comme les premières teintes de l'aurore sur le ciel froid du matin.

Ce n'était pas cependant « la beauté incomparable des héroïnes de roman. » Plus d'une chose en elle la désespérait, mais elle avait l'art de cacher ses défauts. Un grain de petite vérole volante qui avait marqué au coin des lèvres était devenu, sous son pinceau savant, un grain de beauté « d'un charme irrésistible, » selon l'expression stéréotypée d'un de ses adorateurs.

Un de ses sourcils avait été un peu brûlé; mais elle le peignait si bien, qu'il eût fallu la regarder à la loupe pour reconnaître l'art dans la nature.

Pourquoi ces critiques? Comme disait si bien M. de Voltaire, il n'y a que les petits esprits qui constatent les imperfections des chefs-d'œuvre; or, mademoiselle Cléopâtre était un chef-d'œuvre.

C'était plutôt une Junon qu'une Vénus, une duchesse qu'une courtisane. Elle avait les nonchalances voluptueuses, mais elle avait les fiertés indomptables. Ce qui frappait en elle au premier abord, c'était la majesté. On disait d'elle, tout en la jugeant de haut : « Elle a du sang et de la race. » D'où cela lui venait-il? C'est là le miracle des destinées. Dieu crée des reines où il lui plaît, sans consulter le livre héraldique. Le plus souvent, les courtisanes ne sont pas nées sur les marches d'un trône, ce qui ne les empêche pas d'être de siècle en siècle les plus rares exemplaires de la beauté humaine, de la beauté corporelle, de la beauté visible. Les femmes du monde, les femmes du peuple qui ne courent pas les hasards de l'amour ne sont pas déshéritées pour cela; elles ont la beauté immatérielle et divine, celle qui resplendit sous les rayons de l'âme.

Il faut bien le dire, la nature ne finit pas son œuvre, elle ébauche largement, elle oublie dans sa rapidité d'exécution certaines nuances qui parachèvent. On sent le pouce du grand sculpteur, mais l'art humain ne nuit pas à l'art divin. Or, les courtisanes ont cet art inné de corriger les fautes de l'auteur : l'une en inventant pour sa chevelure des gerbes opulentes ou des coiffures de statues; l'autre en accusant, par un crayon savant, un sourcil mal dessiné; celle-ci en apprenant le sourire amoureux ou en jouant la malice provocante; celle-là en retrouvant, à force de chercher des poses, les grands airs des déesses et *cette grâce plus belle encore que la beauté*. Et je ne parle pas du génie de s'habiller, que toutes possèdent, les unes à force d'argent, les autres par cet instinct des coquetteries qui leur vient même avant d'aimer.

Ceux qui vivent à Paris dans la région des enfants prodigues et des courtisanes, — vieux mots qui seront toujours nouveaux, — se souviendront longtemps du luxe inouï de cette Cléopâtre qui amenait à ses pieds les plus dédaigneux. Dès qu'elle se fut montrée, dès qu'elle eut levé le masque, elle régna impérieusement par sa beauté et par son esprit. Elle gouverna la mode. On ne jurait que par elle; c'était le plus admirable scandale qui eût jamais désespéré les femmes du monde. Ce qu'il y avait de merveilleux, c'est qu'elle les désarmait par sa suprême distinction. On disait d'ailleurs, sans trop savoir son origine, que c'était une fille bien née qui se vengeait d'une trahison.

Elle avait eu l'esprit de mettre les artistes et les gens de lettres de son parti. C'étaient d'ailleurs ses alliés naturels. Mademoiselle Cléopâtre était musicienne comme les Garcia, et elle dessinait comme madame Henriette Browne.

Voulez-vous savoir comment mademoiselle Cléopâtre était habillée ce jour-là?

Elle régnait sur les couturières et les modistes célèbres avec le despotisme, le caprice et la fantaisie de la beauté, qui a toujours raison, quoi qu'elle fasse. Cléopâtre, d'ailleurs, qui peignait au pastel avec un vrai sentiment de la ligne et de la couleur, se fût bien gardée, quand elle commandait une robe ou un chapeau, d'indiquer des formes extravagantes et de choisir des tons tapageurs.

Elle posait pour la simplicité; seulement c'était la simplicité d'une duchesse qui a trois cent mille livres de rente; elle dédaignait les étoffes à ramages, qui, pour beaucoup, sont le miroir aux alouettes; elle se contentait des étoffes d'une seule teinte, mais tout le monde se demandait où elle les trouvait, tant c'étaient des merveilles par l'éclat et le velouté, par la majesté des plis, par la splendeur des effets.

On ne les trouvait pas, ces admirables étoffes; depuis plus d'un an déjà on travaillait pour Cléopâtre seule les plus belles soies et les plus beaux velours. Plus d'une femme du meilleur monde avait beau courir les magasins, écrire à Lyon et à Londres, elle perdait son temps.

Une actrice célèbre, jalouse des robes de la courtisane, s'imagina qu'elle lui prendrait son secret en lui prenant sa femme de chambre; mais Cléopâtre était impénétrable même pour sa femme de chambre.

Son art de s'habiller s'étendait à tout; elle se fût trouvée fort mal mise dans une voiture de mauvais style avec des chevaux d'occasion. Il fallait toujours que le cadre fût digne du tableau. Elle avait transformé tous les carrossiers. Les turfistes les plus renommés étudiaient son regard quand ils produisaient au Bois quelque attelage hors ligne. Quand on pouvait dire : « La Cléopâtre donnerait bien vingt mille francs de mes deux chevaux, » on croyait que tout était dit.

Et avec quelle éloquence elle développait sa théorie du luxe et du style en toutes choses ! Faut-il descendre aux détails ? Par exemple, ce jour-là, la Dame de Carreau était affublée d'une robe tapageuse aux larges envergures et à la queue invraisemblable, une avalanche de taffetas qui eût habillé une demi-douzaine de pauvres filles. Cléopâtre, au contraire, portait une robe aux nuances fondues rose et blanche, d'une coupe discrète, qui prouvait que, tout en s'inquiétant des accessoires, le portrait devait dominer le cadre.

— N'est-ce pas, lui dit la Dame de Carreau, que ma couturière a de belles inspirations?

— Oui, ta robe est tout un monde, mais elle est hors de saison, puisque tu n'as pas de nègre pour porter ta queue.

Au premier aspect, les chapeaux de Cléopâtre étaient comme tous les chapeaux du monde; mais, ainsi que pour les robes, elle avait ses couleurs. Et ses fleurs, dans quel jardin féerique les cueillait-elle? Et ses plumes, où était l'oiseau de paradis perdu qui les lui apportait? Qui donc avait l'art de nouer ainsi les rubans? Et quelle fraîcheur! Combien d'heures durait ce magique travail de quelque fée parisienne? Tous les dimanches, la marchande à la toilette venait acheter sept chapeaux à sa fille de chambre.

Et à propos de coiffure, dirai-je avec quel goût charmant elle éparpillait en gerbes prodigues ses cheveux sur son front? On voyait bien qu'elle avait étudié les statues antiques. Elle n'avait garde de se découvrir les tempes; ses bandeaux ondoyaient jusqu'à ses sourcils et baignaient même le coin de ses yeux, ce qui donnait à ses regards je ne sais quoi de voilé, de voluptueux, de corrégien. Zeuxis a représenté ainsi Vénus. Baudry dit un jour à Cléopâtre:

« Quelle belle Diane sous la ramée je peindrais en vous regardant, si vous vouliez dénouer un peu votre ceinture pour moi! » Mais Cléopâtre lui répondit : « Je ne pose pas même devant l'Amour. »

IV.

LE DERNIER SALON DE PARIS.

Mademoiselle Cléopâtre fit deux fois le tour de la rivière avec son beau dédain et ses attitudes impérieuses.

Les femmes du monde la regardaient avec fureur, disant presque toutes :

— Cette créature!

La vieille madame de ***, qui était avec son cousin le hussard, lui dit ingénument :

— Voilà pourtant, mon cher Arthur, les demoiselles pour qui nos maris nous abandonnent.

Le hussard rit dans sa moustache, en pensant

qu'il abandonnerait volontiers sa cousine pour mademoiselle Cléopâtre.

La femme du banquier *** fit un bleu à son mari, parce qu'il se retourna afin de voir plus longtemps la belle nonchalante.

— Si c'est pour cela que tu viens au Bois.

— Les beaux chevaux! dit le mari prudent, qui ne voulait pas que le soir sa maîtresse pût lui demander qui l'avait tatoué ainsi.

Le dernier salon, c'est le bois de Boulogne. C'est là que les belles promeneuses de l'an de grâce 1864 se font des visites de quatre à six heures. Elles se saluent d'un sourire, elles se parlent d'un regard, et tout est dit. Et que voulez-vous dire de plus? N'y a-t-il pas le grand et le petit journal? Tout ce qu'on pourrait conter le soir est imprimé le matin. Ce qu'on n'imprime pas se lit sur la voiture, sur la robe, sur le chapeau, sur la physionomie des promeneuses. Si on est dans son coupé, c'est qu'on a ses raisons pour n'être pas au grand jour. Si la robe est claire, c'est que le cœur est en fête. Si le chapeau a un voile, c'est qu'on cachera quelque chose à son prochain. Si la physionomie est triste, c'est que le rendez-vous du hasard est manqué. Je n'indique que l'alphabet de la langue du Bois. C'est mieux qu'un spectacle dans un fauteuil, ce spectacle dans une victoria, dans une calèche ou dans un coupé! on remue sans faire un mouvement. On dort à demi, on rêve et on regarde. On épie la nouvelle du jour dans le vrai monde ou dans le mauvais monde. De quel côté est le plus joli scandale?

Une vraie grande dame qui passait en landau salua Cléopâtre d'un charmant sourire bien connu dans la franc-maçonnerie des femmes.

Je dirai plus loin comment mademoiselle Cléopâtre et la duchesse d'Armailly avaient franchi l'abîme — jonché de roses — qui séparait leur blason.

Paris est comme une bibliothèque en désordre, où les livres les plus graves côtoient les romans les plus légers. Il y a à faire toute une géographie mondaine de Paris; mais quel est le Malte-Brun qui pourra jamais marquer les limites des divers mondes dans ce flux et ce reflux où ils se confondent tous? Combien de contrastes et combien de nuances? Dans le meilleur monde, il y a du plus mauvais, dans les plus mauvais il y a du meilleur. Ces dames ne reçoivent pas ces demoiselles; les comédiennes ne daignent aller que chez les femmes déchues, car la femme déchue garde toujours quelque chose de son origine. Le faubourg Saint-Germain ne reçoit pas le faubourg Saint-Honoré, qui ne reçoit pas la Chaussée-d'Antin, qui ne reçoit pas le Marais. Les Champs-Élysées forment un monde à part, où l'on ne se reconnaît jamais, tant il y a d'étrangers. La haute galanterie s'y accentue depuis quelque temps, abandonnant le pays Notre-Dame des Lorettes aux danseuses du Château des Fleurs.

C'était aux Champs-Élysées que Cléopâtre avait fondé son despotisme.

V.

COMMENT L'ESPRIT VIENT AUX FILLES.

Cléopâtre descendit de sa victoria pour aller émietter du pain aux cygnes. La Taciturne la rejoignit bientôt avec des gâteaux.

Qu'est-ce que la Taciturne? C'est une grande fille, venue je ne sais d'où et qui va au même endroit. Elle est bête à faire peur, bête au point que si, à force de remuer des mots, elle finit par trouver un mot qui soit drôle, — comme ces gens qui, à force de jouer à la loterie, finissent par prendre un bon numéro, — elle se hâte de désavouer son mot, dans la crainte d'avoir dit une bêtise. Avec cela de la figure, un estomac d'autruche pour souper, des vices d'occasion; au demeurant, la meilleure fille du monde.

— Pourquoi ces airs penchés; lui dit Cléopâtre? on dirait un saule pleureur qui a reçu un coup de vent.

— Ah! ma chère, si tu savais comme je m'ennuie, tous mes amis sont en voyage.

— Je t'ai vue hier aux Italiens, avec le duc d'H***.

— Oui; mais il m'a dit que j'avais décidément trop d'esprit pour lui tout seul. Il m'a planté là, au beau milieu de la représentation.

Cléopâtre se mit à rire.

— Que lui avais-tu dit?

— On jouait la *Gazza ladra*; je lui ai demandé si c'était Alboni qui jouait le rôle de la Gazza ladra.

— Je comprends. Écoute, ma chère, veux-tu que je te donne de l'esprit?

— Tu vas encore te moquer de moi.

— Non, je veux que tous ces fats qui rient quand tu parles soient bientôt stupéfaits de ta métamorphose. C'est si facile d'avoir plus d'esprit qu'eux.

— Comment faire?

— Écoute-moi bien. Ta bêtise est de trop parler.

— Quand je ne disais rien du tout, on me trouvait bien plus bête encore.

— Eh bien! à partir d'aujourd'hui, tu ne parleras ni trop ni trop peu; retiens bien les quatre phrases que je vais t'apprendre; c'est toute une grammaire, c'est l'alpha et l'oméga, c'est le premier et le dernier mot de l'esprit. Tu jures de ne pas dire autre chose que ces quatre phrases?

— Oui.

— Eh bien! retiens-les: — *J'en accepte l'augure.* — *Question d'argent.* — *Ni oui, ni non.* — *Je suis désarmée.* Avec ces quatre mots, tu peux répondre à tout. Et pour varier, tu chanteras par-ci par-là un air nouveau.

— Tu es folle. Comment veux-tu que je réponde à tout avec: *Ni oui, ni non?*

— Chut! voilà tout justement le prince Élim qui vient à nous; essaye ton nouveau répertoire, tu verras comme il sera émerveillé de ton esprit!

— C'est une farce que tu me fais, mais je m'en moque. Voyons un peu.

Le prince salua, regarda à la dérobée si son monde ne le voyait pas, et marcha bravement en compagnie des deux demoiselles.

— Pas une allumette, dit-il en montrant un cigare.

Et comme il aimait les phrases, il ajouta :

— Je vais allumer mon cigare à l'enfer des yeux de Chantilly.

— *Question d'argent*, répondit-elle gaiement.

— Souperons-nous quelque soir ensemble ?

— *Ni oui, ni non.*

— Je ne comprends pas, ou plutôt je comprends. Savez-vous que vous faites votre stage dans la diplomatie ?

— *J'en accepte l'augure.*

— C'est cela, l'esprit et la beauté. On dit que c'est l'eau et le feu ; mais vous êtes bien la preuve du contraire.

— *Je suis désarmée !*

— Une femme n'est jamais désarmée, car elle a le diable qui est en sentinelle à sa porte, tandis que les pauvres hommes... Voyez-vous, là-bas, Edmond qui vous salue ? En voilà un qui est désarmé depuis sa bonne fortune.

La Chantilly se mit à chanter : *Fallait pas qu'il y aille.*

— Bravissima ! dit Cléopâtre à l'oreille de la Taciturne. Maintenant le silence est de rigueur. Cueille une marguerite et effeuille-la, pendant que je vais continuer la conversation.

La docile Chantilly cueillit une marguerite qui, comme elle, ne savait que quatre mots.

— Savez-vous, dit le prince à Cléopâtre, que Chantilly a presque de l'esprit? on la disait si bête!

— Pas du tout! dit tout haut la Taciturne en jetant la marguerite.

— Voyez, reprit le prince en souriant, comme elle est pleine d'à-propos.

— Mon cher prince, dit Cléopâtre, est-ce que vous avez trouvé une femme qui eût moins d'esprit que vous? Les femmes ne sont pas ce qu'un vain peuple pense! Je ne vois pas une petite fille, à sa dernière tartine de confiture, qui n'en remontrerait à son maître de danse. Chantilly était timide; mais maintenant qu'elle a jeté son bonnet par-dessus le balcon du café Anglais, elle a autant d'esprit que la première venue.

— Mais, en vérité, elle me plaît beaucoup aujourd'hui.

Et se tournant vers la Taciturne :

— Vous voilà devenue mélancolique. Pourquoi? demanda-t-il.

— *Question d'argent*, répondit-elle.

— Eh bien! je ne veux pas qu'un seul nuage passe sur ce beau front. Vous donnez ce soir une petite fête. Tenez, voilà mille francs pour les huîtres, mille francs pour les violons et mille francs pour être le dernier convive. Adieu, car on nous regarde, et je vais vous compromettre.

Chantilly regarda Cléopâtre avec enthousiasme.

— Oh! ma chère amie, tu m'as sauvé la vie! c'est la première fois que trois billets de mille francs se rencontrent dans ma main.

— Tu me promets de suivre rigoureusement ma leçon de grammaire?

— J'aimerais mieux me couper la langue que d'oublier une seule de tes phrases.

VI.

DE LA RENCONTRE D'UN FIACRE
ET D'UN CARROSSE.

Mademoiselle Cléopâtre ne voulut pas repasser une troisième fois par ce salon au vent, où tout Paris veut régner deux heures par jour, où les plus discrètes s'imaginent qu'on ne les a pas vues quand elles ne se sont pas affichées. Cléopâtre avait trop le sentiment de la haute coquetterie pour donner dans ce travers. Elle avait toujours l'air de promener ses chevaux. Le plus souvent elle fuyait dans les avenues désertes, plus fière de l'admiration des rares dilettanti que des exclamations de la foule. Comme quelques grandes comédiennes, elle ne jouait pas pour le parterre, mais pour trois ou quatre spectateurs.

Elle se souvint tout à coup que la veille, en lui disant adieu, Max avait l'air plus sérieux que de coutume.

— Chantilly a peut-être raison, murmura-t-elle, Max est trop généreux pour me parler jamais d'argent. Et d'ailleurs j'ai dépensé si peu! Je donnerais des leçons d'économie domestique aux mères de famille.

Comme elle remontait l'avenue de l'Impératrice un peu plus tôt que de coutume, ses chevaux quelque peu emportés épouvantèrent au passage une grave famille de province qui, pour la première fois, allait dans un méchant fiacre admirer les splendeurs du bois de Boulogne.

— Quelle poussière! C'est la Cléopâtre, dit le cocher de fiacre en se retournant vers les gens qu'il conduisait.

La belle fille s'était retournée : elle devint pâle comme la mort.

Qu'y avait-il donc dans ce fiacre qui pût l'émouvoir ainsi?

Il y avait un homme de cinquante ans, une jeune

3

fille qui ressemblait à une pensionnaire et un jeune homme qui regardait beaucoup la jeune fille, — un de ces mille tableaux, en un mot, qu'on rencontre tous les jours à Paris. — Y avait-il donc là de quoi faire pâlir Cléopâtre ?

Quand elle fut à l'Arc de Triomphe, elle se retourna encore une fois pour regarder au loin la voiture qu'elle avait failli renverser.

— Et ce cocher qui a dit : *la Cléopâtre !*

Elle soupira et sentit deux larmes dans ses yeux.

Un jeune homme qui conduisait un tilbury s'arrêta tout à coup devant la victoria.

— Eh bien où es-tu donc ? Je te parle et tu ne m'entends pas.

— Ah ! c'est toi, Max.

— Des larmes !

— Que m'a donc conté la Chantilly ? Tu as tout perdu excepté moi.

— Et c'est pour cela que tu pleures ! Qui ne voudrait tout perdre à ce prix-là ?

— Non, je ne pleure pas pour cela, Max.

— Point de phrases. Cette folle m'a inquiétée ; dis-moi tout.

Max sauta à terre, remit les guides à son groom et monta près de sa maîtresse.

— Nous allons nous compromettre tous les deux, lui dit-elle en essayant de rire.

— Dis-moi pourquoi tu pleurais, Cléopâtre.

— Non. N'est-ce pas Max que ce n'est pas moi qui t'ai ruiné?

Max la regarda avec quelque surprise.

— Toi! tu ne m'as jamais demandé d'argent.

— En vérité, j'ai quelquefois abusé du superflu, mais combien de fois aussi n'ai-je mangé qu'une mandarine pour mon dîner!

— Oui, hier j'aurais peut-être mieux fait de t'envoyer un jambon d'York qu'un bouquet de violettes de Parme.

— Oh! oui, ce magnifique bouquet signé Alphonse Karr? N'est-ce pas qu'avec le prix d'un pareil bouquet on pourrait nourrir toute une famille pendant le carême? Combien coûtait-il?

— Je ne sais pas. Quand il n'y a plus de violettes que dans le jardin d'Alphonse Karr, il vend ses bouquets vingt francs à madame Prévost, qui ne les revend pas beaucoup plus de quatre-vingts francs.

— Mais, j'y pense, tu m'envoies un bouquet tous les jours. Trois cent soixante-cinq bouquets par an plus rares que ceux du paradis perdu : décidément c'est moi qui t'ai ruiné, sans compter que quand j'ai du monde tu fais monter chez moi tous les jardins de Babylone.

— Rassure-toi, je ne paye pas mes bouquets cent francs, quoique je n'aie jamais marchandé tes fleurs.

— C'est égal, ce chapitre-là coûte bien vingt-cinq mille francs, car je sais qu'avec les fleurs tombées de mes bouquets on fleurit les jardinières des autres. Cette année tu m'as acheté un château ruineux. Je ne parle pas des trois cent mille francs qu'il t'a coûtés, mais le mobilier, mais les écuries, mais le potager improvisé où j'ai voulu avoir des raisins là où il n'y avait que des pommes? Ma couturière se plaint pourtant que je ne lui « inspire » plus de robes. Il est vrai que je n'ai pas encore porté les dix dernières qu'elles m'a faites. Huit chevaux à Paris : on ne peut cependant pas se faire traîner à moins. Mes gens sont très-raisonnables, ils me volent si peu qu'ils ne tiennent pas à moi. J'ai peut-être eu tort de donner souvent à dîner, pourtant je crois que mes festins ne sont pas ruineux!

— Oh! non, dit Max en souriant, à peu près trois mille francs par semaine.

— Pourquoi aussi me laisser aller à Bade? Il est vrai que j'ai joué si peu de temps.

— C'est vrai, dit Max; seulement le temps de perdre cinquante mille francs.

— Mon cher Max, je commence à voir que je ne suis pas aussi raisonnable que je me l'étais figuré. Je vais réformer ma maison; et pour commencer je n'allumerai pas demain le grand lustre.

— C'est cela des économies de bouts de chandelles. Ne parlons pas de ces misères, ma chère Cléopâtre, c'est ma faute et non la tienne.

— Après tout, reprit mademoiselle Cléopâtre, je n'ai jamais vu ton argent, je ne sais pas ce que tu en as fait. Je n'ai pas de rentes sur le grand-livre. Tu m'as donné une argenterie de haut style, un chef-d'œuvre digne des maîtres florentins, mais te l'avouerai-je? je n'ai pas beaucoup plus de chemises que madame Ève. Il est vrai que les chemises coûtent plus cher aujourd'hui que de son temps.

En devisant ainsi ils arrivaient au rond-point des Champs-Élysées. Tous les promeneurs les regardaient passer et semblaient se dire :

— Voilà donc comment on est heureux!

Et, en effet, tant de jeunesse, tant de beauté, tant de folie, ces beaux chevaux nés pour traîner des princes tout fiers d'emporter Cléopâtre et sa fortune, cet insolent jockey qui regardait du haut de

Stradella les petites gens qui allaient à pied, tout cela ne chantait-il pas la chanson des joies de la terre?

Oui, ils étaient bien heureux, lui et elle! Lui, avait son lit fait à Clichy pour la nuit prochaine; elle, devait trouver dans son salon la statue du commandeur.

Au rond-point, le cocher prit l'avenue Gabriel, cette belle avenue qui ferait croire aux amoureux que Paris a encore une porte ouverte sur le paradis. Mademoiselle Cléopâtre demeurait rue du Cirque, dans un hôtel dont elle avait oublié, dans son livre de dépenses, de compter le loyer. Il est vrai que cela coûtait si peu: quelque vingt-cinq mille francs par an.

Quand la victoria fut sous la porte cochère, Max, quoiqu'à peine de la taille de mademoiselle Cléopâtre, la prit dans ses mains et la posa doucement sur le marbre du péristyle.

— Adieu, ma mie.

— Adieu, mon chien.

Max noya ses lèvres dans les cheveux ondés de Cléopâtre.

— Où vas-tu? lui demanda-t-elle.

— Je ne sais pas, mais je viendrai ce soir.

— Tu sais que la fête de la Chantilly commence

à dix heures? Vas-y de bonne heure, si tu veux voir les grands airs de la dame de Carreau et la robe incroyable d'Olympia. Elle en aura si peu en haut, qu'à minuit il n'en restera plus du tout. Il est vrai qu'elle n'a rien à montrer.

— J'ouvrirai le bal avec elle, dit Max en s'éloignant.

Il se retourna pour voir encore dans l'escalier sa maîtresse, dont les jupes ruisselantes inondaient bruyamment les marches.

Elle ne se retourna pas; elle monta avec plus de rapidité que de coutume comme si elle fût attendue, Max s'en alla avec inquiétude.

— Elle ne m'aime pas comme je l'aime, murmura-t-il. Et pourtant qui donc la force de rester avec moi? Elle m'a ruiné, mais elle n'en sait rien, puisqu'elle ne m'a jamais demandé d'argent.

Max reprit l'avenue Gabriel et marcha à grands pas vers la rue Royale.

— C'est peut-être la dernière fois que je la vois, se dit-il en s'arrêtant tout à coup.

D'une main il souleva son chapeau et de l'autre il s'essuya le front. Il regrettait de ne pas être monté avec Cléopâtre.

— J'aurais dû la presser bien fort sur mon cœur.

Au moins si je ne dois plus la revoir, je la sentirais plus longtemps dans mes bras. La pauvre fille! Si je vais à Clichy, que deviendra-t-elle demain? Elle n'a pas un sou vaillant. Ce château, dont je n'ai payé que le tiers du prix, n'est qu'une folie et pas une ressource. Et d'ailleurs, qui sait ce qu'il faudrait pour l'océan de ses dettes? Il y a des gens qui s'imaginent qu'on peut arrêter le budget d'une maîtresse. Mais le budget d'une maîtresse, c'est l'imprévu, l'imprévu c'est le déficit, le déficit c'est la banqueroute. Qui donc va me donner un million? car pour la sauver et me sauver moi-même il faut un million. Ce n'est pas Rothschild, je suppose, qui va soumissionner cet emprunt-là. Ah! si l'on pouvait comme au moyen âge donner son âme au diable pour avoir de l'or!

Max n'était pas si loin qu'il le croyait de donner son âme au diable.

VII.

UN ENFANT DU SIÈCLE.

Jamais l'argent n'a parlé aussi haut qu'aujourd'hui. C'est que l'argent n'est éloquent qu'à force d'éloquence, c'est que pour mener la vie à quatre chevaux, ce n'est pas assez d'être gentilhomme et de jouer le grand jeu des dettes, il faut avoir une mine d'or sous la main, frapper monnaie à la Bourse par des créations industrielles, lancer des vaisseaux vers l'océan Pacifique, escompter des héritages, remuer l'or de la haute banque ou être le fils d'un des vingt industriels qui gagnent un million par an, qui à vendre des soieries, qui à vendre des diamants, qui à vendre des bonbons.

Le père de Max, un grand artiste sans le savoir, gagnait un million par an par son art merveilleux de centupler la valeur de l'or en le travaillant. On avait reconnu son génie à Londres, à Florence, à Pétersbourg, à Rome et à Paris. Quand il avait mis sa griffe sur un bijou, sur un crucifix, sur un bénitier, on ne demandait pas le contrôle de la Monnaie.

Max était un Parisien de la décadence, une figure pâle, fine, efféminée, où la perversité s'accusait sous la raillerie. Il n'y avait pas là un homme pour l'avenir, l'enfant gâté avait stérilisé l'enfant, ou plutôt c'était l'enfant du siècle, bruyant, orgueilleux, bravache ; tout à lui, mais plus encore à ses passions qu'à lui-même ; n'ayant ni foi ni loi ; sauvé çà et là des aspirations brutales par son vif amour pour Cléopâtre et par un vague sentiment de l'art. Son père lui avait, de bonne heure, mis la pointe à la main devant les merveilles du xvie siècle. Max s'était imaginé qu'il serait le Benvenuto Cellini de son temps, et il avait prouvé de rares aptitudes en ciselant une aiguière pour le duc de Luynes et un saint ciboire pour l'archevêque de Bordeaux ; mais le désœuvrement l'avait envahi comme ces herbes folles qui étouffent le blé.

Jusque-là il avait passé dans la vie comme un fou, sans prendre le temps de se regarder passer.

Cet autre soi-même, qui s'appelle la conscience, ne s'était jamais levé grave et méditatif pour juger ses actions. Il allait, il allait encore, il allait toujours, comme un jeune cheval enivré par la course qui se brisera tout à l'heure la tête aux rochers des précipices. Pareil à tous ceux qui ont gaspillé leur jeunesse, ni la raison, ni le devoir n'avaient pu l'attacher au mât du navire; raillant la famille, raillant Dieu, se raillant lui-même, il s'était jeté tout éperdu dans les folies dévorantes, dans les passions effrénées, dans les ivresses orageuses.

Quand on les rencontre ces beaux jeunes gens, avec leur masque où l'ironie n'efface pas la bonté, spirituels, mais généreux, aiguisant des mots, mais ayant toujours un louis pour une bonne œuvre, disant du mal de leur prochain, mais commençant par se diffamer eux-mêmes, s'attelant au char de quelque coquine, mais retrouvant, quand ils franchissent le seuil de la maison paternelle, je ne sais quelle vertu primitive, on ne peut pas s'empêcher de les aimer; s'ils sont ainsi, c'est peut-être la faute des temps. Ce qui tue leur âme, c'est l'oisiveté. Mais qu'on y prenne garde, il faut que de grands exemples arrachent tous ces Max des jardins d'Armide qui commencent au Château des Fleurs. Ils sont si près du bien encore, mais ils sont déjà si près du mal. Un philosophe ancien n'a-t-il pas dit : « La mollesse est une barque qui ne remonte jamais le courant! »

Or, pour se retremper aux sources vives de la vertu, il faut remonter le courant : la vertu jaillit des hauteurs de la montagne.

VIII.

LA CASSOLETTE.

Cependant Cléopâtre avait monté lentement son escalier.

On entrait chez mademoiselle Cléopâtre d'un pied dégagé, tout en se disant : « C'est une courtisane; » mais dès qu'on avait franchi le seuil de l'antichambre, on était saisi de je ne sais quelle admiration qui tempérait la faconde des plus hardis.

La Cléopâtre avait le génie du luxe en toutes choses, dans son ameublement comme dans ses robes. Et ce n'était pas la folie de la petite maîtresse qui joué au rococo; c'était le goût de la grande dame familière au style sévère. Ainsi, dans l'antichambre, un groupe des trois Parques, dans la manière de Michel-Ange, avertissait ceux qui entraient que la maison n'était pas si folle qu'on se l'imaginait. Toute autre eût choisi les trois Grâces, Cléopâtre aimait la poésie plus sombre des trois filles de l'enfer.

De chaque côté de ce groupe, chef-d'œuvre de Duquesnoy, se dressait un nègre en ébène, habits peints et dorés, armé de torchères en cristal. L'œil était arrêté encore par deux vastes corbeilles en porcelaine avec couvercle tout épanoui de fleurs en saxe.

Le salon éblouissait l'esprit comme les yeux. Le plafond était peint par Cabanel, les pendentifs par Verhaz. Le peintre français avait peint l'enlèvement de Proserpine, pour symboliser l'enlèvement de Cléopâtre. Le peintre anversois avait peint les quatre saisons de la femme.

La corniche et les ornements qui encadraient ces peintures étaient sculptés par Diebolt. Les portes étaient couvertes de bas-reliefs en bronze doré imités des merveilles de Benvenuto Cellini. La serrurerie qui, presque toujours, déshonore nos intérieurs, était travaillée avec tout l'art de l'orfévrerie. On admirait les serrures comme des bijoux. Les murs étaient divisés en huit panneaux tendus de damas de Smyrne. Sur chaque panneau resplendissait un portrait de maître représentant : Marion Delorme, Ninon de l'Enclos, mademoiselle de la Vallière, madame de Pompadour, lady Hamilton, la Dubarry, enfin Lola Montès et la Dame aux Camellias : — en un mot huit dames de bonne compagnie. Les ors ruisselaient partout, depuis le stylobate jusqu'au plafond, mariant leurs teintes rouges, vertes et jaunes dans l'harmonie la mieux fondue. Un lustre en cristal de roche prenait la lumière, même quand il la donnait, par ses mille diamants qui projetaient l'infini dans des glaces de Venise dont les formes sveltes et les biseaux capricieux enchantaient le regard. On foulait aux pieds les plus admirables bouquets de Saint-Jean dans des tapis de haute laine. Les consoles, les canapés et les fauteuils dans le style Louis XVI, les jardinières en porcelaine de Sèvres, avec des peintures de Fragonard, des fleurs rarissimes épanouies sur tous les meubles, deux statuettes en argent, signées Pradier, les mille riens qui sont les menus hochets du caprice donnaient une haute idée du goût de la maîtresse du logis. Tout accusait le sentiment le plus exquis de la forme et de la couleur.

— Il ne manque qu'une pendule dans votre salon, dit un jour un sot à mademoiselle Cléopâtre. — Pourquoi faire une pendule? lui demanda-t-elle. — La belle question : pour savoir l'heure. — Mais songez donc que si une pendule marquait l'heure ici, elle marquerait trop de temps perdu.

Le boudoir de Cléopâtre était insolemment tendu de brocart; il est vrai qu'il n'était pas grand. Cléopâtre avait fait un jour cette réflexion en soulevant une robe, cadeau plus ou moins anonyme d'un ambassadeur turc, qu'il ne lui fallait pas beaucoup plus d'étoffe pour habiller son boudoir que pour habiller sa vertu.

La chambre à coucher était en ébène rehaussé d'or et d'argent, sculpté et ciselé par les meilleurs artistes. Sur les tentures de lampas pourpre, on remarquait quatre tableaux de l'école italienne : Vénus blessée, Madeleine repentie, Diane surprise au bain et Cléopâtre caressant un aspic.

Je ne peindrai pas le cabinet de toilette, tout éblouissant qu'il fût par ses féeries; non plus que la salle de bain, tout en onyx, où deux adorables figures d'argent massif représentaient l'Été et l'Hiver, allégories hasardées de l'eau chaude et de l'eau froide qu'elles versaient bruyamment dans une baignoire à l'antique où Cléopâtre venait se coucher tous les matins, à peine éveillée, émue encore des songes de la nuit et voluptueusement vêtue de ses cheveux aux ondes caressantes.

Quand Cléopâtre traversa le salon, elle trouva des lettres.

— Oui, dit-elle, les créanciers de l'amour et les créanciers de l'argent. Celui-ci veut que je lui paye son mémoire, celui-là veut que je lui paye ses sourires, ses bouquets et ses guitares; mais je suspends mes payements.

Elle jeta les lettres négligemment dans une grande cassolette en émail cloisonné, une trouvaille, ornements en couleur sur fond bleu turquoise rayé de fils d'or, arêtes d'argent en relief. Elle reposait sur quatre pieds à têtes chimériques en bronze doré dont la ciselure était d'un véritable artiste. Le couvercle que Cléopâtre avait posé sur la table était enrichi de médaillons pareillement en bronze doré. La lumière jouait sur l'émail à grecques bleu foncé et bleu clair dans les percements à jour et sur une adorable petite chimère qui le couronnait.

Il y avait beaucoup de chimères chez Cléopâtre.

— Il n'y a, dit-elle, que trois choses qui ne soient

4

pas des chimères : C'est Dieu, c'est l'amour, c'est l'argent — et encore !

Et elle mit le couvercle sur les lettres.

Cependant sa destinée, son cœur, son âme, sa vie était dans une des lettres qu'elle venait de jeter dans la cassolette.

Elle se souvint vaguement d'une écriture bien connue. Elle souleva le couvercle, prit la lettre et la regarda.

— Oui, dit-elle, c'est de lui. Eh bien ! je ne la lirai pas.

Et elle rejeta la lettre.

IX.

LA PLANCHE DE SALUT.

Un grand laquais, qui avait fait son stage chez un diplomate, vint présenter sur un plat d'or — un chef-d'œuvre de ciselure — la carte du prince ***.

— Madame, lui dit sa fille de chambre, le prince est venu vous demander une invitation pour aller chez mademoiselle Chantilly. Sa fête fait fureur. Il faudra des gardes municipaux pour empêcher le siége de sa maison.

— Qu'est-ce que cela me fait? dit mademoiselle

Cléopâtre en jetant la carte sur la table. Léontine, nous dépensons trop d'argent.

— Trop d'argent! Mais d'où vient donc, madame? Trop d'argent! je ne sais pas une maison dans Paris tenue avec autant d'ordre que la nôtre. Et d'ailleurs il faut laisser aux femmes mariées l'art de compter avec leur cuisinière. Trop d'argent! Mais mademoiselle Brisetout est allée à Bade avec cent robes, mademoiselle la Ruine a huit chevaux à Paris et huit chevaux à Chantilly, mais toutes celles qui viendront demain ont des diamants à revendre à madame. Trop d'argent! Mais il y a deux ans que je suis avec madame, et c'est à peine si j'ai eu le temps de faire ma fortune. J'ai toujours dit que madame se perdrait par trop de vertu.

— Tu as raison, Léontine, j'ai beau me chercher des torts, je n'en ai pas.

— J'ai mes idées, moi, c'est qu'on est toujours pauvre quand on n'a qu'un seul amant, même quand on le ruine. Ah! si le prince avait le droit de venir voir chez vous lever l'aurore.

— Chut! Léontine.

— Ce qui n'empêcherait pas monsieur Max de voir ici le coucher du soleil. Vous n'auriez pas un concierge qui vous traiterait en locataire. L'hôtel serait à vous.

— L'hôtel à moi! A quoi bon? Pourvu que j'habite une belle robe. C'est la seule architecture qui me plaise.

Disant ces mots, mademoiselle Cléopâtre avait déjà dégrafé sa ceinture pour défaire sa robe.

— Comment m'habillerai-je ce soir pour aller chez la Chantilly?

— En blanc, comme une vision. Votre robe à la grecque avec les camées et les bracelets pompéiens. Avec cette robe, on ne s'habille que pour l'amour de Dieu. Madame a de si beaux bras et de si belles épaules! Il faut bien que tout aille ce soir à la fête.

Pendant le babil de sa femme de chambre, mademoiselle Cléopâtre s'était déshabillée. Son miroir de Venise lui disait bien plus éloquemment que Léontine qu'elle avait le plus beau bras, la plus belle épaule et le plus beau sein du monde.

Tel est l'empire de la beauté sur la beauté elle-même, que mademoiselle Cléopâtre, quoiqu'elle fût toute à ses inquiétudes, ne put s'empêcher, en se regardant au miroir, de pencher furtivement sa bouche et de baiser son épaule.

On venait de sonner.

— Vite, mon burnous, dit-elle.

— Est-ce que madame y est? demanda Léontine en présentant à sa maîtresse un burnous blanc rayé de rose.

— Oui et non, tu le sais bien.

Léontine sortit pour aller dans l'antichambre et elle revint aussitôt annoncer à mademoiselle Cléopâtre qu'un monsieur, qui avait l'air d'un homme de loi, demandait cinq minutes d'audience.

— Un homme de loi?

— Oui, madame, funèbre comme un corbeau sur la neige.

— Dites-lui d'entrer.

— Madame a bien tort; il va gâter la fête.

— Dis-lui d'entrer, te dis-je; je ne ferme ma porte qu'aux amoureux.

— Alors cet homme a le droit d'entrer.

Presque au même instant, la porte s'ouvrait et un homme tout de noir habillé se présentait gravement sur le seuil.

— Madame, puis-je vous parler à vous seule?

L'homme tout noir se cachait à demi la figure avec son chapeau.

— Oui, monsieur, asseyez-vous sur ce fauteuil.

Mademoiselle Cléopâtre venait de s'asseoir elle-même sur un canapé.

L'homme noir se tint debout devant le fauteuil et démasqua sa figure, une figure où l'étude, où la bonté, où le chagrin avaient marqué leur empreinte.

— Ah! mon Dieu! s'écria mademoiselle Cléopâtre en reconnaissant son père.

Elle se leva et retomba presque évanouie sur le canapé.

— Madame, j'ai l'honneur de n'être pas connu de vous.

— De grâce...

— Laissez-moi dire, madame. Je m'appelle Georges d'Hercigny, car il faut bien que vous sachiez mon nom. J'habite la Champagne, un pays que vous ne connaissez pas. Je suis un pauvre avocat qui n'ai jamais eu que de mauvaises causes à plaider, de mauvaises causes que j'ai toujours perdues. J'en vais plaider une bonne. La perdrai-je comme les autres?

M. Georges d'Hercigny regarda Cléopâtre qui tremblait vaguement comme la forêt quand vient l'orage, avant que le vent n'ait soufflé.

— J'avais deux filles. Dieu me les donna belles. La mère est morte il y a un an, une sainte femme. On dit que les morts veillent là-haut sur les vivants.

Hélas! les vivants ne veillent pas toujours sur les morts. J'ai pleuré ma femme, une de mes filles a pleuré avec moi, mais j'avais à pleurer ma femme et ma première fille.

M. Georges d'Hercigny se tut. Le silence fut terrible.

— Je ne sais pas si mademoiselle Cléopâtre comprend les larmes.

— Oh! oui, monsieur, dit-elle en sanglotant.

— Je ne m'imaginais pas que mon histoire vous toucherait ainsi. Oui, j'ai perdu ma femme; oui, j'ai perdu une de mes filles, la plus belle et, le dirai-je? la plus aimée. Voilà comment Dieu punit les injustices du cœur. Elle s'appelait Angèle... comme sa mère... Comme sa mère elle était blonde, et elle avait des yeux de ciel. On eût dit un ange. Elle même s'était peinte au pastel vers sa seizième année. C'est une merveille; mais j'ai mis un voile noir sur ce portrait et je ne soulève ce voile qu'en mes jours de pénitence.

— Ô mon père! mon père! s'écria mademoiselle Cléopâtre.

— Votre père! Vous avez un père, madame? Mais ceci ne me regarde pas. J'ai eu tort peut-être de vous parler de ma première fille. Elle est morte, ne réveillons pas sa cendre. Je marie ma seconde fille.

— Caroline! dit Cléopâtre.

— Chut! vous ne la connaissez pas.

— Vous avez raison, monsieur, je ne la connais pas.

— Je viens vous prier...

— Me prier...

— Écoutez-moi. Ma fille épouse un galant homme. Il sait que c'est une fille unique. Petit-fils d'un maréchal de France, il gagnera sa croix dans les batailles de l'éloquence. Je n'ai pas voulu ni pour lui ni pour elle que le mariage se fît à Troyes. J'aurais réveillé pour un jour de fête trop de souvenirs de deuil. Nous sommes venus nous cacher à Paris. Il faut bien cacher son bonheur!

M. Georges d'Hercigny soupira tristement. La courtisane baissait la tête et se voilait dans son mouchoir.

— Mais à Paris, madame, on peut faire de mauvaises rencontres. Déjà nous nous sommes rencontrés tout à l'heure dans l'avenue de l'Impératrice. Si jamais, en allant à l'église, nous allions nous rencontrer encore...

— O mon père! mon père! souvenez-vous d'Angèle.

— Je prierai Dieu pour elle à la messe de mariage. Mais souvenez-vous qu'après la messe on ira peut-être se promener au Bois...

— Je vous ai compris, monsieur; vous ne me trouverez pas sur votre passage. Je serai peut-être aussi à la messe, mais à la messe des morts.

M. Georges d'Hercigny s'éloigna gravement, sans détourner la tête.

— Mon père! mon père! dit-elle encore.

Mais le père n'écoutait plus sa fille.

Avait-il voulu plaider une dernière fois la cause du bien devant cette âme égarée? Lui qui, comme il le disait, avait perdu toutes ses causes, devait-il gagner celle-là? Mademoiselle Cléopâtre s'était jetée à genoux, joignant les mains avec désespoir. Elle courut vers son père; mais tout à coup le sentiment de sa fierté la ressaisit, l'orgueil reparut sous le repentir.

— Est-ce qu'il me compare à ma sœur? dit-elle en se promenant comme une exaltée. Est ce que j'étais née pour m'embourgeoiser dans ces mœurs de province? Est-ce que je puis étouffer mes aspirations? Est-ce ma faute si je suis passionnée pour les aventures? Je reconnais bien là mon père avec ses phrases insidieuses. Il y va toujours par quatre chemins. S'il perd tous ses procès, c'est qu'il cherche toujours midi à quatorze heures. C'est fort touchant ce qu'il m'a dit là; je me croyais à l'Ambigu ou à la Gaîté; mais j'aurais bien mieux aimé qu'il m'accablât d'injures, qu'il me jetât à ses pieds et me relevât tout en larmes pour m'appuyer sur son cœur. Ce n'est pas un homme, c'est un avocat.

Elle arracha le cordon de sa sonnette.

— Léontine! s'écria-t-elle, donnez-moi mon chapeau.

— Madame est toute en révolution. Où va donc madame?

— Est-ce que je sais? tout droit devant moi.

Mademoiselle Cléopâtre prit dans sa jardinière les merveilleux bouquets de Max et les jeta sur son balcon.

— Ah! madame, quelle profanation! Comme disait l'autre jour le prince : C'est un dix-huit brumaire!

— Tu en verras bien d'autres. Ne m'agace pas ou je te jette aussi par la fenêtre, après quoi je m'y jetterai moi-même.

— J'avais bien dit que cet homme noir était un corbeau de malheur.

En ce moment, comme mademoiselle Cléopâtre

remuait tout à tort et à travers, elle retourna un petit cadre en bois sculpté renfermant une gravure de deux sous qui représentait un prêtre au milieu de jeunes cominuniantes. Elle prit l'immobilité d'une statue et lut à haute voix sans s'inquiéter de la présence de Léontine.

« *Mademoiselle Angèle d'Hercigny a fait sa*
« *première communion le 23 mai 1853 dans la*
« *cathédrale de Troyes.* »

— Angèle d'Hercigny! murmura mademoiselle Cléopâtre, qu'est-elle devenue? ô mon Dieu! ô mon père!

Elle tomba agenouillée involontairement et pleura toutes ses larmes.

Elle pensa alors à la lettre qu'elle n'avait pas voulu lire. Elle la prit dans la cassolette, brisa le cachet et lut ces lignes :

« *Ma chère Angèle,*

« *C'est moi qui ai fait tout le mal. Je reviens*
« *pour vous. Je vous aime à en mourir. Votre père*
« *est à Paris; si vous le voyez, dites-lui que je suis*
« *prêt à signer nos folies jusqu'au contrat de ma-*

« riage. Ordonnez et j'obéirai. Mais, pour Dieu,
« quittez votre maison; vous ne serez chez vous que
« chez moi — où je vous attends — rue de Varennes,
« n° 12.

« *Je me jette à tes pieds et je t'embrasse avec
« toute ma passion.*

« RODOLPHE DE MARCILLAC. »

— Il est trop tard, dit Cléopâtre; je n'irai pas et je ne le verrai plus.

X.

REGARD VERS LE PARADIS PERDU.

Mademoiselle Cléopâtre se retourna vers le passé et traversa, à vol d'oiseau, les belles saisons qu'elle avait perdues depuis son enfance jusqu'à sa dix-huitième année. Dans ses plus lointains souvenirs, elle se voyait petite fille blonde, blanche et rose, l'orgueil de son père et de sa mère, la joie de tous les yeux. Un peu plus tard, l'évêque de Troyes, qui connaissait sa famille, lui apprenait à aimer Dieu dans ce beau langage que le christianisme a mis dans la bouche d'or de Fénelon. Elle portait si bien alors le doux nom d'Angèle qui était comme le symbole de son innocence ! Toute jeune encore son cœur avait battu. Dieu fut sa première passion. Déjà c'était une âme de feu. Quoi qu'elle fût fantasque et joueuse, le jour de sa première communion elle édifia tout le monde par son émotion visible et sa blancheur de lis. C'était un doux spectacle de la voir ainsi, toute à Dieu, ce jour-là.

— Nous en ferons une sainte, dit l'évêque qui l'avait retenue à dîner avec quelques-unes de ses compagnes.

— Vous m'effrayez, monseigneur, dit la mère qui n'aimait pas les couvents.

Elle était fille d'un conventionnel, et elle avait sucé la vie aux mamelles de la Révolution.

— Vous me faites peur, reprit-elle, car vous me rappelez que depuis six mois Angèle parle sans cesse du couvent.

Et Angèle, répétant une phrase toute faite, avait dit : « Je veux être l'épouse de Jésus-Christ. »

Mais ces belles aspirations ne durèrent que l'espace d'un matin, et se flétrirent avec la robe de la communiante.

La courtisane évoquait ces souvenirs avec une joie douloureuse.

— Ma robe de communiante ! murmura-t-elle. Ma marraine m'apporta le dimanche suivant, une robe de soie. Ce fut la robe de l'orgueil et de la coquetterie. Pauvre petite robe blanche qui semblait tissue du fil de la Vierge. Ah ! si je l'avais conservée, comme je la presserais sur mon cœur et comme je la mouillerais de mes larmes ! J'ai mis bien des robes depuis celle-là, mais jamais elles n'ont eu ce parfum du ciel.

Mademoiselle Cléopâtre embrassa l'image de sa robe dans la gravure de la communiante.

— C'est étrange, dit-elle. Il me semble que je respire l'encens de ma chère église. Oh ! comme la fraîcheur qui tombe des voûtes humides ferait du bien, aujourd'hui, à mon cœur brûlé, si je pouvais encore entendre sonner les cloches et chanter l'orgue ! On se moque de tout cela, mais tout cela c'est Dieu qui parle. D'où vient que dans les églises de Paris je n'ai jamais retrouvé ces éloquences et ces poésies de l'orgue et des cloches ? C'est qu'il n'y a qu'une église où Dieu vous apparaît, celle où l'on aimait Dieu quand on était enfant. A Paris, je vais encore à la messe quand j'ai le temps ; mais j'ai beau m'agenouiller, Dieu ne m'apparaît plus.

Mademoiselle Cléopâtre continuait à égrener religieusement le chapelet des souvenirs. Elle se rappelait ce petit jardin de son père, où elle avait promené ses rêveries romanesques. Que de jours charmants couronnés de songes d'or! Que de beaux soirs passés dans la mélancolie des clairs de lune, quand le vent apporte aux jeunes filles les échos mystérieux de la nuit! Elle croyait respirer encore tel parfum de violettes ou de roses quand elle pensait à quelque Champenois qu'elle métamorphosait en Roméo.

Pas un fruit n'avait mûri sur l'espalier, pas une pêche en plein vent, pas une grappe de raisin qui ne fût marquée dans ses souvenirs comme pour préciser le vague de ses pensées amoureuses. Ses belles années se levaient du tombeau et couraient, joyeuses encore, secouant leur linceul, dans les allées de ce jardin rustique où les arbres leur faisaient cortége. Rien n'était indifférent dans ce tableau, pas même le vieux mur écroulé; tout parlait à son cœur, même les asperges, les ciboules et les fèves qui encanaillaient les plates-bandes. Il y avait un vieux puits dont la margelle était couverte d'hiéroglyphes. Elle allait s'y reposer souvent; elle y avait inscrit son nom. Elle se mirait dans l'eau sombre, tant elle prenait l'habitude de vivre en se regardant.

Mais ce qui surtout réveillait son souvenir, c'était

un mur couvert de treilles d'où Rodolphe de Marcillac était descendu un soir pour lui dire : *Je t'aime!*

— Ah! murmura-t-elle tristement, le bonheur était là! Mais le bonheur, c'est le château qui tombe en ruine dès qu'on y met le pied.

— L'amour n'est donc pas le bonheur, reprit-elle, puisque c'est l'amour qui m'a chassée du paradis natal!

XI.

JEU DU HASARD ET DE L'AMOUR.

Le soir, chez la Chantilly, Cléopâtre, pour oublier les émotions de la journée, joua un jeu d'enfer, sans savoir comment elle payerait si la fortune continuait à tourner contre elle.

— Chantilly, dit-elle à la Taciturne, tu sais que tes cartes me portent malheur.

— *J'en accepte l'augure.*

— J'ouvre un emprunt remboursable en bons du Trésor public. Qui est-ce qui souscrit?

On répondit par un silence glacial. Mademoiselle Chantilly cacha ses billets dans son sein.

— Voyons, Chantilly, puisque tu gagnes, prête-moi cent louis.

— *Ni oui, ni non.*

Si tu me chantes cette chanson-là, je vais éclater comme un volcan. Tu me connais.

— *Question d'argent.*

— Question d'argent! Tu sais que je vais jeter la table de jeu par la fenêtre.

— *Je suis désarmée,* dit la Taciturne en lui montrant qu'elle n'avait rien devant elle.

Voilà quel fut le fruit des leçons d'éloquence de Cléopâtre. Elle finit par en rire elle-même et par s'avouer que la Taciturne n'était pas si bête qu'on le croyait.

Elle s'adressa à la Dame de Carreau, qui n'osa lui refuser une poignée d'or.

— Regarde, lui dit Cléopâtre, ma main est plus petite que la tienne; tu te payeras tout à l'heure avec ta main.

Max, venu tard, n'osait toucher aux cartes. Il promenait mélancoliquement sa main dans sa poche et remuait quelques louis attardés qui n'osaient faire leur entrée dans le monde.

A quatre heures, au point du jour, Cléopâtre le regardait et s'avouait vaincue à son tour, quand, pour la dernière fois, elle souleva les cartes, sans y croire.

C'était une main, une vraie main, une main de fée.

Elle avait mis cinq louis. Elle eut un refait au septième coup et passa la main au onzième.

Jamais on ne l'avait vue reculer devant la fortune; mais elle était impatiente de sauver l'honneur de Max.

— Max, dit-elle tout haut à son amant, je paye mes dettes de jeu. Prenez ceci, car je vous dois cent mille francs de la nuit passée.

— C'est donc pour cela que Max n'a pas payé ce matin, murmura un joueur.

— Oui, dit Cléopâtre qui avait entendu; j'ai voulu vendre des perles pour payer Max, mais il a empêché Salomon-les-Perles de venir chez moi.

Elle sauva ainsi l'honneur de Max. Il était temps, car on méditait déjà de lui parler tout haut de sa dette de la veille.

Cléopâtre aimait-elle Max? comment avait-elle pu s'acoquiner à cet enfant de Paris, qui essayait en vain de masquer par des airs don juanesques toutes les mièvreries d'une créature androgyne?

On ne fait pas un accord avec une seule note, ni un tableau avec une seule couleur. A toute âme brune il faut une âme blonde. La force aime la faiblesse. Et puis, ce que les hommes cherchent dans l'amour, c'est la femme; ce que les femmes aiment dans l'homme, c'est l'amour.

Pour Cléopâtre, l'amour n'était plus le coup de l'étrier pour son voyage dans le rêve. Elle laissait l'homme en chemin.

Comment aiment les femmes? Elles aiment jusqu'à en mourir — et jusqu'à s'en consoler, disait Byron. L'homme tue sa passion et ne se tue pas, — même s'il est fils de Werther. Les femmes sont toutes filles de Sappho et de Didon,—même quand elles ne sont pas filles d'Ève.

Mais si au dernier quart d'heure elles se couronnent des pâles fleurs du sacrifice, c'est après avoir étrangement abusé de l'esprit de domination que le serpent a mis en elle.

Ce que les femmes aiment le plus dans l'homme, ce sont les blessures qu'elles lui font. — Mais elles ne frappent pas toujours sans se frapper elles-mêmes.

— Virgile parle des vallées de larmes de l'enfer. Là sont les amoureuses qui se souviennent.

Je vais faire crier « les femmes sensibles, » mais je veux dire la vérité : ce n'est jamais par le côté divin, c'est toujours par le côté humain, par la bête qu'on se prend. L'Écriture a dit : *La chair de sa chair.* Trop souvent, hélas! ce sont les os de ses os.

L'âme joue des variations et croit que l'amour est la musique de l'infini; mais vient le silence, il ne reste que le corps brûlant et les lèvres affamées. Et c'est toute justice, puisqu'on ne met pas au jour des théories, mais des enfants.

Après tout Cléopâtre aimait-elle Max ou n'aimait-elle que Max? n'avait-elle pas trop d'aspirations pour se confiner en un seul rêve? Cette femme, qui cherchait toujours l'imprévu, prenait-elle au sérieux cette passion factice qui n'avait pas de lendemain, — comme les orgies, — et qui ne jetait pas d'ancres dans le passé?

Et d'ailleurs, n'était-elle pas, sans le savoir, toute à celui qu'elle avait aimé? On cherche à tromper son cœur, — à tromper sa faim, — mais le cœur se réveille et la faim ouvre les lèvres. L'amour est une bête féroce qu'on endort, mais qu'on ne dompte pas.

Cléopâtre ne rentra chez elle qu'au soleil levant.

— Non, dit-elle à Max qui voulait monter.

— Pourquoi?

— Max, tu sais que je n'aime pas les points d'interrogation.

Max voulut franchir le seuil.

— Si tu passes, ce sera la dernière fois et tu coucheras sur le tapis.

Max était colère et s'emportait à toute bride; mais il avait peur de Cléopâtre; il se contint et lui dit d'un air attristé :

— Je t'aime !

— Eh bien, si tu m'aimes, va-t'en.

La porte les sépara après un baiser.

— Demain, dit Cléopâtre, j'irai oublier cette mauvaise journée.

XII.

COMMENT CLÉOPATRE PASSAIT SA JOURNÉE
QUAND ELLE ALLAIT DANS SES TERRES.

A huit heures, Cléopâtre sonna sa femme de chambre :

— Léontine, je pars pour mon château par le train de neuf heures et demie. Donnez l'ordre d'atteler *Tempête* au coupé et venez m'habiller tout de suite.

— Madame ne déjeunera pas?

— Non; vous m'apporterez une tasse de chocolat.

— Madame n'emmène personne?

— Non, je vous ai déjà dit que j'ai mon monde là-bas.

— Madame m'avait promis que j'irais un jour avec elle à son château.

— Plus tard, au temps des chasses, si je ne vais pas en Italie.

Une demi-heure après, un petit coupé brun, sans armoiries, une vraie voiture de rendez-vous que personne ne remarque au passage, s'arrêtait à la gare de l'Ouest, rue Saint-Lazare.

Cléopâtre descendit lestement, ordonna qu'on vînt la prendre le surlendemain à midi, et monta quatre à quatre le grand escalier. Elle se perdit bientôt parmi les voyageurs. Cinq minutes après, un curieux qui l'eût suivie pas à pas eût sans doute été quelque peu surpris de la voir redescendre sous un voile plus épais et remonter dans un autre coupé qui portait une couronne de marquis.

Elle ne dit pas un mot au cocher, qui la conduisit, sans trop de hâte, rue Saint-Dominique. Une porte cochère s'ouvrit et se referma bientôt.

C'était un de ces hôtels séculaires qui ne disent pas leurs secrets aux passants; la porte en est massive, les ailes qui viennent sur la rue semblent étrangères à la vie parisienne, les fenêtres ont des persiennes et des volets qui ne s'ouvrent presque jamais. Le suisse est renfrogné et ne dit pas quatre paroles par jour.

— Ai-je des lettres? demanda Cléopâtre sans soulever son voile.

— Non, madame la marquise. Mais voici des cartes.

Cléopâtre prit trois ou quatre cartes de visite plus ou moins cornées.

— Ah! j'oubliais, dit le suisse. Hier, M. le duc de Chavailles n'avait pas de cartes, il m'a demandé une plume pour écrire son nom.

— C'est bien, dit Cléopâtre, si on vient pour me voir, je n'y suis pas, excepté pour la duchesse et la maréchale.

Cléopâtre trouva sur le perron une femme de chambre qui ne se permettait pas, comme l'autre, certaines familiarités de servantes à la Molière. C'était une Italienne, déjà vieille, qui ne savait pas un mot de français.

— Eh bien! Martha, t'ennuyais-tu un peu, car voilà trois grands jours que je suis dans mes terres?

Martha répondit à Cléopâtre dans le plus pur dialecte napolitain qu'elle s'ennuyait beaucoup de ne pas voir sa maîtresse, et qu'elle était désespérée de ne jamais l'accompagner dans son château.

— Oui, ma bonne Martha, mais quand j'irai en Italie, je ne t'oublierai pas en route.

— Madame va-t-elle déjeuner?

— Non, j'ai déjà mangé au buffet de Mantes. Tu vas me coiffer tout de suite.

— En vérité, chaque fois que madame arrive, je ne la reconnais plus; ce n'est pourtant pas faute de penser à elle. Mais ses cheveux blonds et ses cheveux bruns me troublent les yeux.

Martha regarda Cléopâtre avec admiration et avec surprise, comme eût fait un enfant.

— Par la madone! c'est un jeu du diable que vous jouez là. Que doit penser Dieu de vous voir deux figures?

— Ma chère Martha, ne t'inquiète pas de cela. Dieu voit mon âme et ne regarde pas si mes cheveux sont bruns ou blonds. Je te dirai un jour mon secret. Tu sais que je t'aime bien, tu n'as pas à en savoir davantage.

Martha se mit à l'œuvre. Selon son habitude, avant de toucher aux cheveux de Cléopâtre, elle les couvrit de baisers, comme elle eût fait des cheveux de sa fille; Cléopâtre prit un livre et la laissa faire.

Ce jour-là, Martha fut un peu plus lente que de coutume à promener son peigne, trempé d'eau de la reine, dans cette vaste forêt poudrée d'or, qui couronnait avec tant d'opulence la belle figure de sa maîtresse. Cléopâtre ne montra nulle impatience. Elle relisait les *Confessions de saint Augustin*, et elle y prenait autant de plaisir qu'elle en avait pris la veille en lisant les *Liaisons dangereuses.*

La pendule de la chambre à coucher sonna onze heures : Cléopâtre blonde était devenue Cléopâtre brune, le plus beau noir de jais reluisait sur cette gerbe tout à l'heure si lumineuse et si dorée.

Le travail que Martha avait fait pour la chevelure, elle le fit en sens inverse pour les sourcils ; les sourcils, tout à l'heure si noirs, devinrent blonds et donnèrent à ses yeux passionnés jusqu'à la violence une douceur ineffable qui faisait songer aux figures de Léonard de Vinci. La petite mouche disparut de la joue, le teint prit ces beaux tons d'or, de bronze et de rose qui donnent tant de caractère aux têtes romaines. Elle mit dans une coupe son bracelet et ses bagues. Elle s'habilla tout de noir. Pour parure, elle attacha à son cou une grande croix en or mat du travail le plus simple.

— Arrange-toi un peu, Martha, tu vas venir avec moi à la messe de midi.

— Je ne veux pas que madame aille à la messe

sans déjeuner. Il y a un perdreau, des fraises et du thé.

— Eh bien! j'obéis, Martha. Dépêche-toi de venir me prendre dans la salle à manger.

Cléopâtre alla se mettre à table, et déjeuna tout en continuant sa lecture.

Quand elle entra à Sainte-Clotilde, ce fut la duchesse qui lui donna l'eau bénite :.

— Bonjour, ma chère, quel bon vent vous ramène! j'étais bien sûre que vous viendriez aujourd'hui, car M. de Chavailles est là-bas vers le maître-autel. Or nous savons qu'il n'est pas si dévot que cela.

— M. de Chavailles est fort ennuyeux, dit Cléopâtre, il finira par croire que je viens à la messe pour lui. Il faudra que je change de paroisse.

La duchesse ne put s'empêcher de sourire. La messe avait commencé; les deux amies allèrent pieusement s'agenouiller et ne se parlèrent pas trop, pour des profanes.

Le duc de Chavailles était un de ces jeunes gens du faubourg Saint-Germain qui sont trop enracinés dans le passé pour se tourner librement vers l'avenir. Il avait fait la campagne d'Italie, mais avec les soldats du pape. Il allait tous les ans à Venise pour saluer Henri-Dieudonné de Bourbon. Il était de ceux qui trouvent que la ville des doges perdra son caractère le jour où l'Autriche ne fera plus resplendir son léopard en face du lion de Saint-Marc. Il disait hautement à ses amis les utilitaires et les libéraux : « Le monde marche, mais il marche à rebours. » Il s'empourprait de colère devant tous les ambitieux qui se drapent insolemment dans les principes de 89, mais surtout devant tous les défroqués qui écrivent l'histoire de Dieu pour prouver que Dieu n'existe pas. Il croyait, d'ailleurs, que son Dieu et son Roi remonteraient sur leur autel et sur leur trône. Il laissait passer les heures et les jours sans vouloir lutter contre le mouvement, espérant que la Providence dirait enfin aux révolutions : « Vous n'irez pas plus loin. » En attendant, il chassait dans ses terres et courait les aventures parisiennes. Il était très-recherché dans le monde galant parce qu'il était riche, parce qu'il était duc et parce qu'il était beau. Le dernier hiver, on l'avait beaucoup vu aux bals de l'Opéra et aux fêtes nocturnes de ces demoiselles ; mais, depuis son retour de Jérusalem, où il était allé avec Rodolphe bien plus en voyageur qu'en pèlerin, il n'apparaissait que çà et là sur le théâtre de ses triomphes. Il se croyait amoureux de la marquise Cavoni, qu'il avait rencontrée à Rome, et qu'il avait retrouvée à Paris, chez sa cousine la duchesse d'Armailly.

Aussitôt la messe dite, il alla vers les deux amies.

— Bonjour, cousine. Bonjour, madame ; comme il y a longtemps que je ne vous ai vue! Vous finirez par prendre racine dans vos terres.

— Elles sont si bonnes! dit Cléopâtre en faisant le signe de la croix. Mais, rassurez-vous, je ne prends racine nulle part.

— Voilà qui n'est pas du tout rassurant, murmura M. de Chavailles.

— Ne faudrait-il pas, dit la duchesse en souriant, qu'on prît racine dans votre cœur, monsieur le paladin railleur? Ne prenez pas ces grands airs attristés, je vais vous apprendre une bonne nouvelle : la marquise est revenue tout exprès pour la séance de l'Académie ; nous avons trois fauteuils, vous allez nous accompagner.

— Me voilà en bonne fortune, dit M. de Chavailles en riant, un fauteuil à l'Académie! Cela fait frémir, j'ai peur de m'immortaliser.

— Oui, prenez garde de devenir ennuyeux, je vous avertis que nous comptons sur votre esprit pour égayer un peu le discours de M. de Carné.

On alla à l'Académie. Si l'on s'amusa, je n'en sais

rien. M. de Chavailles répandit sans doute çà et là quelques fleurs de poésie amoureuse sur les fleurs de rhétorique du récipiendaire. Ce que je sais très-bien, c'est qu'on admira beaucoup Cléopâtre et la duchesse. — Voyez donc, dit le Ier fauteuil, comme cette duchesse est toujours charmante. Quand on songe qu'elle est deux fois majeure ! — La vraie beauté n'est pas un feu de paille, elle défie du temps l'irréparable outrage, dit le XIe fauteuil, un classique qui a toujours fait danser les images sans les accorder. — On a beau dire, murmura le fauteuil voisin, l'Académie est toujours l'Académie ; les plus grandes dames y viennent comme à une fête. C'est ici que l'aristocratie de la naissance vient saluer l'aristocratie de l'esprit. — Ne parlez pas si haut, mon maître, dit le XIXe fauteuil, on vient ici comme on va au spectacle, et depuis bien longtemps on trouve que la pièce est mauvaise. — Mais voyez donc, reprit le fauteuil enthousiaste, comme ces deux dames prennent plaisir à écouter. — Et vous croyez que c'est le discours qu'elles écoutent? Vous ne voyez donc pas M. de Chavailles qui leur parle à l'oreille. — Ces jeunes gens, rien n'est sacré pour eux ! On devrait interdire l'entrée de l'Académie aux gens d'esprit. — Rassurez-vous, ceux-là ne se présenteront plus. — Voyez donc comme cette marquise Cavoni est un miracle de beauté italienne. Il n'y a qu'à Rome qu'on rencontre de ces madones-là.

Cléopâtre eut selon sa coutume un vrai triomphe. Quoiqu'on ne soit pas très-inventif dans ce pays-là, plus d'un se donna les airs de la connaître et raconta son histoire : c'était une grande dame italienne, qui avait quitté Naples en haine des révolutions. On la représentait comme l'amie intime de la reine détrônée. Elle était en correspondance familière avec la duchesse de Parme. Le pape lui avait confié une mission pour la reine d'Espagne. Tous s'accordaient à vanter ses bonnes œuvres. Le dernier hiver, on l'avait rencontrée, par le givre et la neige, allant de mansarde en mansarde autour de la montagne Sainte-Geneviève, donnant à pleines mains : une vraie image de la Charité. Elle refusait d'aller à la cour, tout en exprimant sa sympathie pour les pieuses créations de l'impératrice.

— Entendez-vous comme on fait votre éloge, lui dit tout à coup M. de Chavailles. Je ne parlerais pas mieux, moi qui vous ad...

Un regard sévère de Cléopâtre coupa ce dernier mot.

— Moi, qui vous admire, reprit M. de Chavailles.

— Puisque vous êtes si parfait aujourd'hui, dit la duchesse à son cousin, vous dînerez avec nous, — si vous n'avez pas des affaires de l'autre côté de l'eau.

Cléopâtre prononça : « de l'autre côté de l'eau » avec un dédain superbe.

— Moi! Quand je suis avec vous, madame, il me semble que je viens de traverser le fleuve de l'Oubli, je ne sais plus rien du passé, je suis tout à l'heure qui sonne. Que ferons-nous ce soir?

— Vous êtes bien curieux! Aimez-vous le reversi?

— Oh! madame, le loto, l'oie, la bataille, tout ce qui vous plaira.

— On joue peut-être une tragédie à l'Odéon, si vous aimez les alexandrins...

— Pour aller au spectacle j'aimerais mieux passer l'eau.

— Eh bien! nous resterons chez moi.

— J'aime mieux cela, vous nous parlerez de l'Italie, comme vous faites si bien.

On dîna chez Cléopâtre, un dîner un peu grave, un peu silencieux, un peu monotone. Il semblait que Cléopâtre se reposât avec un vrai plaisir dans cette réunion toute familiale, elle qui tous les jours subissait le tapage des gais convives et des grands vins. Ce n'était plus le luxe de la rue du Cirque ; ce vieux serviteur en cheveux blancs, qui n'écoutait pas ce qu'on disait, tant il avait l'habitude des grandes maisons, ne ressemblait guère à ces valets effrontés qui ont l'air de ne pas écouter aux portes, mais qui osent rire de tous les mots spirituels qui se débitent à table. Rue Saint-Dominique, tout était sévère, même le vin : un vieux saint-émilion, si vieux, si vieux, qu'il avait dépouillé sa couleur et son bouquet. Mais qu'importe ? A cette table-là on s'inquiétait si peu de manger et de boire.

Le soir, on joua au whist. Cléopâtre parla de l'Italie ; elle s'attendrit avec éloquence sur l'Italie d'hier, qui, selon elle, était la vraie patrie de Dieu, des arts et des ruines. Elle railla amèrement l'Italie d'aujourd'hui.

— C'est l'invasion des Barbares, s'écria-t-elle. Quand le Vatican leur ouvrira ses portes, Raphaël, le dernier Italien des siècles d'or, sera exilé à son tour, et on inscrira sur le marbre brisé de la chapelle Sixtine : « CI-GIT L'ITALIE. »

M. de Chavailles saisit la main de Cléopâtre, et la baisa avec émotion :

— O marquise, comme vous comprenez bien cela ! Mais il ne faut pas désespérer encore.

— Vous deviez bien vous entendre à Rome, dit la duchesse.

— Nous nous sommes à peine vus; je vous ai dit cela, ma cousine. Je visitais un jour un palais sur le Corso, pour voir une vierge de Raphaël, que voulait me montrer le cardinal Cerucchi. Tout à coup la marquise traverse le salon. Ce fut pour moi un éblouissement. Le cardinal me présenta à elle, nous causâmes cinq minutes, ce fut tout. Mais c'était trop pour moi. Aussi, je vous avoue que je ne me rappelle pas la vierge de Raphaël.

— Taisez-vous donc, dit Cléopâtre, si elle était là, vous iriez à elle avant de venir à moi.

La marquise sonna :

— Guillaume, apportez-moi le tableau qui est dans ma chambre à coucher.

Le valet revint en présentant devant lui la vierge de Raphaël.

— Eh bien ? demanda Cléopâtre à M. de Chavaillés.

— Eh bien ! je la reconnais, mais elle parlerait qu'elle ne me dirait rien, tandis que vous, vous me parleriez encore en fermant la bouche.

— Des phrases ! des phrases ! Il est temps de vous en aller, monsieur le duc, aussi bien votre belle cousine bâille à la dérobée. Elle a tort de se cacher, car elle bâille avec une grâce adorable. Il y a des femmes qui font bien tout ce qu'elles font.

La duchesse se leva :

— Je ne vous écoute pas, charmeuse que vous êtes. Dites-moi, que faisons-nous demain?

— Demain, nous ne voyons pas monsieur de Chavailles, qui finirait par nous donner des distractions. Demain, nous irons au sermon, je ferai deux ou trois visites, je lirai saint Augustin ou sainte Thérèse, des amis ceux-là! qui n'ont pas la rhétorique démoniaque de monsieur de Chavailles.

— Mais, madame, quand je parle aux autres femmes, je m'inspire de sainte Thérèse ou de saint Augustin, je veux que tout le monde fasse son salut, excepté vous et moi.

— Et moi? demanda la duchesse.

— Vous, ma cousine, il n'y a que le diable qui soit assez malin pour vous convertir.

Quand Cléopâtre fut seule, elle se renversa dans son fauteuil et se mit à songer profondément. Elle descendit les spirales plus ou moins lumineuses du passé, elle interrogea le sphinx, et murmura comme Montaigne : « Que sais-je? »

XIII.

POURQUOI CLÉOPATRE MENAIT-ELLE LA VIE
EN PARTIE DOUBLE.

Étrange créature! Elle se sentait de force à mener de front deux existences, elle se croyait élue et maudite à la fois. Quand elle s'interrogeait, le génie du bien et le génie du mal agitaient sa conscience. Aujourd'hui, toutes les grandes aspirations purifient son âme comme l'air vif du matin disperse les nues; demain, l'orage passera qui l'étreindra dans l'électricité et l'entraînera vers toutes les folies.

Pour pacifier ces deux natures, ardentes au bien comme au mal, elle avait osé tenter cette haute aventure — idéal de bien des femmes — de vivre deux fois : ici dans le parfum des bonnes actions et des œuvres pieuses, là dans les aveuglements et dans les enivrements du péché.

Il ne faut pas élever son action trop haut; ce n'était pas la tentative d'un philosophe qui veut étudier de plus près ces deux forces naturelles et surnaturelles, qui se disputent notre cœur et notre âme; elle avait obéi un peu au caprice, beaucoup au romanesque, elle avait obéi à cet insatiable désir féminin d'être tour à tour sainte Thérèse et Marion Delorme, de conquérir Dieu et les hommes.

Cette belle idée lui était venue à son retour d'Italie, dans le voyage même. A Rome, soit qu'elle eût été la vraie femme, soit qu'elle n'eût été que la maîtresse du marquis Cavoni, elle avait comprimé les battements de son cœur, elle avait mis un mors d'acier à ses passions. Rome, d'ailleurs, ne lui permettait pas de jouer un grand jeu; mais à Paris, où l'on n'a jamais le temps de dénouer les masques, où l'on prend si souvent les gens pour ce qu'ils veulent être, où la femme a toujours raison, quoi qu'elle fasse, il lui parut tout simple d'exécuter ce beau projet qui consistait à vivre aux Champs-Élysées en femme excentrique, et au faubourg Saint-Germain en grande dame pieuse. Être seulement l'une ou l'autre c'était l'ennui. Les horizons bleus sont plus doux après les orages.

La question d'argent, qui est toujours la vraie question, mettait-elle son accent circonflexe dans la balance? Non. Elle rapportait d'Italie vingt-quatre mille livres de rente; il n'y avait pas de quoi faire grande figure à Paris; mais il n'en faut pas tant pour vivre avec quelque dignité dans le faubourg Saint-Germain.

Et, en effet, avec vingt-quatre mille francs, elle avait organisé rue Saint-Dominique, dans un petit hôtel, une vie très-simple, remplaçant le luxe par le style; six mille francs pour son loyer, six mille francs pour son coupé et douze mille francs pour ses robes noires, ses rares dîners et ses trois domestiques. Elle réglait sévèrement son budget, ne voulant pas que l'argent de Cléopâtre servît à la marquise Cavoni, à part l'argent dépensé en aumônes.

J'ai osé dire que cette vie en partie double était l'idéal de bien des femmes. Quelles femmes? Presque toutes — grandes dames romanesques et courtisanes de haute région. — Par exemple, la duchesse d'Armailly admirait la hardiesse de la marquise Cavoni et songeait souvent à faire comme Cléopâtre. J'en connais plus d'une qui joue les deux jeux, mais à distance : le jeu de la vertu à Paris et le jeu des passions à Londres. J'en connais plus d'une qui ne manque ni un sermon du père Félix ni un bal de l'Opéra.

Cléopâtre se fût peut-être contentée du bal de l'Opéra, si le carnaval eût duré toute l'année, ou du moins tout l'hiver; mais c'était bien plus commode de réaliser son rêve à l'heure même, de s'abandonner à la fantaisie du moment, de vivre à l'ombre les jours de tristesse, de vivre au soleil les jours de joie.

Quand elle songea à cette belle équipée, elle ne craignait pas d'être démasquée à Paris, où elle n'avait fait que passer avec Rodolphe de Marcillac. Au faubourg Saint-Germain, elle garda le nom de Vittoria Cavoni, qu'elle portait à Rome. Aux Champs-Élysées, elle se baptisa elle-même du nom de Cléopâtre.

Il ne se passait pas de semaine qu'elle ne jouât son jeu de grande dame et son jeu de courtisane. Elle était tous les dimanches au faubourg Saint-Germain pour la grand'messe à Sainte-Clotilde, disant à ses amies du faubourg Saint-Honoré qu'elle allait à son château, comme elle disait à ses amies du faubourg Saint-Germain qu'elle allait dans ses terres. Je fais grâce au lecteur des détails de la coulisse. Tout est si facile à Paris pour tromper son prochain depuis qu'il n'y a plus d'ingénues qu'au Théâtre-Français.

Je continue le récit des faits et gestes de la marquise Cavoni.

Le lendemain matin, elle sortit à pied, accompagnée de Martha; elle alla chez la duchesse et se jeta en pleurant dans ses bras.

— Puisque vous savez mon secret, je vous dirai tout. Avant-hier — car je n'ai pu vous parler hier devant monsieur de Chavailles — j'ai rencontré mon père dans l'avenue de l'Impératrice.

Et elle raconta toute la scène à son amie.

— C'est bien la peine, dit la duchesse, d'être là moitié du temps en carême pour que votre père vous reconnaisse en carnaval.

— Je suis désespérée. Ma sœur se marie et je n'aurai pas le droit d'aller prier pour elle.

— Et qui donc vous en empêchera? Le droit de prier ne se perd jamais.

— Plaignez-moi, chère amie. Le désespoir m'étreint et me tue. Je ne prendrai plus de plaisir à rien.

— C'est vous qui parlez ainsi. Qu'est donc devenue la femme forte qui brave son siècle?

— Je brave mon siècle, je ne brave pas mon père.

— Mais, ma chère, puisqu'il y a en vous deux femmes, vivez avec celle qui n'est pas blessée. Votre père a mis au monde Cléopâtre, c'est vous qui avez créé la marquise Cavoni : réfugiez-vous en elle et oubliez.

La duchesse comprenait bien Cléopâtre.

— C'est Cléopâtre que votre père a rencontrée avant-hier, Cléopâtre n'ose retourner au Bois. Eh bien ! que la marquise Cavoni monte dans mon landau et regarde son père en face.

— Oui, dit Cléopâtre en relevant la tête.

Et elle alla au Bois. Mais ce ne fut pas son père qu'elle rencontra.

XIV.

LES AMES EN PEINE.

Ce jour-là, vers trois heures, le duc de Chavailles prit Rodolphe de Marcillac dans son américaine et le conduisit au Bois.

Les deux amis descendirent à pied au bord de la rivière et passèrent en revue le bataillon doré de l'escadron volant.

— La biche-homme-manie n'est pas très-brillante aujourd'hui, dit Rodolphe.

— Parce que tu ne vois pas Cléopâtre, dit le duc de Chavailles. Sais-tu que tu m'inquiètes ?

— C'est toi qui m'inquiètes avec ta marquise, dit Rodolphe. C'est une puritaine qui dépense son cœur en oraisons.

— Eh bien! mon cher, c'est par là qu'elle m'a pris. Quand je la vois, je me sens dans je ne sais quelle atmosphère virginale. Si j'étais poëte, je comparerais cela à l'aube fraîche, à la forêt ténébreuse, à la neige glaciale. Je ressens plus de vraie joie à baiser le bout de ses ongles roses que si je jetais mes lèvres dans la chevelure furieuse d'Anna.

— Oui, je comprends, dit Rodolphe; il y a des moments où on aime mieux la pâle églantine que la rose moussue, pour parler poétiquement comme toi. Conduis-moi donc chez la marquise.

— Non, tu sais mes principes, qui ne sont pas ceux de quatre-vingt-neuf; je ne présente jamais un ami à une femme que j'aime. D'ailleurs, elle ne reçoit jamais chez elle. J'y suis allé à peine deux ou trois fois avec ma cousine. Quand je la vois, c'est que je la rencontre dans quelque salon de là-bas. Elle vit très-retirée, très-solitaire, très-studieuse. Elle me disait l'autre jour en riant qu'elle n'avait jamais passé l'eau. De son hôtel de la rue Saint-Dominique à Sainte-Clotilde, il n'y a qu'un pas; presque tous les matins, elle va à la messe, elle va chez l'archevêque, elle va à ses pauvres, elle rentre pour écrire à la duchesse de Parme, au cardinal Antonelli, je crois même qu'elle écrit au pape. Le soir, elle va chez la duchesse, chez la maréchale, çà et là, chez nos amies, presque jamais au spectacle. C'est elle, et non ta demoiselle Cléopâtre, qui chante comme la Patti. Tu l'entendras : une voix qui remue et qui charme. Que te dirai-je? je l'aime. Ce n'est pas une passion furieuse : c'est doux, c'est tendre, c'est simple.

— Oui, un solo de violon après un concert à grand orchestre. Tu es bien heureux d'aimer comme cela. Pour moi, je suis dans l'enfer. Je me retourne dans les flammes vives. Oh! cette Cléopâtre! J'en mourrai.

— Es-tu fou? Cléopâtre ne veut pas la mort du pécheur.

— C'est une étrange créature. Tu réussiras plutôt avec ta marquise puritaine que moi avec cette courtisane amoureuse. Il est plus facile de devenir l'amant d'une femme que de redevenir l'amant d'une femme.

— Conduis-moi donc chez Cléopâtre.

— Mais je n'y vais pas.

— Eh bien! allons-y.

— On n'entre pas chez elle comme dans un moulin.

— Il y a des hallebardiers à la porte? des dragons de vertu pour garder la pomme des Hespérides?

— Non, elle n'est pas si mythologique; mais elle est fantasque et n'obéit qu'à ses caprices. C'est égal, nous irons chez elle. D'ailleurs, puisque je t'en parle malgré moi, je t'avouerai que je n'ai pas le courage de vivre sans la voir. Je connais une de ses amies.

— Qui donc?

— Cette folle qu'on a surnommée la Dame de Carreau, je ne sais pourquoi.

— Je le sais bien : c'est tout simplement parce qu'elle s'appelle Rachel.

— Eh bien! cette fille a une maison de campagne à Bougival. Nous y donnerons un goûter sur l'herbe où Cléopâtre viendra sans se douter de la rencontre. D'ailleurs, elle ne sait pas, j'imagine, mon retour à Paris. C'est la quatrième fois que je la revois : à l'Opéra, au Concert des Champs-Élysées, dans l'escalier du café Anglais; enfin, avant-hier, ici. Elle ne m'a pas reconnu.

— Ou elle n'a pas voulu te reconnaître.

— C'est possible; j'ai bruni, et je ne me reconnais pas moi-même. Quand je l'ai quittée, j'étais un enfant.

— Et tu t'imagines que tu es un homme?

— Oui! un homme qui cache un enfant.

M. de Chavailles, qui allait allumer un cigare au cigare de Rodolphe, s'arrêta tout à coup.

— Qu'as-tu donc?

— Je viens de voir passer la marquise. C'est étrange, car elle ne hante pas la mauvaise compagnie du Bois.

— Cette femme voilée, là-bas, dans ce landau?

— Oui, voilée. Tu pourrais dire masquée, car elle joue de l'ombrelle à désespérer tous les curieux.

— Elle t'a vu, puisqu'elle tourne la tête de l'autre côté.

— N'est-ce pas qu'elle est belle dans sa fierté héraldique et hautaine?

— Oui, très-belle; mais, tu sais, ce n'est pas là ma beauté. J'aime les blondes. Je t'abandonne les Italiennes et les Espagnoles. Pour moi, la femme ne commence que sur la rive droite de la Loire. J'aime les femmes dans le brouillard, car le brouillard affine et *morbidezze* la peau, tandis que le soleil la brûle, l'altère, la durcit sous ses morsures. La femme vraiment vierge est celle qui ne porte pas les baisers de ce don Juan du ciel.

— Où as-tu vu que le soleil gâtait quelque chose? C'est l'âme du monde et l'âme de la beauté. Le pays des brumes produit-il des femmes souverainement femmes comme la marquise?

— Crois-tu donc que Cléopâtre n'est pas aussi impérieusement belle que cette Italienne?

— Tu me cites tout juste l'exception.

— Et toi aussi.

— Je connais les Anglaises avec leur teint couperosé, les Flamandes avec leurs airs somnolents.

— Je connais les Espagnoles et les Napolitaines : des pygmées chevelues, barbues et chenues; les Romaines et les Florentines...

— Chut! la marquise va passer près de nous. Saluons-la sérieusement.

Les deux amis saluèrent la marquise avec un profond respect. Elle inclina la tête avec la grâce fière du cygne.

— Tu as raison, dit Rodolphe; c'est Cléopâtre brune.

— Cléopâtre avant la lettre.

— Qui sait? Rien ne se trahit moins que le péché.

Tout en te saluant du haut de sa vertu, elle t'a souri d'un sourire qui m'a été au cœur.

M. de Chavailles était rayonnant.

— J'irai ce soir chez ma cousine. Remontons en voiture.

— Tu veux suivre la marquise? Attends donc un instant, je voudrais voir si Cléopâtre est ici.

Rodolphe reprit le bras du duc et lui fit rebrousser chemin. Ils revinrent jusqu'au bout de la rivière, mais ne virent pas Cléopâtre.

— Pourquoi n'est-elle pas venue au Bois aujourd'hui? se demanda Rodolphe.

— Pourquoi la marquise est-elle venue au Bois aujourd'hui? se demanda M. de Chavailles.

XV.

LA DUCHESSE D'ARMAILLY.

Comment Cléopâtre avait-elle connu la duchesse d'Armailly? A son retour de Rome, une lettre du cardinal Antonelli lui avait ouvert la porte de la maréchale *** qui l'avait accueillie dans son salon et l'avait présentée à tous ses amis. Comme elle était belle et qu'elle jouait la douceur, comme elle avait le charme et la grâce, comme elle cachait la moitié de son esprit, elle fut tout de suite recherchée, d'autant plus qu'elle parlait de vivre solitaire et studieuse.

Ce fut chez la maréchale qu'elle rencontra la

duchesse; mais elle lui déplut. La duchesse surprit en elle quelques airs de lady Tartuffe; en un mot, ce ne fut pas la marquise Cavoni qui séduisit la duchesse, ce fut Cléopâtre.

La duchesse d'Armailly est une des vingt-quatre duchesses de Sainte-Clotilde dont le blason resplendit au livre d'or parmi les plus radieux. Quelques mauvaises langues du faubourg Saint-Germain disent que la duchesse a fait un peu l'école buissonnière au couvent et qu'elle a joué aux quatre coins avec son mari. Pour moi, je n'ai pas d'opinion. Je me contente de conter cette page de sa vie qui la peint mot à mot :

On a beaucoup parlé de la passion de la duchesse pour un beau secrétaire d'ambassade qui, trois ans durant, ne vécut que pour elle; cette passion élevait déjà la duchesse au rang des héroïnes célèbres, quand un soir le Werther don juanisé lui tint à peu près ce langage :

— Vous êtes ma vie, vous êtes ma mort ; je viens d'être destitué. Je suis menacé de deux prises de corps. Vous me disiez que j'étais beau. J'ai voulu avoir les plus beaux chevaux, les plus beaux meubles, les plus belles armes. J'ai été le plus beau joueur de cet hiver. J'ai gagné tant de prix aux courses, que je me suis ruiné une première fois. Le jeu m'a achevé. Cette nuit encore j'ai perdu et je n'ai pas payé. Je suis désespéré et je veux mourir.

— Mourir! s'écria la duchesse.

Et elle se jeta dans les bras de son amoureux.

— Oui, mourir, reprit-il; tu m'as dit souvent que tu voudrais mourir avec moi pour mourir heureuse encore: eh bien! le moment est venu.

Et la duchesse, la gorge soulevée, les cheveux épars, les yeux tout en flammes, comme une femme saisie d'une idée héroïque, dit de l'accent tragique d'une femme qui va accomplir un grand sacrifice :

— Eh bien! puisqu'il faut mourir... mourez!

La duchesse était ainsi faite. Telle était sa manière de prendre les choses au tragique et de se sacrifier. Mais cette histoire n'est peut-être pas vraie, car elle n'a été contée que par ses amies. Ses ennemies disent que si la duchesse est un peu aventureuse, elle ne se hasarde jamais qu'en deçà du péché.

La première fois qu'elle vit la Cléopâtre, ce fut au bal de l'Opéra. Le hasard, qui brouille les cartes et les vertus, les avait réunies dans la même loge; elles tombèrent soudainement amoureuses de leur esprit et de leur beauté. La duchesse prit la Cléopâtre pour une grande dame, et la Cléopâtre prit la duchesse pour une coquine.

Ce jour-là, elles soupèrent ensemble, elles s'enivrèrent du même vin et des mêmes propos. La duchesse ne s'était pas encore démasquée. Tout à coup Cléopâtre s'écria :

— Je bois à d'Armailly !

La duchesse baissa son loup.

— Je te connais, beau masque : tu es la duchesse d'Armailly, murmura Cléopâtre à l'oreille de la grande dame.

— Qui vous a dit cela ?

— La marquise Vittoria Cavoni.

— Vous la connaissez ?

— Beaucoup.

— Cette sainte femme qui ne va qu'à la messe !

— Mais moi aussi je vais à la messe.

— A la messe de minuit ! Je ne l'aime pas votre marquise.

— Je le sais bien : vous avez tort.

— Pourquoi ?

— C'est que vous vous ressemblez beaucoup : les mêmes vertus et les mêmes tentations.

Et comme Cléopâtre était un peu trop égayée par le vin de Champagne, elle trahit son secret.

— O femme deux fois femme comme je te comprends ! s'écria la duchesse avec admiration. Que celle d'entre nous qui n'a pas rêvé ces deux rôles de la comédie humaine te jette la première pierre!

Ce fut entre la duchesse et Cléopâtre une amitié à la vie à la mort.

L'été suivant, elles se rencontrèrent aux bains de mer, où Cléopâtre ne voulait et ne pouvait pas jouer la marquise Cavoni ; la duchesse, dans son entraînement pour cette belle créature, sauta par-dessus l'opinion.

Elles étaient descendues dans le même hôtel, elles dînaient à la même table, elles prenaient ensemble leur bain. Et comme les amies de la duchesse s'étonnaient de cette intimité, elle leur disait gaiement : « Vous ne savez donc pas que c'est une conversion que je fais, et que j'ai déjà décidé la Cléopâtre à prendre mon confesseur ! »

Revenues à Paris, elles se virent beaucoup. Quand la marquise Cavoni s'attardait trop rue du Cirque, la duchesse se risquait çà et là chez elle à la dérobée, curieuse comme Ève, pour se familiariser à l'atmosphère des pécheresses renommées. Cléopâtre était allée une fois en Cléopâtre chez la duchesse qui, toujours enfant terrible, l'avait présentée à ses vieux portraits de famille — elle appelait ainsi son monde du faubourg Saint-Germain — comme une jeune fille qui voulait entrer en religion.

Il ne faut pas trop s'étonner de voir cette confusion des mondes. Paris est la Babel des passions. On se rencontre partout, au théâtre loge à loge, stalle à stalle, au Bois calèche à victoria, chez la couturière robe à robe. L'homme est le trait d'union. Combien de fois Arthur ou Anatole fait-il d'une pierre deux coups, en saluant une courtisane et en rencontrant le regard d'une grande dame! Il oublie chez l'une le roman qu'il portait à l'autre, il donne à celle-ci le bouquet de lilas blanc destiné à celle-là. Le billet doux se trompe d'adresse, le soir l'amoureux se trompe de porte. Et ne croyez pas qu'il a changé de grammaire comme il change de géographie. Il dit à l'une ce qu'il devait dire à l'autre. Bien mieux : il s'aperçoit qu'il réussit mieux chez la grande dame avec le style familier à la coquine. Madame *** reconnaît que son amant vient de chez mademoiselle.*** à je ne sais quel parfum de poudre de riz. —Tu m'as trompé, dit la comtesse *** à un détaché d'ambassade; c'est mademoiselle X*** qui t'a donné ce rhume de cerveau, parce qu'elle éternuait hier au spectacle. O temps! ô mœurs! Ç'a toujours été ainsi. Ninon voyait les comédiennes, qui voyaient les courtisanes. Elle voyait aussi madame de Maintenon, qui protégeait les demoiselles de Saint-Cyr. Dans tous les siècles, les coquettes ont donné la main aux coquines. Or, les coquettes sont du meilleur monde.

Quand la duchesse et la courtisane se rencontraient au Bois, elles se donnaient de la main et des yeux un salut imperceptible pour tout le monde, mais les initiés découvraient l'expression de la plus vaillante amitié.

XVI.

CLÉOPATRE REFUSE DE DONNER LA MAIN
DE LA MARQUISE CAVONI.

La duchesse vint un matin rue du Cirque. Cléopâtre la reçut dans sa serre.

— Devinez-vous pourquoi je viens?

— Ce n'est donc pas pour me voir?

— Je viens vous demander en mariage. Je viens demander à Cléopâtre la main de la marquise Cavoni.

— Quelle folie! A qui voulez-vous donc le plus de mal? Est-ce à moi? est-ce à celui...

— Ni à l'un ni à l'autre. Après tout, le mariage...

Cléopâtre interrompit la duchesse en lui offrant des roses-thé.

— Le mariage, ma belle duchesse, j'en suis revenue sans y être allée tout à fait. Ne vous l'ai-je pas dit? Je devais me marier à minuit; or, à minuit moins une minute je me suis enfuie avec un amoureux, parce que si le mariage est une institution divine, ce n'est pas une institution humaine. Comment cloîtrer une femme à perpétuité dans la prison de ce devoir souvent stérile? Est-ce qu'elle sait d'avance si elle trouvera l'amour dans le mariage? — Si elle y trouvera la maternité? — Le monde se renouvelle et se réveille. Comment voulez-vous que la femme — je ne m'inquiète pas de l'homme — n'ait pas ses renouveaux et ses réveils? — la femme, qui n'a pas eu sa vie de garçon et qui n'a pas pu dire : *Il faut que jeunesse se passe.*

— C'est vrai, ma chère; mais quand la femme a eu sa vie de garçon — comme vous — sans vous offenser...

— Je ne parlais pas de moi, car celles qui ont commencé par l'amour ne doivent pas finir par le mariage. Quel est donc le fou ou le coquin qui songe à cette belle équipée?

— Ni un fou ni un coquin, puisque j'ai accepté

l'ambassade : c'est mon cousin qui demande la main de la marquise Vittoria Cavoni.

— Votre cousin! M. Guy de Chavailles?

— Oui. Il m'a ouvert son cœur : il vous aime éperdument.

— Il est trop tard. Et pourtant quelle joie j'aurais eue d'être votre cousine!

— Est-il jamais trop tard?

— Oui, c'est pour ces mariages impossibles qu'on a retourné le proverbe : *Mieux vaut jamais que tard.* N'est-ce pas que vous me donnez raison ?

— Oui, pour vous plus encore que pour lui : vous êtes deux fois heureuse et vous ne le seriez plus du tout.

— Deux fois heureuse! Il y a des jours où je ne sais plus quel rôle jouer, tant je me fuis des deux côtés.

—Eh quoi! Cléopâtre tout inondée de roses, qui abdiquerait avant la fin de la pièce?

— Vous avez raison, chère duchesse, je veux aller jusqu'au bout; mais je sens déjà dans les roses les premières morsures de l'aspic.

XVII.

POURQUOI MADEMOISELLE CLÉOPATRE SONNA
SA FILLE DE CHAMBRE A SEPT HEURES DU MATIN,
LE 2 JUILLET 1863.

Le 2 juillet 1863, mademoiselle Cléopâtre sonna sa fille de chambre avant sept heures du matin.

Léontine, tout endormie encore, fut très-surprise, en entrant dans la chambre à coucher de sa maîtresse, de voir les rideaux ouverts, car Léontine ne permettait jamais au soleil d'entrer par la fenêtre avant onze heures bien sonnées.

— Que vois-je? madame déjà hors du lit, déjà coiffée, déjà...

— Dépêchez-vous de me chausser.

— Comme madame est pâle ! qu'est-il donc arrivé?

— Rien ; mais ne perdons pas une seconde. Savez-vous où est mon livre de messe?

— Oui, madame, il est sur la table du salon.

— Je le prendrai en passant.

Cléopâtre jeta son chapeau sur sa tête plutôt qu'elle ne le mit, pendant que Léontine lui cherchait un manteau. Elle prit ses gants, son ombrelle et son livre d'heures.

— Léontine, je ne recevrai personne aujourd'hui, pas même Max.

Et disant ces mots, elle descendit en toute hâte et marcha, sans retourner la tête, vers Saint-Philippe-du-Roule.

Pourquoi mademoiselle Cléopâtre allait-elle prier Dieu ce jour-là à sept heures du matin?

C'est que la veille, une de ses amies, sans doute, une de ses ennemies, peut-être, lui avait adressé sous enveloppe cette lettre de faire part :

« Monsieur d'Hercilly, avocat à Troyes, membre du conseil général de l'Aube, chevalier de la Légion d'honneur, a l'honneur de vous faire part du mariage de mademoiselle Caroline d'Hercilly, sa

fille, avec monsieur Léopold Cavalier, substitut du procureur impérial à Reims.

« Et vous prient d'assister à la bénédiction nuptiale qui leur sera donnée le mercredi, 2 juillet, à midi précis, en l'église Saint-Étienne-du-Mont. »

Cléopâtre avait trouvé cette lettre de faire part sur sa table de nuit. Elle s'était couchée tout en pleurant. Une heure après, Max frappait à sa porte : elle refusa de le voir.

Elle passa toute la nuit à revivre avec les pures années familiales. Il lui arrivait encore de vouloir s'arracher à ce passé si doux et de protester, par quelques beaux sophismes, contre la paix du cœur, contre les ennuis de la province, contre les niaiseries patriarcales ; mais elle s'y laissait bientôt reprendre parce qu'elle sentait que son âme était là, parce qu'elle s'avouait que les tempêtes ne fécondent pas la femme !

Il y avait longtemps qu'elle n'avait prié, elle se promit d'aller entendre la première messe à l'église de sa paroisse.

L'église a cela de beau qu'elle fait du bien même à ceux qui ne sont pas catholiques, même à ceux qui ne sont pas chrétiens, même à ceux qui, doutant de leur âme, doutent de Dieu lui-même. L'église n'a pas mis sur sa porte les paroles de l'Enfer du Dante, mais elle pourrait y inscrire ces mots : « *Je suis la maison de tous ceux qui n'ont plus que l'espérance!* »

Cléopâtre, la fière Cléopâtre entra la tête inclinée dans l'église Saint-Philippe-du-Roule; elle était toute haletante, tant elle avait peur d'arriver trop tard. Pourtant au coin de la rue du Colisée, elle avait repris haleine pour faire l'aumône. Une pauvre femme passa devant elle, un enfant au sein et deux gamins à ses jupes : tout un cri de misère matinale! Paris s'éveille et s'endort à ce cri-là. Cléopâtre avait donné vingt francs comme toute autre eût donné deux sous, mais avec une grâce exquise, comme si c'eût été elle qui reçût le bienfait.

La messe commençait à la chapelle de la Vierge, quand Cléopâtre trempa ses doigts dans le bénitier. Il lui sembla qu'elle n'avait pas le droit d'aller prier dans cette chapelle réservée, à ses yeux, aux jeunes filles pieuses, aux mères heureuses ou affligées. Elle baissa son voile et y entra pourtant en songeant que c'était pour sa sœur qu'elle venait à la messe. Peu à peu elle s'enhardit dans la prière; la prière, cette échelle invisible qui conduit la pécheresse des profondeurs nocturnes de son péché, jusqu'aux hauteurs radieuses où Dieu pardonne. Bientôt son cœur se fondit en larmes; ce fut comme une fraîche rosée qui se répandit sur elle et lui donna, pour une heure, une vie nouvelle. Il lui sembla qu'elle se dépouillait de cette robe de Déjanire qui la brûlait depuis cinq ans. Car il y avait cinq ans, à quelques jours près, qu'elle s'était enfuie de la maison de son père.

Cléopâtre rentra chez elle le cœur presque content.

— Ma douce Caroline, se disait-elle, j'ai prié pour ton bonheur, et me voilà heureuse moi-même.

Elle demanda son chocolat et feuilleta un roman. Pour tous les cœurs troublés, un livre, quel qu'il soit, est un refuge dans la bataille de la vie.

On sonna.

— N'ouvrez pas, dit-elle à sa femme de chambre.

— Madame, c'est monsieur Max.

— Dites-lui qu'il revienne demain.

— Mais, madame, il va se fâcher.

— Eh bien! dites-lui qu'il ne revienne jamais.

Quand la femme de chambre reparut, Cléopâtre avait jeté loin d'elle le roman qu'elle venait de feuilleter.

— Ce n'est pas cela, dit-elle; apportez-moi mon livre.

— Quel livre, madame?

— Vous savez bien, mon livre.

Léontine, qui avait compris, apporta un petit volume recouvert de chagrin la Vallière. C'était l'*Imitation de Jésus-Christ*.

Six mois après la fuite de Cléopâtre, sa sœur lui avait envoyé ce livre, un souvenir de leurs fraîches années! Car toutes deux l'avaient lu et relu ensemble, quand Cléopâtre croyait que la vie de l'âme était la vraie vie.

— Cher petit livre, dit-elle en l'embrassant comme si elle eût embrassé sa sœur!

XVIII.

QUE LES COURTISANES NE SONT PAS TOUTES
CE QU'UN VAIN PEUPLE PENSE.

Mais à onze heures mademoiselle Cléopâtre sonna Léontine.

— Dites à André que je veux sortir dans dix minutes ; qu'on attelle à l'instant au coupé la Pluie-qui-Marche et Va-t'en-guerre, il faut que je sois dans un quart d'heure au Panthéon.

— Pourquoi madame ne l'a-t-elle pas dit plus tôt ?

— Parce que cela ne vous regarde pas.

Dix minutes après, Cléopâtre, vêtue de noir et voilée, se nichait dans son coupé.

— Pourquoi ces beaux chevaux vont-ils si vite? se demandait-on en voyant passer dans l'avenue Gabriel, sur les quais et boulevard Sébastopol, Va-t'en-guerre et la Pluie-qui-Marche.

Ils allaient si vite, parce que Cléopâtre voulait voir sa sœur.

Elle donna l'ordre d'arrêter devant l'hôtel Cluny, ne voulant pas que son coupé fût reconnu parmi les voitures des invités à la messe du mariage. Elle alla à pied jusqu'à Saint-Étienne-du-Mont. Il y avait foule, mais la mariée était encore attendue. Tout à coup, le portail s'ouvrit à deux battants et l'orgue chanta une hymne d'allégresse sous les doigts savants de Gounod, un ami du marié.

La jeune fille entra dans le triomphe de sa beauté, de sa jeunesse et de son innocence : ces trois vertus théologales du mariage.

Le musicien faisait résonner sur l'orgue toutes les divines poésies de ces trois adorables vertus.

Oui, c'est le plus beau jour de la vie pour la jeune fille; car, avant de se donner corps et âme à son mari, elle apporte pieusement à Dieu, comme une dernière prière, comme un dernier encens, les chansons de son cœur et les parfums de sa jeunesse.

Oui, c'est le plus beau jour de sa vie, car le lendemain... Le lendemain, c'est déjà le lendemain de la fête.

Et pendant que la sœur de Cléopâtre allait ainsi triomphante à l'autel, où était Cléopâtre ?

Elle s'était cachée dans une chapelle, doublement masquée par un pilier et par son voile; elle dévorait ses larmes tout en regardant la jeune fille à la dérobée.

On chanta la messe; le curé de Saint-Étienne-du-Mont n'oublia pas, dans son sermon, de parler de la sœur absente sous le symbole transparent de la femme de l'Évangile, qui fuit le mariage pour épouser le péché. Gounod improvisa des miracles de mélodie religieuse. On passa dans la sacristie pour s'incliner devant la reine du jour, car les femmes ont toutes dans leur vie quelques heures de royauté. Et l'on sortit de l'église dans le brouhaha des conversations matrimoniales.

Cléopâtre n'avait pas remué. Repliée sur elle-même, elle priait et pleurait au milieu d'un groupe de gens du peuple qui étaient venus là par curiosité et pour la musique. L'église les jours de fête, a dit M. de Voltaire, c'est l'Opéra des gueux. Cléopâtre ne se réveilla de sa torpeur qu'en entendant ce dialogue :

— Comme elle est jolie cette mariée, n'est-ce pas?

— Oui, mais il paraît qu'elle a une sœur qui est bien plus belle encore.

— Est-ce qu'elle était là?

— Si elle était là? — Mais vous ne savez donc pas que c'est une rien qui vaille; aussi a-t-elle les plus beaux équipages de Paris.

— Je la connais, dit un coiffeur en disponibilité, c'est moi qui lui tordais son chignon l'hiver passé; c'est une rude créature, fière comme un louis d'or; moi qui vous parle, je n'osais pas la regarder en face. En un mot, c'est la Cléopâtre!

— La Cléopâtre! Mon fils, qui est à l'école, m'a rabâché quelque chose là-dessus. N'a-t-elle pas voyagé en Égypte?

— Es-tu bête! ce n'est pas la Cléopâtre des temps passés; c'est comme si tu m'appelais sainte Geneviève, parce que je m'appelle Geneviève.

Cléopâtre sentit tous ces poignards; elle rebondit sur son orgueil et sortit la tête haute, comme si elle ne connaissait pas la Cléopâtre dont on parlait. Elle se rappela que madame de Mailly entra un jour violemment à l'église, ce qui fit dire : « Voilà bien du tapage pour une coquine. » On sait que la maîtresse de Louis XV répondit à cette insulte de la voix la plus douce : « *Puisque vous la connaissez, priez pour elle!* » Cléopâtre s'indigna de ne pas avoir cette grande vertu de l'humilité chrétienne; son péché capital était l'orgueil. Ce jour-là même, quoiqu'elle voulût être toute à Dieu, elle ne put vaincre le démon.

— Tant pis, dit-elle en montant dans sa voiture, puisqu'il y a un abîme entre ce que je suis et ce que je voudrais être, je vais droit devant moi.

Et elle alla chez Max, regrettant peut-être que sa fierté l'empêchât d'aller chez Rodolphe.

XIX.

LE GOUTER SUR L'HERBE.

Quelques jours après, Max partit pour Rotterdam, où son père l'envoyait acheter des diamants.

Ce fut alors que la Dame de Carreau, sur la prière de Rodolphe, donna un goûter sur l'herbe à ses amis — des deux sexes.

C'était à Bougival, où elle avait un petit pavillon qu'elle avait baptisé *le pavillon Du Barry*.

Pour la Dame de Carreau, la Du Barry était l'idéal de la femme, — celle qui n'a peur de rien, hormis de la mort. D'ailleurs, tous ses amis lui avaient corné aux oreilles qu'elle était le portrait vivant de Cotillon III.

Elle avait supplié Cléopâtre d'être du goûter.

— Qui auras-tu?

— Mes amis.

— Tout le monde!

— Non, un homme de chaque nation; tu sais que je suis une femme internationale.

— J'irai.

Cléopâtre avait toujours une vraie joie au cœur quand elle mouillait ses jolis pieds à l'herbe des champs. On a beaucoup comparé les villages qui entourent Paris à des décors d'opéra-comique. Pour moi, Bougival, avec sa couronne de grands bois, ses jolis villas couchées coquettement comme des bacchantes dans des nids de roses et de lilas, son beau fleuve qui vient çà et là baiser ses parcs ombreux, me semble plus près de la vraie nature, — la nature fécondée par le travail, — que la Suisse avec ses Anglais, ses montagnes et son ranz des vaches.

Cléopâtre arriva la première à cette petite fête agreste. Elle ne vit pas en entrant dans le jardin que la Dame de Carreau fermait la porte de sa chambre sur un jeune homme qui souleva le rideau de la fenêtre.

— Ma chère Cléopâtre, tu vas trouver là-bas, dans la forêt vierge, — par antiphrase, — Jacintha, qui s'ennuie furieusement avec elle-même.

La forêt vierge était un petit bois composé d'un vernis du Japon et de trois massifs de noisetiers.

— Oh! Jacintha, dit Cléopâtre avec une terreur bleue; elle va me raconter encore son histoire.

— Eh bien, un peu plus loin, tu trouveras la Taciturne, qui ne te contera rien du tout.

— A la bonne heure! Le silence et la solitude, voilà comme j'aime la nature. A la campagne, il n'y a que le bruit des arbres qui soit éloquent. Qui donc se cache là-bas sous le rideau?

— Un de tes amis.

— Je n'ai pas d'amis.

— Alors, c'est un de tes ennemis?

— J'en ai tant que je ne les reconnais pas.

— Ce que c'est que d'avoir un amant et de ne pas en vouloir cinquante!

— Tu as raison, dit Cléopâtre. Aussi, toi, tu n'as pas d'ennemis. Heureuse créature!

— Heureuse! murmura la Dame de Carreau; les hommes ne font pas le bonheur.

XX.

OU L'ON VOIT REPARAITRE
M. LE COMTE RODOLPHE DE MARCILLAC
ET M. LE DUC DE CHAVAILLES.

Cléopâtre traîna une chaise de fer et alla s'asseoir à côté de la Taciturne, qui s'était roulée sur l'herbe.

— Eh bien, ma chère, as-tu médité sur ma grammaire?

— *Oui et non.*

— J'espère que tu fais ton chemin dans le monde, car on m'a dit que tu avais deux amants et que tu les trompais tous les deux.

— *Question d'argent.*

— Brava, bravissima! — J'ai toujours dit que tu

finirais bien, comme toutes celles qui commencent mal.

— *J'en accepte l'augure.*

Mademoiselle Chantilly n'avait pas encore dit le quatrième et dernier mot de son répertoire, quand un jeune homme débusqua d'un massif de rhododendrons, et vint saluer les deux amies avec une gravité diplomatique.

Cléopâtre pâlit et cacha son émotion en effeuillant d'une main agitée le frêne pleureur qui l'ombrageait.

Le jeune homme, très-pâle et très-ému lui-même, se tourna vers la Taciturne et lui dit en essayant de sourire :

— Mademoiselle, voulez-vous me permettre de m'asseoir sur votre canapé?

— Monsieur, dit la Taciture en ramenant sa robe sur elle, asseyez-vous, *je suis désarmée.*

Et, toute ravie d'avoir si bien parlé, elle se mit à chanter un air à la mode.

— Oh! de grâce, dit Cléopâtre, ne me fais pas croire qu'il y a des orgues de Barbarie à Bougival. Ici, je ne veux entendre chanter que les rossignols.

— Madame, il n'y en a plus, dit le nouveau venu, le cuisinier de l'Opéra et des Italiens en fait tous les soirs une fricassée pour madame Sax et pour M. Mario.

Mademoiselle Chantilly jugea à propos de rire aux éclats. Cléopâtre fit semblant de ne pas avoir entendu.

En ce moment la Dame de Carreau vint vers ses convives. Cléopâtre se leva et alla au-devant d'elle.

— Ma chère amie, qu'est-ce donc que ce mystère? C'est un guet-apens; vous ne me reprendrez plus à goûter sur l'herbe en pareille compagnie.

— Tout beau, tout beau, ne prenons pas le mors aux dents; on n'a donc pas le droit de mourir d'amour pour vous?

— Mourir d'amour! Dites-moi combien monsieur Rodolphe de Marcillac vous a donné pour ce rendez-vous tout primitif et tout idyllique?

— Vous croyez rire? dit la Dame de Carreau, qui n'avait pas l'habitude de mettre des masques; eh bien! la vérité, c'est qu'il m'a donné mille francs pour payer ce goûter sur l'herbe.

— Il en sera pour son argent, car je ne goûterai pas sur l'herbe.

La Dame de Carreau laissa tomber ses bras avec stupeur.

— N'est-ce pas que tu ne parles pas sérieusement? Tu veux donc me ruiner? car tu penses bien que je suis de trop bonne maison pour garder les mille francs si tu ne goûtes pas.

— Il te reste Chantilly ; il te reste Olympia, qui arrive dans sa calèche à huit ressorts avec son baron à huit rhumatismes; il te reste Jacintha, qui lit là-bas mélancoliquement la *Gazette des Étrangers*. N'as-tu pas deux membres du Jockey-Club qui sans doute connaissent ton hôte ?

—Je te dis que si tu t'en vas je me plonge mon ombrelle dans le cœur, ou je me jette dans ma pièce d'eau !

— Tu n'y entrerais pas! Après tout, ce beau monsieur ne me fait pas peur. Tout bien considéré, je reste céans; nous verrons s'il osera se rappeler que nous nous sommes — rencontrés — avant le déluge.

— Oh! que je t'aime! s'écria la Dame de Carreau en baisant les mains de Cléopâtre; tu es un ange!

— Oui, un ange des ténèbres.

— Des ténèbres? tu viens toujours comme un coup de soleil. Je cours mettre la nappe sur le gazon. Ah! comme les bouchons vont sauter !

Cinq minutes après que ces mémorables paroles furent dites, le couvert était mis, c'est-à-dire qu'on avait servi à profusion, sur l'herbe même, un goûter qui eût émerveillé Adam et Ève sur la table du Paradis terrestre. Les pâtés, les jambons, les faisans, les perdreaux, les raisins, les pêches, les ananas, les vins du Rhin, les vins de Champagne, les vins de Chypre, les vins de Constance avaient été choisis par un gourmand de première gueule.

La Dame de Carreau présenta, dans le vrai cérémonial, le duc de Chavaillès à Cléopâtre.

— Je crois que j'ai déjà vu monsieur le duc, dit-elle de sa voix très-française, dégagée de cet accent italien qu'elle affectionnait rue Saint-Dominique.

Et elle baissa son voile.

— Pardonnez-moi, j'ai peur d'être défigurée par les cousins, poursuivit-elle en jouant sur les mots.

On se mit à table, c'est-à-dire qu'à la manière romaine on se coucha sur l'herbe devant le festin.

— Je serai l'esclave, dit la Dame de Carreau, je remplirai les coupes.

— Tu es trop habillée pour cela, dit un convive en lui tendant son verre. C'est égal, verse, verse encore, verse toujours!

Cléopâtre fut la seule qui refusa de se mettre à table comme tout le monde. Elle avait repris sa chaise et s'était assise avec quelque dignité, soulevant et baissant son voile, défiant et fuyant le regard scrutateur de M. de Chavailles.

Rodolphe, couché en face, ne la perdait pas des yeux. Il tenta vainement de lui parler : elle n'avait pas d'oreilles pour lui. A plusieurs reprises il lui porta un toast ; elle n'avait pas d'yeux pour le voir, même quand elle le regardait.

Mademoiselle Olympia, qui jouait je ne sais quoi à je ne sais quel théâtre, fut priée de chanter et cria cette chanson rustique, musique d'Offenbach :

> Jeanne est blanche, brune et rousse.
> Le jour de Pâque elle s'en va
> Cueillir l'aubépine qui pousse,
> Qui pousse, pousse et fleurira.
>
> La belle en robe des dimanches,
> Rubans roses, fichu coquet,
> Gaspille les fleurs sur les branches :
> Pour se faire un joli bouquet.
>
> Elle s'endormit sur la mousse,
> Et sa bouche encor respira
> L'aubépine qui pousse, pousse,
> Qui pousse, pousse et fleurira.
>
> Trois chasseurs courant le bocage
> S'arrêtèrent bientôt par là.
> Jeanne était un oiseau-z-en cage ;
> Qui des trois la délivrera ?
>
> Le premier d'une voix bien douce
> Lui dit : *Je t'aime* et l'embrassa

> Près de l'aubépine qui pousse,
> Qui pousse, pousse et fleurira.
>
> Elle rêvait que d'aventure
> Elle était biche et que les loups
> La poursuivaient sous la ramure
> Elle était sens dessus dessous.
>
> Le second sur le lit de mousse
> Cueillit à son sein qu'il baisa,
> Cueillit l'aubépine qui pousse,
> Qui pousse, pousse et la piqua.
>
> Le troisième, genou-z-en terre,
> Tout doucement la réveilla.
> Que lui dit-il ? C'est un mystère
> L'écho du bois ne le dira !
>
> Car, s'il le disait, brune ou rousse
> Vous iriez toutes çà, de là,
> Cueillir l'aubépine qui pousse,
> Qui pousse, pousse et piquera.

On applaudit bruyamment. Le prince Élim brisa son verre, la Taciturne dit un nouveau mot, les merles effarouchés changèrent d'hôtellerie.

Le duc de Chavailles remarqua que Cléopâtre, qui parlait toujours si bien, n'avait encore rien dit.

— C'est vrai, dit-elle, mais je suis toute préoccupée d'un roman étrange.

— Un roman que vous faites, un roman que vous avez lu?

— Oui, un roman que je fais; voulez-vous que je vous conte le premier chapitre? Mais c'est peut-être un peu sérieux....

— Contez! contez! s'écria-t-on de toutes parts.

Cette fois, elle attacha ses yeux sur Rodolphe.

— M'écouterez-vous, monsieur? lui dit-elle gravement; me direz-vous votre opinion sur le dénoûment?

— Oui, madame.

Rodolphe se tourna vers son ami :

— Te souviens-tu de notre promenade au Bois, il y a un mois? Tu voulais savoir mon histoire; écoute bien, Cléopâtre va la conter.

— J'y songeais, dit le duc.

Cléopâtre parla ainsi, tout en mordant çà et là un grain de raisin.

XXI.

CONFESSION DE MADEMOISELLE CLÉOPATRE.

« Angèle n'était pas née comme la plupart de celles qui font salon au bois de Boulogne, au Château des Fleurs et au Petit Moulin-Rouge. Son père était un galant homme et un homme de talent. Est-ce la peine de dire après cela qu'il était gentilhomme? Il n'avait, comme avocat, qu'une renommée de clocher, mais ses confrères de Paris, qui avaient plaidé à Troyes quelques causes plus ou moins célèbres, disaient hautement qu'il y avait là une vraie éloquence. C'était l'éloquence antique.

« A deux reprises, les électeurs de Troyes avaient

voulu que M. Georges d'Hercigny représentât leur politique à Paris; mais n'ayant d'autre ambition que celle d'aimer ses enfants, l'avocat s'était tenu coi dans sa maison. D'ailleurs, sur la question politique il n'était pas d'accord avec sa femme, et il ne voulait pas perpétuer au coin du feu la lutte des Montagnards et des Girondins. Madame d'Hercigny, qui avait adoré son père, un conventionnel, ami de Danton, avait gardé comme un pieux héritage les opinions de la Montagne.

« Quand Angèle eut dix-sept ans, qu'on lui eut appris l'art de parler et d'écrire plus ou moins correctement, à faire de belles révérences et à tourmenter le piano, elle apprit elle-même beaucoup de choses qui ne sont pas décrétées dans l'éducation des jeunes filles; c'est qu'au lieu de lire la grammaire, la géographie et l'Histoire sainte, elle lut des romans. Le diable, — je ne prétends pas l'attaquer, — a toujours eu l'art de parler aux jeunes filles. Autrefois il leur donnait des pommes, aujourd'hui il leur donne des romans. Il secoue donc toujours l'arbre de la science. Lire un roman, c'est commencer à en faire un soi-même. Pour faire son roman, il ne manquait à Angèle qu'un amoureux. Or l'amoureux ne se fit pas attendre.

« Il y avait alors à Troyes, dans le voisinage de M. d'Hercigny, un jeune homme qui portait un grand nom. Je ne vous dirai pas son nom. Je lui donnerai le pseudonyme d'Édouard de Salignac. Allié aux plus anciennes familles de France, il n'avait que son nom pour tout patrimoine.

« La Révolution avait commencé à ruiner sa famille ; son père avait achevé l'œuvre, en voulant ressusciter la régence sous la Restauration. Il était mort, survivant peu de jours à sa femme, laissant trois fils à la grâce de Dieu. L'aîné n'avait pas dix ans. Un vieux cousin les avait amenés à Troyes pour y partager avec eux une petite fortune viagère.

« Le jardin du vieux cousin n'était séparé de celui de M. d'Hercigny que par un mur mitoyen. Quand le plus jeune des trois frères eut vingt ans, Angèle faisait sa première communion. Jusque-là il l'avait entrevue, jouant avec sa sœur, à travers les arbres du jardin. Mais ce n'était qu'un enfant qui joue. Ce jour-là, c'était presque une jeune fille. Sans s'expliquer encore pourquoi, le jeune homme se réjouit d'avoir une si jolie voisine. Il partit alors pour l'école de Saint-Cyr. Le vieux cousin avait fait des prodiges pour rester la providence des trois frères. Le premier était soldat, le second allait devenir prêtre, le troisième voulait comme l'aîné suivre la carrière des armes. Par malheur, c'était une nature rebelle qui s'irritait contre tout, et qui se fit renvoyer de Saint-Cyr la seconde année. Le vieux cousin ne se découragea pas et lui obtint un surnumérariat dans une bibliothèque de Paris. Mais au moment de devenir bibliothécaire, grâce au nom qu'il portait, Édouard provoqua le conservateur, qui lui reprochait de ne pas savoir le grec, ce qui le força de donner sa démission. Le ministre des Affaires étrangères lui promit un consulat; mais en attendant, pour ne pas mourir de misère, il retourna chez son cousin.

« C'était au temps où Angèle lisait des romans.

« Elle était déjà belle, de cette étrange beauté qui devait bientôt éblouir tout Paris. Édouard ne l'avait pas tout à fait oubliée, quoique près de cinq années se fussent passées sans qu'il la revît. C'était en automne; un jour qu'il faisait la récolte des poires et des pommes pour son cousin, il posa l'échelle contre le mur mitoyen, revêtu des deux côtés des plus beaux espaliers du monde.

« Tout en cueillant les poires, il monta un échelon de plus pour regarder de l'autre côté. Par un de ces hasards familiers à l'amour, Angèle et sa sœur étaient elles-mêmes à leur espalier. Je dirais mal l'émotion de douce surprise qui saisit du même coup Édouard et Angèle. Elle laissa tomber les grappes de raisin qu'elle venait de couper, et lui, il oublia de cueillir la poire qu'il avait dans la main.

« Il salua profondément.

« — Mademoiselle, je vous demande pardon, dit-il en souriant, d'être entré chez vous sans avoir frappé à la porte. »

« C'était la première fois qu'Angèle remarquait la figure de son voisin. Une belle tête, cheveux ébouriffés, yeux noirs et veloutés, fine moustache, expression tout à la fois amoureuse et spirituelle.

« Angèle fut, comme le dirait Montaigne, pipée du premier coup. Elle cherchait son héros de roman ; elle qui ne savait pas le grec, elle s'écria comme Archimède : Εὕρηκα!

« Je ne veux pas suivre tous les méandres de cette première passion : vous voyez cela d'ici. Elle a dix-sept ans, elle ne sait rien, pas même son cœur. Lui, il arrive de Paris, ses cartes sont biseautées pour jouer avec les innocences. Il sait tenir une épée et faire sonner ses éperons, il n'a ni science ni littérature, mais il sait par cœur le don Juan de Byron et le Mardoche d'Alfred de Musset. Il a connu de près ou de loin les artistes et les poëtes en renom. Il ne mène point un train de prince, dans cette bonne ville de Troyes, chez ce vieux cousin qui ne paye pas sa vieille cuisinière ; mais n'est-ce pas une fortune de s'appeler Édouard de Salignac? Du moins telle est l'opinion d'Angèle.

« Le père ne sait rien ; la mère est inquiète, car la jeune sœur a parlé. Mais que peuvent les remontrances d'une mère qui ne croit qu'à des enfantillages? Ne devinez-vous pas le second chapitre? Un soir, par hasard, toujours par hasard, deux échelles sont dressées de chaque côté du mur mitoyen. Édouard est déjà en haut, Angèle s'aventure sur le troisième échelon. Il lui parle et elle lui répond. Il est si suppliant qu'elle monte un échelon de plus, puis encore un ; puis tout à coup, comment a-t-il fait pour lui serrer la main et pour lui baiser les cheveux? Elle se croyait encore si loin de lui ! C'était le feu de la nuée descendant sur Galathée. Elle s'enfuit avec effroi, jurant qu'elle n'irait plus au jardin ; mais elle ne dormit pas.

« Le lendemain elle remonta à l'échelle, puis le surlendemain. Un soir, en descendant de l'échelle, elle trouva son père. Il l'emporta évanouie dans le salon. Quand elle revint à elle, sa mère pleurait à toutes larmes.

« — Angèle, lui dit son père, tu rentreras demain au couvent.

« — Moi, au couvent, jamais! M. de Salignac m'a dit ce soir qu'il viendrait vous demander ma main.

« — Et je ne la lui donnerai pas, dit M. d'Hercigny. Ma pauvre enfant, tu ne connais pas ce jeune homme. Il n'a rien, et ce qui est bien pis, il ne fait rien.

« — Son nom est une fortune, et dès qu'il m'aura épousée il travaillera.

« — Je te dis que je ne consentirai jamais à une pareille folie.

« Le lendemain, en effet, M. Édouard de Salignac vint demander la main de mademoiselle Angèle d'Hercigny. L'avocat refusa froidement. Quand le jeune homme fut sorti, Angèle, qui avait écouté aux portes, déclara à son père, comme dans les romans, que la destinée l'avait fiancée à M. de Salignac et qu'elle n'en épouserait jamais un autre.

« L'esprit de révolte était entré dans son cœur avec l'amour. Son père, qui l'adorait, ne put réprimer sa colère. Il pria sa mère de la conduire le jour même au couvent.

« Après avoir lutté avec colère, Angèle, qui voulait revoir Édouard, supplia son père d'attendre encore. Le père se laissa attendrir, croyant bien que le démon de la révolte était vaincu.

« On se coucha après s'être embrassé. Vous savez bien qu'Angèle ne dormit pas, mais devinez-vous qu'au milieu de la nuit, pendant que toute la maison dormait, elle redescendit au jardin, comme si elle fût sûre d'y trouver M. de Salignac? Et elle retrouva M. de Salignac. Et elle pleura sur son cœur.

« — Au couvent! dit-elle.

« — Au couvent! répéta-t-il.

« Et elle pleurait encore.

« On n'enlève plus guère les jeunes filles. Édouard le savait bien, mais il savait bien aussi que c'est plutôt la faute des amoureux que la faute des amoureuses.

« — Ma chère Angèle! je vous aime à en mourir et j'en mourrai! Il ne nous reste plus dans notre malheur qu'un parti à prendre, c'est de nous enfuir à Paris.

« — Quitter mon père et ma mère! dit Angèle en se détachant des bras de M. de Salignac.

« — Vous aimez donc mieux qu'ils vous sacrifient à un mari deux fois champenois? Vous êtes née pour les grands rôles, et non pour jouer les femmes de province.

« — Comme il me comprend ! pensa Angèle. Il a raison, je mourrai d'ennui si je suis confinée dans quelque ménage prosaïque.

« — Mais moi ! reprit Édouard, si je restais huit jours de plus ici, je mourrais étouffé, tant mon âme manque d'air au milieu de ces Champenois.

« — Eh bien ! partons, dit Angèle, je me confie à votre cœur, vous m'épouserez à Paris.

« — Je le jure à vos genoux, s'écria Édouard en baisant les mains de sa belle amoureuse.

« Mais chez la femme le désir de la résistance est aussi impérieux que le désir de l'amour. Angèle résista à cette première tentative. Elle courut à sa mère.

« — Pourquoi pleures-tu ?

« — Parce que j'ai peur de moi-même.

« Elle ne dit pas un mot de plus.

« Il y eut conseil de famille. On décida qu'il fallait marier Angèle. Il y avait en disponibilité un ami de la maison, conseiller de préfecture, un jeune homme sans défauts, comme une tragédie de Campistron ; au demeurant, un conjoint accompli.

« — Il est très-ennuyeux, dit madame d'Hercigny, mais c'est le mari qui convient à Angèle. Il a comme nous la noblesse de robe. D'ailleurs, il n'y a pas à choisir : il faut jeter de l'eau sur le feu.

« Angèle eut beau pleurer, le mariage fut résolu à la pluralité des voix; elle donna une boule noire dans le scrutin de sa destinée, mais son père et sa mère mirent chacun une boule blanche.

« — Ne pleure pas, lui dit son père, c'est peut-être le mariage forcé, mais c'est le bonheur forcé.

« Angèle aimait tendrement son père; elle le voyait si content de ce mariage, qu'elle cacha son chagrin et se jura à elle-même de donner sa main les yeux fermés. « Après tout, disait-elle, c'est déjà quelque chose de faire le bonheur des autres. »

« Elle n'allait plus au jardin. C'est à peine si elle osait regarder par la fenêtre, tant elle avait peur de voir la figure de celui qu'elle aimait encore sans le vouloir; tant elle voulait bravement s'accoutumer à celui qu'elle n'aimait pas.

« — Tu ne sais pas? lui dit un jour sa sœur, M. Édouard de Salignac est un ami de ton fiancé; on vient de me dire qu'il était invité au mariage.

« — C'est impossible, dit Angèle rougissante.

« — Est-ce que cela t'ennuie? demanda la jeune sœur avec un sourire malin et curieux.

« — Qu'est-ce que cela me fait! dit Angèle pour cacher son émotion.

« Mais elle était trop romanesque pour ne pas

apprendre cette nouvelle avec un battement de cœur.

« — J'aime mieux cela, se dit-elle, il verra ma pâleur et je verrai son chagrin.

« Il vit sa pâleur et elle vit son chagrin !

« Ils ne s'étaient pas dit un mot depuis la publication du mariage.

« Sur la prière d'Angèle, qui voulait que tout fût romanesque autour d'elle, on avait décidé que le mariage à la mairie aurait lieu à minuit et le mariage à l'église à minuit et demi.

« On avait, peu de temps auparavant, mis cela à la mode dans un château du voisinage.

« Il y avait deux sortes d'invitations : celles pour l'église et celles pour le bal chez madame d'Hercigny, de neuf heures à minuit.

« Édouard de Salignac ne devait être convié qu'à la cérémonie nuptiale ; mais, par un de ces hasards qui dérangent l'équilibre des nations et des mariages, il reçut une invitation pour le bal.

« — Je n'irai pas ! dit-il avec fureur.

« Il fut un des premiers arrivés.

« — Je ne lui parlerai pas, dit-il en entrant.

« Mais comme il saluait Angèle, après avoir salué madame d'Hercigny, il ne put s'empêcher de lui dire :

« — Comme le mariage vous va bien! vous n'avez jamais été si belle.

« — N'est-ce pas? dit Angèle d'un air dégagé qui trompa sa mère; si vous voulez danser encore une fois avec moi, dépêchez-vous de m'engager, car, une fois mariée, je ne danserai plus.

« La mère fit un signe de tête à sa fille, mais Angèle ne voulut pas comprendre. Elle accorda la seconde contredanse.

« — O mon Dieu! dit la jeune sœur, que va penser le marié?

« Ils dansèrent.

« Que lui dit-il? Et que lui répondit-elle?

« — J'en mourrai; mais je me sacrifie à mon père et à ma mère.

« — Ayez donc le courage de votre opinion, Angèle; il n'y a que moi de sacrifié ici. Ce qui vous séduit, c'est le mariage; que vous importe l'homme?

Angèle était partie pour la chaîne des dames dans le quadrille d'*Orphée aux Enfers*.

« — Que vous êtes cruel! dit Angèle en reprenant la main du jeune homme; je vous dis que j'en mourrai.

« Un silence.

« — Il y a un moyen bien simple de ne pas en mourir.

« — Lequel?

« — Vous n'êtes pas sérieuse.

« — Moi!

« — Je vous le dirai tout à l'heure.

« Et ils partirent en avant deux.

« Ceux qui les voyaient danser avec la charmante désinvolture des insouciants ne se doutaient guère qu'ils portaient la tempête l'un comme l'autre.

« Le fiancé les regardait à la dérobée avec une vague inquiétude, ne revenant pas de sa surprise à ce spectacle inattendu.

« — Eh bien? dit Angèle d'un air impératif.

« — Hélas! vous avez des oreilles pour ne pas entendre.

« — Parlez, vous dis-je, j'écoute.

« — Eh bien! il vous reste encore le temps de ne pas faire une bêtise.

« — Expliquez-vous.

« — Vous vous mariez à minuit, comme dans un mélodrame. Il est dix heures, il vous reste une heure et demie pour vous adonner au plaisir de la danse, de la valse et de la polka. Je sais trop ce que je dois à votre sexe pour supprimer une minute de ce plaisir-là; mais à onze heures et demie, qui vous empêchera de mettre un manteau sur ces belles épaules, de sortir discrètement par le jardin et de venir vous réfugier chez moi?

« — Que voilà un beau conseil et une belle équipée!

« — C'est le conseil d'un fou, puisque je suis amoureux; mais c'est l'équipée d'un sage, puisqu'elle vous arrache à votre malheur. Je vous connais; vous êtes née pour les grands jeux de la vie. Le mariage va vous emprisonner et vous en sortirez par la porte de l'adultère.

« Don Juan n'eût pas mieux parlé.

« — Chut! ne me parlez pas ainsi, je me sens rougir, dit Angèle en portant son mouchoir à sa figure.

« — Réfléchissez bien, vous me répondrez après la pastourelle; ne me laissez pas longtemps être le cavalier seul.

« Et après la pastourelle, Angèle, dont le cœur battait bien fort, dit à Édouard de Salignac:

« — Vous avez raison. Il est impossible que cet homme qui est là-bas soit mon mari. J'aime mieux mourir, mais je veux mourir avec vous.

« — Oui, nous mourrons ensemble, dit Édouard de Salignac qui était un homme expérimenté; je suis heureux de vous retrouver fière et indomptable, n'écoutant que votre cœur et bravant les préjugés du monde. Dans deux minutes, je pars en avant, je cours vous attendre, nous trouverons des chevaux, nous prendrons le chemin de fer à la seconde station ; demain matin, nous serons à Paris.

« Et après le finale, le jeune homme serra expressivement la main d'Angèle.

« — N'allez pas retomber dans vos lâchetés, lui dit-il d'un air dominateur. Si vous ne venez pas, je provoque votre fiancé et je le tue.

« — J'irai, murmura Angèle, comme si elle eût obéi à une volonté plus forte que la sienne.

« Dans le tourbillon de la valse qui suivit, Édouard de Salignac sortit par une porte, Angèle disparut du côté opposé. Elle courut à sa chambre tout éperdue, ne sachant pas encore si elle oserait suivre les folies de son cœur. Trois bougies brûlaient devant la glace sur un flambeau à trois branches.

« — Trois lumières, dit-elle, c'est un signe de malheur.

« Elle en éteignit une. Comme elle mettait un peu d'esprit partout, même dans les moments les plus dramatiques, elle fit cette réflexion que tout à l'heure ces trois lumières la représentaient entre ses deux amoureux.

« — Quel est celui que je viens d'éteindre ? dit-elle en souriant.

« Mais, comme elle se regardait dans la glace, elle fut effrayée de sa pâleur et de la contraction de ses traits.

« — Non, dit-elle tout à coup, je ne trahirai pas mon devoir. C'est le démon qui m'a parlé, mais Dieu veille sur moi.

« Sa pendule qui avançait d'une demi-heure sonna minuit.

« Elle eut peur, elle se rappela ces contes de bonne femme qui disent qu'à minuit sonnant, on voit sa destinée dans son miroir.

« Elle regarda avec intrépidité ; mais peu à peu son cœur battit plus fort, ses yeux se troublèrent, elle poussa un cri et se retint au marbre de la cheminée pour ne pas tomber à la renverse.

« Qu'avait-elle vu ?

« Elle avait vu des taches de sang à sa robe de mariée.

« — O mon Dieu ! dit-elle avec désespoir, que va-t-il se passer ?

« Et elle regardait sa robe avec angoisse.

« — Ils vont se battre, et ces taches de sang que j'ai vues... que je crois voir encore...

« Elle jeta son manteau sur ses épaules.

« —Je ne partirai pas, dit-elle ; mais je veux le revoir, pour lui ordonner de partir lui-même à l'instant.

« Elle descendit l'escalier et se mit à courir comme une folle au bout du jardin.

« Mais dès qu'elle revit don Juan Salignac, elle lui dit : « Partons ! »

« Rien n'était préparé pour l'enlèvement. Il fallut qu'Angèle, en robe de gaze, franchît d'abord le mur mitoyen, traversât silencieusement la maison du vieux cousin et allât se blottir, toujours se cachant la figure, dans une berline de rencontre que M. de Salignac trouva à l'hôtel des Courriers, avec un mauvais cheval qui devait les conduire à la prochaine station où ils prendraient le train du matin.

« Pour certaines femmes, c'est l'impossible et l'imprévu qui a raison. Angèle croyait obéir à la fatalité à travers les obstacles les plus romanesques. Elle était prise de cette ivresse du danger qui fascine et qui perd souvent les plus raisonnables.

« Je passe vite sur toutes les émotions du voyage. On arriva à Paris. Angèle voulait ouvrir les yeux, mais son amour l'aveuglait. Elle songeait aux larmes de sa famille ; mais vivre sans M. de Salignac, c'était la mort. Et elle voulait vivre.

« Elle ouvrit les yeux quelques heures après son arrivée.

« — Est-ce bien moi? se demanda-t-elle.

« Comme toutes les femmes, elle ne s'aperçut de sa chute que quand elle fut tombée.

« Mais, dans les premières heures, Édouard la consola par tant d'amour que, tout en regrettant d'avoir quitté sa famille, elle savourait son bonheur. Il y avait bien quelques larmes dans la coupe, mais quel est donc le bonheur qui ne pleure pas?

« Les amoureux méprisent beaucoup l'argent. Les aveugles! Or, c'est presque toujours la question d'argent qui vient tuer l'amour.

« M. de Salignac avait à grand'peine ramassé une trentaine de louis à Troyes. C'était donc toute la fortune de nos deux amants, car Angèle, qui devait avoir quatre-vingt mille francs de dot, n'emportait pas même un bijou. Aussi, quand ils arrivèrent à Paris, le quart du trésor était mangé. Ils allèrent se cacher dans un petit hôtel du faubourg Saint-Germain, — rue de Lille, hôtel de Valence, — où M. de Salignac, qui connaissait un peu le prix de l'argent, espérait vivre de peu en attendant qu'il eût remué le monde pour les beaux yeux d'Angèle.

Mais Angèle ne comptait pas avec lui. Dès leur arrivée, il lui avait dit négligemment :

« — Il faut bien vous habiller un peu, je vous enverrai une couturière.

« La couturière vint en l'absence de M. de Salignac. Angèle ne songeait même pas si Édouard avait beaucoup d'argent ou s'il en avait peu. Comme elle était née avec un très-haut goût, elle se commanda une robe et un pardessus qui fussent dignes de son amoureux. Quand revint la couturière avec la robe et le pardessus, M. de Salignac fut effrayé. Toutefois il prit galamment son parti, et poussa l'héroïsme jusqu'à conseiller un chapeau.

« La première fois qu'il sortit avec Angèle, il fut fier de l'admiration qu'elle excitait sur son passage; mais il ne put s'empêcher de dire comme certain vainqueur :

« — Encore une victoire comme celle-ci, et je suis perdu.

« Il n'attendit pas même une seconde victoire pour être ruiné. Il s'imagina qu'il était impossible de vivre avec Angèle sans avoir les mains pleines d'or et toujours ouvertes.

« Comment condamner celles qui sont nées reines à vivre comme des grisettes ? Édouard commença à être malheureux de son bonheur. Ce fut bientôt au point qu'il regretta de ne pas être resté à Troyes où il mourait d'ennui. Ce jour-là, il avait changé son dernier louis.

« Qu'allait-il devenir? Avouer à sa maîtresse qu'il l'avait enlevée sur le Rossinante du bonhomme Misère, ou bien jouer le remords et la renvoyer malgré elle à sa famille, ou plutôt faire semblant de ne plus l'aimer et avoir l'air de la planter là pour courir à d'autres aventures?

« C'était brutal, mais c'était don juanesque.

« Le tort de ceux qui n'ont pas d'argent, c'est d'avoir trop souvent peur de montrer qu'ils n'en ont pas. M. de Salignac avait brûlé ses vaisseaux pour retourner à Troyes. Son frère, devenu capitaine de spahis, venait de lui écrire qu'il avait pour lui, sous la main, une quasi-fortune à Alger. Il ne croyait plus aimer Angèle, il se décida à partir. L'avait-il aimée?

« Ce fut une douleur incomparable pour cette jeune fille, la première nuit où il ne revint pas. Elle ne se coucha pas; elle attendit jusqu'au matin. Le matin, ses larmes furent plus amères. Jusque-là elle ne pouvait se croire trahie; mais le matin on lui apporta ce simple mot d'adieu, — non pas un coup de poignard, mais un coup de couteau, — qui ne lui laissa plus de doute :

« *Nous nous sommes rencontrés un soir à la même auberge comme deux voyageurs qui s'amusent l'un de l'autre, nous avons suivi le même chemin pendant quelques heures ; mais nous n'avons plus rien à nous dire, et, pour éviter le chapitre des larmes, sautons à pieds joints par-dessus les adieux.* »

« M. de Salignac avait trouvé cette lettre très-byronienne.

« En la quittant ainsi, s'était-il dit sans doute, je garde mon drapeau chez elle. Quoi qu'elle fasse, elle m'aimera toujours, et je la repiperai quand il me plaira.

« Il ne connaissait pas sa maîtresse. Angèle ne devait jamais pardonner. Elle considéra cette lettre comme une injure et comme une lâcheté ; son indignation tua son amour. »

Disant ces mots, Cléopâtre regarda fièrement Rodolphe, qui tenta de résister bravement à ce regard.

Elle continua ainsi :

« Angèle fut saisie d'un désespoir qui alla jusqu'à la fièvre cérébrale.

« O mon père! ô ma mère! s'écria-t-elle, comme vous aviez raison, et comme vous êtes vengés! »

« Elle voulait mourir, et pendant les quinze jours que dura son délire, elle n'eut pas d'autre cri. Si sa mère se fût trouvée là, elle se jetait dans ses bras et reconquérait toute sa force pour le bien, — mais il ne se trouva là qu'un étudiant en médecine qui la veilla avec un dévouement tout fraternel.

« Quand elle revint à la vie, il arriva ce qui devait arriver : son sauveur devint son amant. »

Rodolphe ne put réprimer un mouvement de colère.

« Qu'on ne se hâte pas de lui jeter une seconde pierre, continua Cléopâtre. Ce jeune homme était charmant, mais ce n'est pas pour sa beauté qu'elle se jeta dans ses bras. Elle était désormais seule et blessée, il lui fallait un ami pour qu'elle épanchât son cœur. Quand on est belle et qu'on a dix-huit ans, où trouver un ami qui ne soit pas un amant?

« J'ai hâte de finir. Un prince milanais l'enleva à l'étudiant en médecine. Une femme ne se console de sa première chute que par une seconde, — de la seconde par la troisième, — et ainsi de chute en chute; c'est-à-dire qu'elle se console toujours et n'est jamais consolée.

« Que vous importe la suite de ce roman ? Angèle ne voulut pas tomber parmi les courtisanes. Elle avait une belle voix ; le prince italien l'avait emmenée à Naples ; elle prit un maître de chant et débuta à San Carlo.

« Elle ne chantait pas encore bien, mais on n'écoutait que par les yeux. Pendant toute une saison, ce ne furent que rappels, sérénades, ovations. Elle ne trahit pas ces enthousiasmes de la veille, car elle se révéla bientôt par l'accent et la science des grandes cantatrices.

« Mais à quoi bon chanter ?

« La paresse napolitaine la prit et la coucha sur son lit de roses.

« Elle revint à Paris. Elle aurait pu frapper à la porte des Italiens ou de l'Opéra. Mais pour qui devenir célèbre ? Elle ne le voulut même pas pour elle et elle aima mieux vivre dans les hasards de la haute vie parisienne.

« Le dirai-je ? ce fut alors que son premier amant revint à elle et se jeta à ses pieds. Le bonheur qu'il avait fui, il le voulait ressaisir. Le mal qu'il avait fait à Angèle, il daignait l'oublier, pareil à ce grand vizir qui faisait grâce à ses ennemis quand il leur avait coupé la tête.

« Mais Angèle, — si elle n'a plus son cœur, — a toujours sa tête et ne pardonne jamais. »

Et quand Cléopâtre eut ainsi conté l'histoire d'Angèle, le duc de Chavailles lui dit en lui passant une cigarette :

— Vous connaissez cette forte femme ?

— Oui.

— Et moi aussi, je la connais.

— Non, vous l'avez vue cent fois, mais ni vous ni les autres ne savez le premier mot d'Angèle, pas même ceux qui ont vécu avec elle...

XXII.

COMMENT CLÉOPATRE DEVINT LA MAITRESSE DE MAX.

En contant cette histoire, Cléopâtre, qui craignait de trop dévoiler la marquise Cavoni aux yeux de M. de Chavailles, avait passé vite sur sa vie en Italie.

Est-ce d'ailleurs la peine de dire comment elle vécut plusieurs années à Naples et à Rome? Le marquis Cavoni, un ami du prince milanais, avait tout naturellement enlevé la maîtresse de son ami.

Voilà pourquoi Cléopâtre était allée à Rome sous le nom de la marquise Cavoni. Le marquis lui avait-il donné sa main en lui donnant son nom? Elle disait qu'il l'avait épousée à Sorrente. Je n'ai pas vu le contrat. Mais il y eut des contrats de rente authentiques.

Elle mena à Rome la vie des grandes dames qui vont à la messe et à l'Opéra.

Le marquis mourut d'un anévrisme un jour de jalousie. Elle revint à Paris, et joua ses deux rôles de marquise et de courtisane.

A Paris, elle retrouva un prince, mais comment connut-elle Max?

Autrefois, il y avait des tournois pour conquérir les cœurs. Aujourd'hui, il y a Chantilly, Longchamp et Epsom.

Aux dernières courses d'Epsom, où le prince avait conduit Cléopâtre, il voulut montrer ses avantages, et partit pour disputer un prix avec Max et lord Northerton dans une course de gentlemen-riders.

— Prenez garde, avait dit résolûment Cléopâtre à son amant, si vous n'arrivez pas le premier, vous ne me trouverez plus.

Celui qui arriva le premier, ce fut Max.

— Madame, dit-il à Cléopâtre, j'ai franchi tous les obstacles moins un.

— Eh bien, dit Cléopâtre en lui tendant la main, nous le franchirons ensemble.

Max était depuis longtemps amoureux d'elle, son

front rayonnait comme si on lui eût donné la couronne d'un roi.

— Madame, dit-il en s'enhardissant, n'attendons pas que le prince revienne.

— Vous avez raison, dit-elle. J'aime ces manières de conquérant. Je ne pardonnerai jamais au prince d'être resté en chemin.

Cléopâtre avait déjà remarqué Max. Elle lui trouvait une de ces beautés fatales et fiévreuses qui remuent profondément les femmes.

Avec son premier amant, elle avait trouvé l'amour sans le chercher. Depuis, elle cherchait toujours l'amour sans le trouver. Plus d'une fois en voyant passer Max, elle avait senti un battement de cœur et elle s'était dit :

— Max est peut-être celui-là que je cherche.

Pourquoi Max plutôt qu'un autre? La Rochefoucauld lui-même répondrait-il à cette question? C'est parce que Max avait je ne sais quoi de perverti et d'efféminé qui irritait la curiosité de cette chercheuse d'amour. Elle prenait d'ailleurs sa revanche en dominant ses amants.

XXIII.

VOYAGE DE BOUGIVAL A PARIS.

On avait écouté l'histoire d'Angèle avec curiosité, mais non sans quelque impatience et quelque distraction.

— A quoi bon? disait le prince Élim à Jacintha ; il n'y a de bons romans que les romans en action. Cléopâtre en fait tous les jours de meilleurs que celui qu'elle vient de conter.

La Taciturne battit des mains et leva sa coupe pleine de vin de Champagne.

— Cléopâtre, je bois à ton esprit !

Tout le monde imita la Taciturne et but à Cléopâtre : on alla même jusqu'à boire à l'esprit de la Taciturne.

— Moi, dit Rodolphe, je bois à Angèle!

Le soleil se coucha sur cette fête de l'âge d'or; le crépuscule rapprocha les distances, les convives burent quelque peu dans le même verre.

La Taciturne n'avait jamais été si éloquente. Elle brouillait ses quatre phrases avec la plus belle désinvolture du monde.

La Dame de Carreau commençait à y voir double et soutenait qu'elle avait le vin tendre.

Mademoiselle Cléopâtre se leva et disparut solitairement dans une allée. Elle songeait à regagner sa calèche et à s'en revenir à Paris, quand tout à coup elle sentit sa main dans la main de Rodolphe.

Elle tressaillit.

— Vous? dit-elle en dégageant sa main.

— Oui, moi, dit-il.

— J'espérais bien ne jamais vous revoir.

— Angèle! Angèle! de grâce, ne me parle pas ainsi. Je mourais loin de toi. Je t'aime et je suis à tes pieds.

— Quoi! monsieur, cette femme dont vous avez fait une courtisane! cette femme, que vous n'aimiez plus quand elle était toute à vous, vous l'aimeriez quand elle est à tout le monde?— Allez, moi, je vous hais, car vous êtes lâche.

— Angèle, Angèle, je te jure que je suis le plus triste des hommes depuis que je t'ai quittée. Et pourquoi t'ai-je quittée? Parce que je t'aimais trop, pour te condamner, sous mes yeux, à cette vie de misère que je t'avais faite.

— C'est cela, vous me jetiez dans les bras du premier venu, pour qu'un autre achevât votre œuvre.

— Dieu m'est témoin que je n'avais qu'un but, devenir riche et vous dire : J'ai fait le mal, mais j'ai fait le bien. Vous l'avez appris sans doute, mon cousin est mort et m'a légué sa petite fortune. J'ai tout mis sur une carte, celle de votre destinée, j'ai gagné. Aujourd'hui que me voilà presque riche, je viens à vous, n'ayant plus qu'un mot sur les lèvres : A la vie, à la mort!

— Il est trop tard, monsieur; si vous m'aviez aimée, il ne fallait pas m'abandonner ainsi aux hasards du lendemain; celui de nous deux qui aimait sérieusement, c'était moi; j'étais prête à tout, même à me faire votre servante, à vivre avec vous dans un grenier, à tuer ma beauté sous le travail, à dévouer ma jeunesse à votre bon plaisir; vous n'avez plus voulu de la femme pure, je ne vous donnerai pas la femme souillée.

Cléopâtre prenait sa revanche.

Rodolphe n'avait plus ses grands airs byroniens; sa raillerie et son impertinence s'étaient effacées sous son émotion; cet homme qui avait toujours dominé son cœur était maintenant dominé par son cœur.

— Angèle! Angèle! si tu savais comme je souffre de penser que ce qui fut mon bien, ma vie, mon âme... de penser que tu es la maîtresse d'un autre... je te jure que j'en deviendrai fou!

— Vous osez me parler de votre douleur, vous qui ne croyez à rien, pas même à votre âme; mais vous ne savez donc pas toutes les larmes que j'ai versées avant de me jeter, la tête la première, dans cet enfer dont vous m'avez ouvert la porte!

— Je m'accuse et je pleure. J'étais fou, je croyais que les femmes riaient toujours, je ne savais pas que je t'aimais; mais quand j'ai vu l'abîme entre toi et moi, mon cœur s'est éveillé mordu par tous les serpents de la jalousie.

— Des phrases! des phrases! Voulez-vous que je réponde aussi par des phrases, moi? brisons là, j'ai horreur de toute la friperie du style de feuilleton; je vous ai aimé, je ne vous aime plus. Vous me l'avez écrit, nous nous sommes rencontrés à la même auberge, c'était hier; aujourd'hui nous bifurquons. Adieu.

— Angèle, de grâce, ne me parlez pas ainsi!

— Que voulez-vous que je vous dise? Vous n'espérez pas, j'imagine, que je vais vous faire passer par l'escalier dérobé; vous savez que j'ai un amant?

— Je le tuerai!

— Je vous le défends, car je l'aime.

— Tais-toi, tu me fais mourir!

Rodolphe reprit la main de Cléopâtre, et l'étreignit avec rage.

— Je t'en supplie, murmura-t-il d'une voix caressante, dis-moi que tu te souviens, dis-moi que tu me pardonnes, dis-moi qu'il t'est resté ce revers de l'amour qui s'appelle l'amitié.

— Le revers de l'amour s'appelle la haine.

— Non, tu ne me hais pas, je le sens aux battements de mon cœur.

— Eh bien, monsieur, si vous vous contentez d'un peu d'amitié, je ne veux pas la mort du pécheur.

Rodolphe se sentait ruiné dans le cœur de Cléopâtre. Il aima mieux ramasser lâchement les deniers de l'amour qu'elle lui jetait avec tant de dédain, que de passer outre dans sa fierté native.

— Eh bien ! oui, lui dit-il, ton amitié, sinon ton amour.

La grande question, pour lui, était de renouer, même par une chaîne de roseaux :

— Je la verrai, je lui parlerai : je veux reconquérir l'avenir par le passé.

Et pour commencer ce rude et doux travail, il lui dit d'un air suppliant :

— Donne-moi une place dans ta calèche, pour retourner à Paris.

Cléopâtre sourit.

— Voilà, dit-elle, une amitié aventureuse ; mais comme je ne la crains pas, je veux bien retourner avec vous à Paris.

Elle était restée femme et voulait s'amuser des luttes de sa passion et de sa vertu.

Ce mot veut une explication.

Le poëte a dit que la femme retrouvait sa virginité par le miracle de l'amour ; il aurait pu dire aussi qu'elle retrouvait sa vertu. Je ne sais pas une fille perdue qui, à certaines heures, ne ressaisisse tous les trésors de la femme.

XXIV.

COQUETTERIES AVEC LA VERTU.

Pendant le voyage de Bougival à Paris, Rodolphe fut discret comme un amoureux qui compte sur le lendemain, qui craint de tout perdre en tentant l'aventure, qui garde tout son jeu pour les bonnes fortunes de l'occasion.

Cléopâtre ne put cacher sa surprise de le voir devenu tout à coup tendre, triste et résigné, lui, qu'elle avait connu railleur, gai et despote; elle le regardait à la dérobée et se demandait si c'était une comédie, mais elle reconnut bientôt que cette figure ouverte ne pouvait supporter de masque.

— Est-ce qu'il m'aimerait vraiment? se demandait-elle.

Rodolphe parlait peu, il regardait Cléopâtre avec un profond sentiment de mélancolie; c'était l'image de son bonheur passé, d'un bonheur dont il n'avait plus voulu.

— Quand je pense, dit-il avec colère, en saisissant la main de Cléopâtre, que je ne t'ai bien aimée qu'en te perdant; quand je pense que tu t'es consolée, et que j'en mourrai...

Ils arrivaient à l'Arc-de-Triomphe de l'Étoile; pour toute réponse, à ce cri parti du cœur, Cléopâtre, qui ne voulait pas devenir élégiaque, lui dit :

— Monsieur de Marcillac, où voulez-vous que je vous conduise?

— A votre porte, dit Rodolphe.

— Eh bien, je vous mettrai à ma porte, dit Cléopâtre en essayant de rire.

— Qui sait? dit Rodolphe; vous pousserez peut-être l'abnégation jusqu'à m'offrir une tasse de thé.

Cléopâtre, voulant se prouver à elle-même qu'elle n'avait pas peur des réveils de sa passion, répondit d'un air dégagé :

— Tout ce qu'il vous plaira.

Et quand ils furent rue du Cirque.

— C'est dit, reprit Cléopâtre; vous voulez que je vous fasse du thé?

— Oui, dit Rodolphe en lui offrant la main pour descendre de la calèche.

Il eut toutes les peines du monde à contenir ses fureurs jalouses, quand un valet ouvrit la porte et qu'il aperçut le luxe accusateur de Cléopâtre, — ce luxe qu'il avait prévu, — ce luxe qu'il avait rêvé! Une profonde tristesse les saisit tous les deux; elle sentait qu'il n'était pas chez lui, il aurait voulu qu'elle ne fût pas chez elle.

— Il y a du feu dans la chambre de madame, dit Léontine en dévisageant le nouveau venu.

— Faites du feu dans le salon, dit Cléopâtre.

Elle ne voulait, ni pour Max ni pour Rodolphe, que celui-ci entrât dans sa chambre.

On alluma le feu au salon et on servit le thé.

— Les jolies tasses, dit Rodolphe.

— Oui, porcelaine de Sèvres, pâte tendre. Voulez-vous beaucoup de sucre?

— Je ne prends jamais de thé, dit Rodolphe qui aimait beaucoup le thé.

Cléopâtre comprit et jeta sa tasse sur les chenets.

— Pardonnez-moi, dit Rodolphe, je n'ai pas le droit d'avoir des vertus si brutales.

Cléopâtre avait les yeux tout remplis de larmes.

— Vous comprenez, n'est-ce pas? tout ce que j'ai souffert avec ma fierté; il y a toujours deux femmes en moi; mais il y a surtout celle qui se révolte; j'ai beau me jeter dans le tourbillon, j'ai beau m'éblouir par le luxe des yeux, je me donne le luxe d'avoir du cœur. Ne suis-je pas bonne à mettre aux Petites-Maisons? Vous avez voulu venir chez moi, hélas! vous vous apercevez que vous êtes chez les autres. Allez-vous-en, Rodolphe, et ne revenez plus!

— Oui, je m'en irai, mais avec vous.

Et Rodolphe, qui croyait que le cœur de Cléopâtre se rouvrait un peu pour lui, reprit tout à coup ses meilleures séductions : il redevint, comme naguère, charmant, spirituel, imprévu, mais plus tendre, plus passionné, plus entraînant.

Cléopâtre ne put se défendre qu'à moitié contre la poésie du passé, qui se relevait toute vivante et qui l'étreignait dans ses bras de roses et de flammes.

Rodolphe avait la beauté souveraine de la jeunesse, de la race et de l'intelligence; il avait, sans le savoir, la vraie éloquence qui prend les femmes, le style imagé, la turbulence de la passion, cette logique du démon qui marie la folie à la raison et qui répand sur le mal les couleurs du bien; il avait surtout l'éloquence des yeux, ces yeux où Cléopâtre, plus jeune, voyait tout à la fois l'enfer et le paradis, tant ils étaient profonds, brûlants et doux.

Quand il vit que Cléopâtre l'écoutait, quand il sentit tressaillir sous sa main la main de son ancienne maîtresse, il ne désespéra pas de regagner la bataille.

Cléopâtre qui, à ses premières attaques, avait joué l'indifférence, semblait ne plus se dominer, son peigne tomba et ses cheveux s'éparpillèrent comme une gerbe dénouée. Rodolphe les saisit et les baisa avec passion, mais ce fut tout. Cléopâtre éclata de rire.

— En vérité, dit-elle, vous vous imaginez que vos trois années d'absence ne sont qu'un songe et que vous vous réveillez, le matin, dans mes bras. Vous ne me connaîtrez donc jamais? Je suis une femme qu'on prend, mais qu'on ne reprend pas. Sachez-le bien, il y a plus loin, maintenant que vous êtes à mes pieds, de Rodolphe à Cléopâtre que de Cléopâtre au premier venu. Adieu, je vais me coucher; adieu, mon ami.

Cléopâtre appuya sur ce dernier mot.

Rodolphe sentit que tout était perdu, du moins pour ce soir-là. Il ne restait plus qu'à battre en retraite, sans paraître vaincu.

— J'espère, dit-il en prenant son chapeau, que vous ne refuserez pas demain de dîner avec moi ; vous comprenez que je vous aime trop pour revenir ici.

— Vous, comprenez que je vous aime trop pour dîner avec vous.

— Ne raillez pas et ne riez pas, c'est triste.

— Oui, c'est triste, voilà pourquoi je ris ; parce que si je pleurais...

Rodolphe jeta son chapeau à terre et saisit violemment Cléopâtre.

— Cléopâtre ! je te retrouve ; dis-moi que tu m'aimes, et je meurs à tes pieds.

Elle eut beau retourner la tête, elle sentit ses lèvres sur ses yeux.

Une seconde fois, elle éclata de rire.

— Ce n'est pas vrai, s'écria Rodolphe avec fureur.

— Ce n'est pas vrai ? dit-elle ; est-ce que je ne ris pas bien ?

Rodolphe prit son chapeau et partit sans retourner la tête.

Quand il fut sur l'escalier, il voulut revenir sur ses pas.

— Non, dit-il, je l'aime trop, la partie n'est pas égale.

Il passa deux heures sous les fenêtres de Cléopâtre, la fièvre aux tempes, les battements au cœur.

— Quand je pense qu'elle est là et que je suis ici, quand je pense qu'il y a un abîme que je ne franchirai peut-être pas.

Cléopâtre ne dormait pas, elle avait ouvert un roman, mais elle ne lisait pas ; elle avait voulu prier, mais elle n'avait pas prié.

— Je parie, dit-elle tout à coup, que Rodolphe est dans la rue.

Elle se leva, détourna le rideau et vit Rodolphe.

Il lui fallut, à cet instant, plus de vertu pour ne pas ouvrir sa fenêtre, qu'elle n'en avait montré en éclatant de rire pour cacher son cœur.

Elle se remit au lit et s'enveloppa dans sa fierté, — on pourrait peut-être dire dans sa vertu.

XXV.

LA PERLE NOIRE ET LE VIN QUI ENDORT.

Max était retenu en Hollande. Il écrivait tous les matins et envoyait une dépêche tous les soirs. Cléopâtre ne s'impatientait pas trop, toute à son jeu contre Rodolphe, qui s'entêtait à la partie et qui ne la gagnait pas.

Un jour Cléopâtre était la proie d'une de ces tristesses indicibles qui la prenaient souvent après quelque fête — une de ces fêtes qui étourdissent l'âme et ne laissent après elles que la fumée du feu d'artifice. — Elle prit les mains de Rodolphe :

— Je ne veux plus te voir, dit-elle, je ne veux plus voir le jour, je ne veux plus me voir moi-même.

Elle avait souvent de ces heures de sombre repentir.

— Écoute, reprit-elle avec une étrange expression, je me crois destinée à mourir jeune ; ne me plains pas. Bien heureux ceux qui meurent jeunes, car ceux-là sont pleurés ! Moi, je ne suis pas bien sûre d'être pleurée ; mais ce que j'aime, c'est ma beauté. Eh bien, je te l'avoue, il me serait plus douloureux de perdre ma beauté que de perdre la vie.

— Mais, ma chère Cléopâtre, tu m'inquiètes sérieusement ; tu ne perdras ni la beauté ni la vie, mais je crois que tu vas perdre la raison.

— Je continue. Il y a longtemps déjà que Max m'a proposé une perle sans pareille pour mettre au milieu de mon collier de perles blanches. Je n'ai jamais voulu de sa perle noire, parce qu'elle est hors de prix ; mais je veux que tout à l'heure tu t'en ailles chez un fabricant de perles fausses...

— Des perles fausses ! Est-ce que tu veux donner des bijoux à ta cuisinière ?

— Non, c'est pour moi.

— C'est une gageure ?

— Peut-être. Ne me demande pas mon secret et

apporte-moi le plus tôt possible une perle noire aussi vraie que si elle n'était pas fausse.

Cléopâtre était si fantasque que Rodolphe obéit sans se torturer l'esprit pour deviner le secret de ce caprice. Il ne lui fallut pas longtemps pour apporter la perle noire. C'était une de ces merveilles d'imitation qui trompent tout le monde et qui désespèrent les joailliers.

Le lendemain, Rodolphe, qui alla saluer Cléopâtre à une première représentation, ne fut pas peu surpris de reconnaître sa perle noire au collier miraculeux.

— Je n'en crois pas mes yeux, dit-il ; quel est donc ce mystère ?

— Chut! dit Cléopâtre; ne parlons jamais de la perle noire.

Rodolphe eut beau faire et supplier, il n'obtint pas un mot d'explication.

Tout le monde, autour de Cléopâtre, fut pareillement surpris de voir cette perle noire au collier. Chacun conta la légende de la perle noire pour avoir l'air bien informé, mais personne ne devina l'histoire vraie.

Cléopâtre avait gardé quelque chose de tous ses amants : de l'un, un bouquet fané; de l'autre, une lettre brûlante qui réveillait pour son âme des jours évanouis; de celui-ci, un portrait; de celui-là, un livre lu à deux dans la forêt de Saint-Germain. Le marquis Cavoni avait laissé un souvenir sans le savoir. C'était un poison indien renfermé dans un flacon imperceptible. Elle avait souvent questionné le marquis sur la vertu de ce poison. Pour la convaincre plus sûrement, il avait, un jour, sous ses yeux, foudroyé un chat en lui versant une seule gouttelette de cette liqueur, nommée par les Indiens « le vin qui endort. »

La perle noire pendue au cou de Cléopâtre renfermait ce terrible poison.

— Aussi, disait-elle en souriant, je n'ai peur de rien; j'ai la mort avec moi.

XXVI.

CLÉOPATRE AU BAIN.

Cléopâtre avait toujours son quart d'heure de vertu contre Rodolphe comme il en est qui ont leur quart d'heure de dévotion. Rodolphe connaissait trop bien Angèle pour dresser ses batteries face à face. Il espérait la surprendre non dans sa faiblesse, mais dans sa force, ou plutôt il espérait qu'elle lui rouvrirait vaillamment ses bras. Qui donc a dit : *Contre la force il n'y a pas de résistance?* Ce n'est pas un axiome de l'amour, qui résiste toujours à la force, qui vit d'imprévu, de fantaisie et de lâcheté.

Rodolphe savait que Cléopâtre se révolterait contre toutes les violences, même contre les plus douces.

Un matin, il la surprit dans sa salle de bain, au moment où elle allait descendre dans la baignoire. Elle avait déjà posé un pied sur l'escabeau de marbre — son pied de marbre rosé sur le marbre neigeux ; — un mouvement de plus, et elle enjambait. Son peignoir, un nuage de mousseline et de dentelle souple et légère à désespérer une fée — la fée aux aiguilles d'or, — baisait chastement ses épaules, ses seins et ses hanches, tout en trahissant aux yeux de Rodolphe le divin contour de la plus merveilleuse sculpture humaine. Rodolphe se tint à quatre pour ne pas saisir Cléopâtre. Elle le regardait d'un air à la fois surpris et railleur.

— Mon cher, lui dit-elle, vous savez que je ne reçois jamais ici.

— Je veux bien le croire ; aussi n'est-ce pas une audience que je viens demander, c'est un spectacle. J'ai vu hier à l'atelier de Clésinger une Vénus qui sort des ondes, je vois aujourd'hui Junon qui se cache dans l'eau. Voilà tout. Simple question d'art.

— *Vous savez*, mon ami, que ni l'art ni l'amour ne m'ont jamais déshabillée. Il n'y a que la candeur qui ait le droit de se montrer toute nue. Rappelez-vous Ève avant et après le péché. Donc faites-moi le plaisir de regarder de l'autre côté.

Rodolphe obéit.

— Oh! mon Dieu! s'écria Cléopâtre, il y a un miroir!

— Dans la glace, c'est comme si je vous voyais dans l'eau.

— Eh bien, retournez la tête.

Cléopâtre, descendue dans son bain, s'enveloppa de son peignoir et se coucha voluptueusement dans sa couche liquide, répandant sa chevelure en gerbes opulentes.

— Et maintenant, monsieur mon ami, contez-moi un de ces jolis contes qui m'endormaient si bien au temps où vos cheveux bruns irritaient mes cheveux blonds.

Je ne sais pas bien quel conte conta Rodolphe. Il m'a dit qu'il avait parlé avec passion des jours heureux où Cléopâtre l'aimait. Et, tout en parlant, il avait penché la tête pour toucher de ses cheveux bruns les cheveux blonds de la baigneuse : elle avait tressailli ; mais le regardant tout à coup d'un air indomptable, elle lui dit :

— Monsieur Rodolphe, vous oubliez que nous n'avons plus le même oreiller. Relevez donc la tête !

Rodolphe releva deux fois la tête et sortit pour cacher sa fureur.

— C'est fini, dit-il à la porte. J'ai trop humilié mon cœur, je ne la verrai plus.

Mais, le soir, il la rencontra au Cirque et alla s'asseoir à côté d'elle pendant que Crockett jouait avec ses lions.

— La bête féroce ce n'est pas le lion, c'est la femme, lui dit-il.

— C'est imprimé, mon cher. Mais si la femme est une bête féroce, c'est que l'homme lui a fait les griffes.

XXVII.

L'IMBROGLIO A L'ITALIENNE.

Ce fut alors que mademoiselle Cléopâtre se joua à elle-même ce jeu singulier. Elle voulut que Rodolphe, qui aimait Cléopâtre, se mît à adorer la marquise Cavoni; elle voulut que M. de Chavailles, qui adorait la marquise Cavoni, devînt éperdument amoureux de Cléopâtre.

Ce fut avec Guy qu'elle commença ce merveilleux imbroglio.

Un matin, le duc reçut ce petit billet :

« *Vous avez dit, un jour, à je ne sais qui, que*

vous aviez peur de moi : eh bien, moi, je n'ai pas peur de vous. »

Guy retourna vingt fois le billet, comme s'il ne comprenait pas cette provocation. Son premier mouvement fut d'aller droit à Rodolphe et de lui dire : Voilà ce que Cléopâtre m'écrit. Mais le mauvais génie qui tue l'amitié sous l'amour le détourna de cette bonne pensée. La beauté de Cléopâtre le fascina.

— J'irai par curiosité, dit-il.

Le souvenir de la marquise Cavoni le glaça tout à coup dans ce beau dessein.

— Non, je n'irai pas, reprit-il. Ce serait trahir la marquise. A quoi bon, d'ailleurs, puisque je n'aime pas Cléopâtre ?

Il jeta le billet sur la cheminée. Mais le ressaisissant tout à coup :

— Ce qu'elle me propose, dit-il en se promenant tout agité, c'est un duel à outrance ; on ne refuse pas un duel, on ne fuit pas devant le danger.

Il s'arrêta devant une petite photographie de la marquise Cavoni.

— Comme elle est belle ! dit-il avec une expression de joie amoureuse.

La marquise était représentée avec un voile transparent, qui donnait plus de charme encore à sa beauté sévère et souriante à la fois.

Il prit le portrait, y appuya ses lèvres et dit résolûment :

— Non, je n'irai pas chez la Cléopâtre.

Mais à peine eut-il dit ces mots, qu'il ne put s'empêcher de regarder encore la lettre. Il remarqua le cachet, et y découvrit en caractères turcs cette sentence des fatalistes : « *C'est écrit là-haut.* »

— C'est écrit là-haut, murmura-t-il.

Et, comme s'il obéissait à une force invisible, il mit son chapeau, prit sa canne et sortit.

Il demeurait rue de Lille, près du pont de la Concorde. Il ne lui fallait que dix minutes pour traverser les Champs-Élysées et arriver chez Cléopâtre.

— Je vous attendais, lui dit-elle gaiement.

— J'ai voulu vous prouver, madame, que je n'avais pas peur de vous.

— Si vous n'aviez pas peur de moi, vous ne seriez pas venu.

— Mais les enfants qui ont peur des fantômes ne vont jamais au-devant d'eux.

— Et vous croyez que je ne suis qu'une ombre !

— Peut-être. Le monde est-il autre chose que la comédie des ombres ? Mais je ne suis pas venu ici pour faire un cours de philosophie. J'ai voulu vous dire, madame, que je vous trouvais fort belle, et que si la reine d'Égypte, une autre ombre, revenait parmi nous, elle ne serait pas digne de nouer des rosettes à vos pantoufles.

Et, du bout de sa canne, Guy souleva légèrement la robe de la courtisane pour mieux voir son pied.

— En Égypte, monsieur le duc, si un gentilhomme comme vous se fût avisé de prendre une canne pour mesurer les pieds de Cléopâtre, que pensez-vous qu'elle lui eût dit?

— Aimez-vous mieux, madame, que je me prosterne, comme les Orientaux, dans la poussière de vos pantoufles?

— J'aime mieux que vous laissiez mes pieds sous ma robe et que vous me parliez de l'état de votre âme. Êtes-vous amoureux?

— Pouvez-vous me demander cela quand je suis devant vous?

Et le duc approcha son fauteuil du canapé où était assise Cléopâtre.

— J'ai horreur des phrases toutes faites. — Répondez-moi sans ambages. — Êtes-vous amoureux?

— Çà et là, les jours de pluie.

— Si je connaissais la marquise Cavoni, je ne

manquerais pas de lui dire cela. Les jours de pluie!
voilà un culte qui doit la flatter.

— Qui vous a parlé de la marquise Cavoni?

— Tout le monde. Je vous croyais déjà marié.
C'est d'ailleurs une femme charmante, si je la juge
bien de loin, car je l'ai à peine entrevue.

— C'est Rodolphe qui vous a parlé d'elle et de
moi!

— Rodolphe, vous ne le connaissez pas, vous qui
êtes son ami. Quand il est avec moi, il ne me parle
que de lui.

— Dites-moi, madame, pourquoi le désespérez-
vous ainsi! Est-il possible que vous ne l'aimiez plus,
lui qui vous aime par-dessus les tours Notre-
Dame?

— Je ne puis pas aimer Rodolphe les jours où
cela lui plaît. Et, d'ailleurs, est-ce que j'ai le temps
d'aimer? Si vous saviez tout ce que j'ai à faire : les
courses, où j'ai toujours des chevaux engagés; les
théâtres, où je suis toujours pour quelques mots
dans la pièce; Bade et Monaco, où je joue toujours
beau jeu.

Le duc interrompit Cléopâtre.

— Mais l'amour, c'est comme l'air qu'on respire,
ce n'est pas un travail; on en vit s'il est doux, on en

meurt s'il est vif. Rodolphe, si vous l'aimiez, ne vous empêcherait pas d'être de toutes ces fêtes.

— Vous vous trompez; Rodolphe ne veut plus entendre parler que d'une seule fête, celle qu'il me donnera à perpétuité, celle que vous voulez donner à la marquise Cavoni. Les hommes sont tous ainsi faits : « *Moi, dis-je, et c'est assez.* » Voilà leur mot devant toutes les femmes, comme si nous étions pétries d'un autre limon. En revanche, ils prêchent la pluralité des femmes. Soyez de bonne foi; n'est-ce pas que vous adorez la marquise Cavoni, et que si je vous disais de revenir ce soir prendre le thé à minuit, vous ne songeriez pas, à cette heure-là, à promener vos mélancolies devant son hôtel?

Guy avait trop d'esprit pour ne pas continuer le duel; quel que fût son désir d'avoir sa part au festin de Cléopâtre, il répondit d'un air dégagé :

— Moi, je n'en sais rien, je ne prends conseil que de ma fantaisie. Peut-être m'obstinerai-je plus ardemment à ma passion pour la marquise.

— Eh bien, monsieur le duc, j'ai l'honneur de vous inviter à venir prendre une tasse de thé ce soir après l'Opéra; je vous avertis que je serai seule.

— Vous croyez décidément que j'ai peur de vous. Vous ne connaissez donc pas ma devise?

— Non.

— Quand vous irez à Versailles, vous lirez, dans la salle des Croisades, sur l'écusson des Chavailles : « JE MARCHE. »

— Belle devise, s'écria Cléopâtre, mais ce n'est plus la vôtre. Autrefois vous marchiez en avant, aujourd'hui vous marchez en arrière.

— Madame, j'accepte le défi.

Le duc baisa la main de Cléopâtre.

— Adieu, ou plutôt à minuit.

— A minuit!

Dès que le duc fut sorti, Cléopâtre prit la plume et écrivit ce billet :

« *Monsieur le duc,*

« *Je serai chez moi ce soir, si je ne manque pas le chemin de fer ; si vous êtes libre, venez, à minuit, me demander une tasse de thé.*

« *La duchesse sera des nôtres, car j'irai la prendre en passant.*

« *Donc, à minuit!*

« VITTORIA CAVONI. »

Ce billet fut envoyé à Martha, avec un mot en italien, qui lui ordonnait de le porter elle-même à M. Guy de Chavailles.

Il était cinq heures quand Martha se présenta chez le duc; il la rencontra dans l'escalier, lut le billet et questionna la Napolitaine. Mais à toutes ses questions Martha ne répondit jamais. Il eut beau lui parler dans le meilleur italien, elle fut impénétrable : comme la sibylle de Cumes, elle cacha son rameau d'or.

— Minuit et minuit! dit l'amoureux quand Martha fut partie.—Ici, la marquise qui me donnera une tasse de thé et qui me permettra, devant témoins, de marivauder avec elle; là-bas, Cléopâtre avec toutes les fantaisies de l'imprévu.—Ici, l'Amour qui file aux pieds d'Omphale; là-bas, toutes les curiosités et tous les hasards de la passion.

A minuit, le duc alla chez Cléopâtre.

— Je ne vous attendais pas, lui dit-elle.

— C'est pour cela que je suis venu.

XXVIII.

QUE LA MARQUISE CAVONI ÉTAIT MOINS CRUELLE
QUE MARGUERITE DE BOURGOGNE.

Mais le lendemain, vers midi, Guy de Chavailles se présenta chez la marquise Cavoni.

Martha vint dans l'antichambre.

— La marquise est malade, lui dit-elle; voilà une lettre pour vous.

Le duc brisa le cachet et lut en toute hâte :

« *Je sais tout. Je sais qu'à l'heure où je vous attendais vous ne vous faisiez pas attendre sous un autre toit plus hospitalier que le mien. Et vous qui me disiez que l'homme est un brave chien qui ne trahit jamais son maître. L'homme c'est un chien, c'est vrai, mais un chien qui se laisse prendre à toutes les caresses. Puisque vous avez mis un autre nom à votre collier, ne venez plus japper à ma porte.* »

La marquise n'avait pas signé ce billet, pas même de son nom de Vittoria.

— Ma chère Martha, dites à la marquise que son chien est à la porte.

Guy attendit la réponse avec anxiété. Il aimait beaucoup la marquise. La peur de ne plus la revoir était pour lui un coup terrible.

Martha revint presque aussitôt.

— La marquise ne veut pas recevoir monsieur le duc; elle lui conseille d'aller chez mademoiselle Cléopâtre.

— Qui a pu lui dire?... Il faut à tout prix que je voie la marquise... Martha, expliquez-moi cette énigme.

— Je ne suis pas savante, Dieu merci! car j'aurais trop à faire à Paris.

— Mais enfin, dites-moi...

— Que voulez-vous que je vous dise?

— S'il est venu quelqu'un aujourd'hui, si la marquise a reçu des lettres.

— Puisque vous voulez tout savoir, dit Martha

en riant, il est venu deux hommes tout de noir habillés, le docteur Cabarrus, son médecin, et maître Delapalme, son notaire. Mais rassurez-vous, le docteur Cabarrus lui a dit qu'il n'était pas encore temps de faire son testament.

— Tout cela est un conte, dit le duc. Je vais aller voir Cabarrus, qui me dira la vérité.

Guy sortit furieux, ne sachant que faire, mais ne voulant pas s'enraciner, comme un saule pleureur, dans l'antichambre de la marquise. Il se décida bientôt à aller chez sa cousine pour lui demander si, la veille, elle était venue prendre le thé chez son amie. Mais la duchesse venait de sortir.

Il monta chez Rodolphe.

— Qu'as-tu donc? Je ne t'ai jamais vu si pâle.

— Écoute, je vais te faire ma confession. Je ne croyais pas que l'amour fût une chose si sérieuse.

— Je te l'ai dit; c'est la seule chose sérieuse de la vie.

— Tu sais comme j'aime la marquise Cavoni; eh bien! cette nuit, je suis allé je ne sais où...

Guy voulait tout dire à Rodolphe, mais il craignit de perdre l'amitié de son ami, le jour où il croyait avoir perdu l'amour de la marquise, il n'avoua pas son crime de lèse-amitié.

— Je me suis laissé prendre, continua-t-il, à je ne sais plus quelle demoiselle n'ayant rien à faire. La marquise a su cela et ne veut plus me voir. Je suis désespéré.

— Eh bien! dit Rodolphe, confidence pour confidence. Puisque je te dis tout, je ne saurais te cacher cela. La marquise me prie d'aller chez elle, à quatre heures. Est-ce pour me parler de toi? J'en doute, car elle me demande le secret.

Le duc pensa avec un vif chagrin que la marquise allait révéler à Rodolphe son aventure avec Cléopâtre.

— Oui, dit-il à son ami, c'est pour te parler de moi. Mais prends garde à ce qu'elle te dira, car il n'y aura pas un mot de vrai.

— Es-tu bien sûr de connaître cette femme?

— Comme on connaît les femmes. Je l'ai vue à Rome, je l'ai retrouvée à Paris. Elle est fort belle et elle a beaucoup d'esprit; nul ne parle mal d'elle et elle voit le meilleur monde.

— Que t'a-t-on dit de sa fortune?

— Je t'avouerai ingénument que je m'en suis inquiété quand j'ai voulu l'épouser. Elle a vingt-cinq mille livres de rentes au soleil; il est vrai que c'est au soleil italien. Mais elle ne demande d'argent à personne et fait la part des pauvres.

— Que diable me veut-elle? reprit Rodolphe, qui écoutait à peine ce panégyrique.

A quatre heures, il sonnait chez la marquise; le valet de chambre lui ouvrit un salon dont les persiennes étaient fermées. La marquise survint bientôt. Elle n'avait osé braver le grand jour devant son amant.

— Asseyez-vous, dit-elle à Rodolphe en lui indiquant un fauteuil devant elle. Ne me regardez pas, j'ai la migraine, je suis laide à faire peur.

Et elle agita son éventail, comme pour tromper mieux le regard de Rodolphe.

— De grâce, madame, lui dit-il, ne me faites pas votre éloge.

— Devinez-vous, monsieur, pourquoi je vous ai prié de venir me voir? Depuis que je suis à Paris, tout le monde me dit que je ressemble à une demoiselle Cléopâtre. Vous pouvez me renseigner là-dessus, car vous avez été son amant.

— Moi, madame?

— Je ne crois pas vous faire une injure, puisqu'en ceci vous avez fait comme tout le monde. Avoir été l'amant de la Cléopâtre, c'est fort bien porté.

Rodolphe ne savait trop quelle figure faire. Il voulait railler, mais son cœur l'emporta sur son esprit.

— Je vois bien, madame, dit-il avec un peu d'amertume, que vous ne connaissez pas celle dont vous parlez. Les femmes du monde s'imaginent toujours qu'elles sont pétries d'une autre pâte que les femmes qui ne sont pas du monde. Cette demoiselle Cléopâtre, comme vous l'appelez, n'a eu qu'un tort, celui de m'aimer et de me croire, à l'heure où elle allait devenir une honnête femme. Tous ses autres torts, c'est moi qui les prends à mon compte. Après l'avoir enlevée, je l'ai abandonnée aux mauvaises passions, m'imaginant que je ne l'aimais plus; je vous avouerai que j'ai été cruellement puni de cette lâcheté; mais à quoi bon vous raconter tout cela?

— Dites, dites, je vous écoute de tout mon cœur.

Et la marquise, s'oubliant à demi, serra vivement la main de Rodolphe, qui tressaillit et la porta à ses lèvres.

— Que voulez-vous que je vous dise? reprit-il en regardant la marquise. Je ne veux pas afficher la sentimentalité en 1863; si on n'est pas de son temps, il faut cacher son cœur et hurler avec les loups. Vous m'avez demandé s'il y avait quelque ressemblance entre vous et Cléopâtre, je suis tenté de le croire, car je prends presque autant de plaisir à vous voir qu'à la voir elle-même.

— Presque autant?

— Ah! je suis franc comme votre soleil de Rome, qui ne se cache pas sous un voile de nuages. D'ailleurs, à quoi me servirait de ne pas dire la vérité? Si je frappais à votre cœur, vous diriez qu'il y a quelqu'un.

— Qui donc?

— Guy de Chavailles.

— C'est lui qui vous a dit cela?

— Non, c'est madame d'Armailly. Or, la duchesse ne se trompe jamais.

— Eh bien! dit la marquise en portant la main à son cœur, il n'y a personne là, je vous jure.

Et après un silence:

— Et s'il y a un jour quelqu'un, ce ne sera pas le duc?

— Pourquoi?

— Parce que le duc se moquerait de moi. Vous ne savez pas où il est, à cette heure?

— Non; je crois qu'il est allé au Bois.

— Il est allé chez la Cléopâtre, car il y va le jour et la nuit.

Rodolphe ne put maîtriser un mouvement de jalousie.

— Il la connaît à peine, dit-il.

— Mon cher monsieur Rodolphe, vous ne connaissez ni les hommes ni les femmes. Ce n'est pas avec le cœur qu'on juge le cœur humain. Or, c'est par votre cœur que vous voyez votre ami et votre maîtresse.

— Je sais ce que je dis, madame. Guy ne sera pas l'amant de Cléopâtre, parce qu'il est mon ami, et Cléopâtre ne sera pas la maîtresse de Guy, parce qu'elle sait que je l'aime encore.

— La maîtresse de Guy ou de tout autre, c'est toujours la même chose!

— Comment, madame, vous ne comprenez pas qu'il y a des degrés dans le crime? Cléopâtre sait que je n'ai qu'un ami; elle veut bien me voir dans l'enfer de la passion, mais elle ne voudrait pas que je frappasse d'un coup d'épée le seul cœur à qui je puisse ouvrir le mien.

La marquise passa son éventail sur sa figure.

— Savez-vous, dit-elle à Rodolphe, que vous êtes le cœur le plus loyal que j'aie rencontré depuis que je suis à Paris? Savez-vous que je suis ravie de vous entendre? Savez-vous que si jamais je deviens amoureuse, ce sera de Rodolphe de Marcillac?

— C'est étrange, je ne l'avais pas encore remarqué, mais vous avez dans la voix, quand vous prenez feu, quelque chose du timbre d'or de Cléopâtre. Décidément, on a raison de dire que vous vous ressemblez.

— Quel âge a-t-elle, demanda la marquise en accentuant sa voix à l'Italienne?

— Que sais-je? vingt-quatre ans.

— Oh! je ne suis pas si jeune, moi.

— Cinq minutes de plus, dit Rodolphe.

— Voilà que vous devenez galant. Cela n'est pas bien, car vous savez déjà que je vous aime.

— Si peu.

— Je suis curieuse. Dites-moi, monsieur de Marcillac, je suis jalouse de cette Cléopâtre. En Italie, je ne sais pas un homme qui n'eut quitté sa maîtresse pour moi; à Paris, je vois avec fureur que les femmes du monde ne tiennent pas le haut du pavé.

— C'est ce qui fait leur éloge, madame.

— Ne raillons pas. Si je vous disais...

La marquise se tut.

— Eh bien, dites, madame.

— Prenez garde!

— Si je vous disais que je vais quitter Paris, que je vais retourner à Rome et que j'y veux vivre avec vous, qu'oseriez-vous me répondre?

Rodolphe regarda la marquise, qui soutint bravement le regard.

— Je vous répondrais, madame, que tout va de travers ici-bas; que, moins que tout autre, je suis né pour le bonheur, puisque le bonheur serait vous, si je n'étais attaché à mon malheur qui s'appelle Cléopâtre.

— Vous l'aimez donc bien, cette femme?

— Oui, madame, je l'aime à en mourir.

Il y eut un silence. La marquise était blessée et fière en même temps des paroles de Rodolphe. Elle s'humiliait et elle triomphait.

Comme elle ne voulait pas que M. de Marcillac prît trop au sérieux cette déclaration, elle reprit son air railleur.

— Voilà comme nous sommes, nous autres, qui ne pouvons jouer un rôle actif dans les passions, nous nous en donnons la comédie, et, ne pouvant habiter le château du bonheur, nous nous contentons de bâtir des châteaux en Espagne.

— J'ai compris, dit Rodolphe. La marquise Cavoni vient de jouer le rôle de l'Égyptienne, et comme Joseph j'ai laissé mon manteau, parce que je savais qu'elle voulait se moquer de moi.

— Et si c'eût été sérieux?

— J'aurais aussi laissé mon manteau.

— A la bonne heure, vous n'êtes pas comme

M. de Chavailles. J'écrirai cela sur mes tablettes : « En 1863, le 13 juillet, j'ai rencontré à Paris un homme fidèle à sa maîtresse. »

— Et ce sera la vérité, si c'est de la fidélité du cœur dont vous parlez.

Rodolphe prit doucement la main de la marquise, la baisa deux fois et s'en alla comme il était venu, — amoureux de Cléopâtre.

— C'est étrange, dit-elle, je ne croyais pas qu'il m'aimât tant. Pauvre Rodolphe! un jour ou l'autre, je retomberai dans ses bras.

Et la marquise se mit à pleurer.

Ce jour-là M. de Chavailles retourna chez Cléopâtre.

Elle le reçut debout à la porte de l'antichambre et lui demanda ce qu'il voulait.

— C'est tout simple, je veux vous aimer.

— Moi! Je ne vous connais pas, dit-elle en fermant la porte.

Et Cléopâtre se mit à pleurer.

XXIX.

DISTRACTIONS DE MADEMOISELLE CLÉOPATRE.

En voyant de près la vie de Cléopâtre, Rodolphe désespérait de l'arracher à elle-même.

Cléopâtre avait trop de plaisir encore à dominer tous les esprits. Ce n'était pas seulement par le charme de sa beauté, c'était par l'imprévu et la surprise. Dans sa curiosité de vraie fille d'Ève, elle voulait tout savoir. Elle lisait, et elle lisait bien. Une fois par semaine, elle présidait à sa table les gens de lettres, les peintres, les diplomates, qui, émerveillés de son esprit, parlaient d'elle comme la fille la mieux douée du monde. Rien ne lui était étranger, pas plus les sciences que les arts. On se demandait où elle trouvait le temps de tout apprendre. Si elle savait lire, elle savait écouter ; si elle savait parler, elle savait se taire. Sa jeunesse, toute studieuse, avait créé la femme dans la jeune fille ; elle s'était bien gardée des ridicules de la femme savante, mais elle avait pour elle seule secoué l'arbre de la science. Elle était la première à reconnaître que la femme ne doit savoir que son cœur, mais elle ne voulait pas que l'homme la subjuguât par l'esprit. Quand l'amour l'emportait, elle faisait bon marché du reste, aimant mieux les nonchalantes voluptés que les inquiétudes fiévreuses ; mais quand on parlait devant elle, elle voulait prouver qu'elle était là. Aussi M. Babinet disait-il un jour que Newton ne s'était jamais mieux compris lui-même que mademoiselle Cléopâtre n'avait compris Newton, et il ajoutait en riant :

— Cette fille-là est tout un monde plus inexplicable que l'autre.

Un matin, je vis chez elle Diaz qui faisait son portrait. Diaz n'est pas un portraitiste, c'est un peintre né de Murillo et de Corrège, qui joue de la lumière et du mirage avec magie. Cléopâtre l'avait séduit par ce je ne sais quoi de lumineux et de voilé à la fois, qui est le désespoir des peintres et qui fut le triomphe de Prud'hon. Il voulait tenter ce miracle de rendre l'expression divine et perverse de la belle charmeresse. Elle posait sans songer à poser, prenant son chocolat, lisant le journal, répondant au peintre.

— Y suis-je? me demanda Diaz.

— Oui et non, lui répondis-je.

— Attendez, dit Cléopâtre en se levant.

Elle pria Diaz de lui donner sa palette et ses pinceaux, et, sans y regarder à deux fois, elle se mit à retoucher le portrait avec une sûreté de main qui nous étonna.

— Et moi aussi, je suis peintre, dit-elle en voyant notre surprise. J'ai passé toute une année à Troyes à peindre des fleurs, des fruits, des vierges et des Madeleines; je ne me suis croisé les bras qu'en voyant un jour une madone de Raphaël. Ce qui avait donné du génie au peintre de Parme m'a fait tomber le pinceau des doigts. Il avait senti, lui, le divin artiste, qu'il égalerait Raphaël. Moi, pauvre profane, qui n'avais rien de divin, j'ai senti que je n'étais pas digne de barbouiller des enseignes.

Et, tout en parlant ainsi, Cléopâtre, qui peignait

toujours, nous prouvait qu'elle était familière aux touches les plus délicates, aux contours perdus, à la *morbidezza*.

Cléopâtre ne peignait pas seulement au pastel, elle miniaturait avec une vraie science du coloris et du relief, ce qui donnait à ses miniatures la vie et la lumière. Je ne parle pas des fautes de dessin et de composition. Elle possédait des *heures latines et françaises* du XVe siècle dans une reliure en maroquin rouge semée de fleurs de lis, où elle avait fait frapper les armoiries de sa famille. Ce volume, un miracle d'ornementation de quelque disciple féminisé du Verocchio, était inachevé; beaucoup de pages à fond d'or, encadrées de plantes, d'oiseaux et d'insectes, attendaient encore les figures d'apôtres ou de saintes. Cléopâtre avait peint dans un sentiment plus corrégien qu'évangélique la *Passion de Madeleine*. Ici Madeleine pécheresse, ici Madeleine repentie, plus loin Madeleine au désert. Mais dans les enivrements du péché ou dans les extases du repentir, c'était toujours la passion qui dominait.

Elle savait écrire comme elle savait peindre, elle montait à cheval comme madame de Montespan, elle faisait des armes comme mademoiselle de Maupin, elle patinait comme mademoiselle de Camargo. En un mot, c'était la femme la plus parfaite — et la plus imparfaite qui fût à Paris en l'an de grâce 1863.

Cléopâtre confondait les orfévres quand elle regardait des perles et des diamants. Elle confondait tous les amateurs de curiosités quand elle expliquait les faïences, les bronzes, les terres cuites.

Un jour que le célèbre M. *** était chez elle :

— Il n'est pas permis à tout le monde d'aller à Corinthe, lui dit-elle, mais il m'est permis de vous offrir du vin de Chypre dans le plus ancien vase de Corinthe.

C'était un vase globulaire orné sur la panse d'une frise où l'artiste avait peint quelques-uns des héros de l'*Iliade*. Winckelmann et de Witte l'avaient décrit et commenté. Selon eux, c'était le plus ancien qui eût révélé un nom d'artiste : il était signé ΚΑΡΕΣ ΜΕΡΡΑΨΕ.

— N'est-ce pas, dit Cléopâtre au célèbre homme d'État, que le vin de Chypre n'est bon que dans un vase de Corinthe.

— Il serait bien meilleur encore, dit M. ***, si on pouvait emporter le vase.

Ce n'est pas un médiocre travail que de porter à Paris la royauté de la mode.

Une femme à la mode, qu'elle soit du monde ou

en dehors, est une comédienne en représentation qui prend à peine le temps de rentrer dans la coulisse pour changer de costume ou pour changer de rôle. Voyez plutôt : ici, elle mène le cotillon ; là, elle parie aux courses ; hier, elle conduisait au Bois deux chevaux pur sang, soulevant les guides avec la grâce d'Apollon dirigeant le char du soleil ; aujourd'hui, après une nuit passée dans un coupé de chemin de fer où l'on a joué au lansquenet, elle préside à Bade au trente-et-quarante, où elle risquerait sa part de paradis si elle n'en avait perdu la clef depuis longtemps ; demain, si c'est une femme du meilleur monde, elle quêtera au sermon du père Félix ; si c'est une femme du plus mauvais, elle traînera la queue de sa robe au Château des Fleurs. Quoi qu'elle fasse, il lui faut toujours un cadre d'or en pleine lumière : si elle permettait aux demi-teintes de l'envahir, elle ne serait bientôt plus qu'une vieille lune.

Depuis que Cléopâtre avait par sa beauté, son esprit et son impertinence, pris violemment ce sceptre, elle ne permettait pas que l'on fût plus belle, plus spirituelle, plus impertinente. Elle était de toutes les fêtes de Paris, fêtes de jour et fêtes de nuit. On la voyait partout, même au sermon ; elle avait sa loge à l'Opéra et aux Italiens ; elle trônait à toutes les premières représentations, ce qui la ruinait. On avait voulu lui interdire l'Opéra et les Italiens, mais elle n'était pas de celles qui s'avouent vaincues devant le contrôleur de la moralité publique. Elle disait : « Je triompherai par ma force ou par ma faiblesse. »

Cléopâtre avait d'ailleurs des amis partout. On avait beau dire : *cette fille,* elle n'avait qu'à paraître pour désarmer tout le monde.

Ses amis disaient qu'elle avait rayé le mot *impossible* de son dictionnaire. Comme elle recevait des princes et des ducs, des hommes illustres de tous les styles, mademoiselle Soumise, qui avait des prétentions à la naissance, lui dit un jour :

— Avec tout cela, tu auras des hommes dans ton salon, mais tu n'auras pas de femmes.

— Allons donc, quand il m'en prendra fantaisie, je louerai des femmes du monde. S'il ne faut que payer leurs dettes pour les avoir, eh bien, je payerai leurs dettes.

Cléopâtre ne doutait de rien, elle ne désespérait pas de changer les lois du monde. En attendant, elle se contentait d'avoir une cour chez elle. Elle avait trop d'esprit d'ailleurs pour heurter violemment ce qu'elle appelait les préjugés mondains. Quoiqu'elle tînt beaucoup de place partout, elle restait toujours à sa place, aux Champs-Élysées comme au faubourg Saint-Germain. Par exemple, ce dernier hiver tout le monde l'a vue patiner sur le lac de Longchamp, un jour la marquise Cavoni, un autre jour Cléopâtre. Et quand c'était Cléopâtre, se croisant presque seule de son parti avec toutes les beautés héraldiques, toutes les vertus à trente-six carats qui sont l'orgueil de Paris officiel, on ne songeait pas à s'offenser du voisinage, tant elle passait dans d'adorables arabesques.

Ce n'était pas seulement sur la glace, au Bois, aux bains de mer, à la messe, qu'elle se mêlait aux grandes dames. On l'avait reconnue dans un bal travesti d'un grand personnage, où elle avait révolutionné tout le monde à force de raillerie. Armée jusqu'aux dents, elle avait blessé les plus cuirassés, sachant toujours où frapper.

C'était la duchesse d'Armailly qui l'avait conduite à ce bal travesti. Elles étaient toutes les deux en domino. Le maître de la maison, qui soulevait les masques à l'entrée des salons, ne demanda pas, en voyant la princesse, à soulever le masque de Cléopâtre. Peut-être d'ailleurs savait-il le secret. C'est un homme de trop d'esprit pour s'offenser de voir une femme déchue parmi tant de femmes qui cachent leur chute.

La duchesse et Cléopâtre furent la joie et l'esprit de la fête. Combien de passions soudaines leur faisaient cortége ! Mais elles étaient de celles qui s'inquiètent peu du mal qu'elles font : elles aimaient mieux le mal qu'on leur faisait. La duchesse disait : « J'aime mieux l'amour qu'on m'inspire que celui que je donne. »

Et Cléopâtre avait retourné le proverbe : La plus belle fille du monde ne peut donner que ce qu'elle a. — Quelle sottise ! disait-elle ; la plus belle fille du monde peut donner ce qu'elle n'a pas : l'amour.

XXX.

A L'OPÉRA.

Cléopâtre dîna un soir avec Rodolphe au petit Moulin-Rouge, ce qui scandalisa les amis de Max.

Cléopâtre ne se soumettait jamais à l'opinion publique; pourvu qu'elle fût contente d'elle, elle se souciait peu de ce qu'on pouvait dire ; elle voulait tout ou rien; peu lui importait qu'on la jugeât un peu plus ou un peu moins perdue. Elle était plus fière de retrouver en elle des aspirations vers le bien, que d'entendre dire qu'elle avait ses quarts d'heure de Lucrèce.

Ce soir-là Rodolphe ne fut pas plus victorieux pour cela. Plus il faisait de chemin vers Cléopâtre, et plus il voyait qu'il était loin d'elle.

— Monsieur mon ami, lui dit-elle en se levant de table, je vous remercie d'avoir jeté quelques fleurs sur mon veuvage, mais je vous avertis que mon amant revient demain, et qu'il faut vous résigner à ne plus me regarder en face, car il est jaloux comme un Espagnol.

— Votre amant! dit Rodolphe en brisant son verre; je me suis montré jusqu'ici fort débonnaire, mais il m'est impossible de jouer plus longtemps avec le feu; je vous déclare que vous n'aurez pas d'autre amant que moi, à la vie! à la mort!

— Je vous déclare que vous êtes fou; je vous déclare que si vous ne redevenez à l'instant même un philosophe, raillant les passions comme des enfantillages de femmes, je vous fuis à tout jamais.

Cléopâtre sonna.

Rodolphe se domina peu à peu et se résigna à tout attendre du temps.

— Jurez-moi que vous ne m'aimez plus, lui dit Cléopâtre.

— Pourquoi?

— Parce que si vous ne m'aimez plus, je vous

permettrai de m'accompagner à l'Opéra pour voir Marie Vernon.

Rodolphe, qui sentait déjà Cléopâtre lui échapper et qui voulait la garder trois heures de plus, lui dit en la dévorant des yeux :

— Non, je ne t'aime plus.

A peine étaient-ils à l'Opéra, que Max frappa à la porte de la loge.

Ce fut Rodolphe qui ouvrit : il reconnut l'amant de Cléopâtre.

— Vous vous trompez de porte, lui dit-il.

— Je ne me trompe jamais de porte, dit Max en voulant passer.

— Vous n'entrerez pas, lui dit Rodolphe.

— Et qui donc m'en empêchera?

— Moi! car j'aime mieux sortir avec vous.

Cléopâtre n'intervint pas, parce qu'il était trop tard : l'honneur pour l'homme, comme la vertu pour la femme, est une nappe de neige qui se tache à la première atteinte. Cléopâtre aimait peut-être Max, elle avait aimé Rodolphe; elle ne voulait rougir ni de l'un ni de l'autre.

Le lendemain, ils se battirent à l'épée et se blessèrent tous les deux.

— Qu'il vive ou qu'il meure, qu'est-ce que cela

me fait? dit Rodolphe qui pouvait tuer Max. C'est dans le cœur de Cléopâtre qu'il faut le tuer.

A Paris, les jalousies et les haines ne prennent pas racine au cœur. Pareilles à ces plantes éphémères qui ne durent qu'un jour, elles germent, éclosent et tombent du même coup. Ce ne sont pas ces pousses vigoureuses qui en Italie et en Espagne font éclater le vase avant d'y mourir. Rodolphe et Max ne se donnèrent pas la main après le duel; mais comme ils vivaient dans le même monde, comme ils étaient des mêmes promenades et des mêmes fêtes, ils finirent par se prendre à une de ces vagues intimités où le cœur n'est pour rien. Ils n'oublièrent pas, d'ailleurs, que Cléopâtre était l'abîme qui les séparait. Ils l'aimaient avec passion. Max n'était pas sans inquiétude, et Rodolphe n'était pas sans impatience. Rodolphe tentait vainement de se cacher son mal, il souffrait en silence, mais il se consolait au pressentiment qu'il ressaisirait et reprendrait ce bonheur passé dont il n'avait pas senti toutes les joies.

Max luttait à force d'amour et à force d'or. C'étaient prodiges sur prodiges. Cléopâtre oubliait encore une fois qu'elle dépensait mille francs par jour, tout en reconstituant sa dette publique. Elle se disait bien, çà et là, que ces belles folies ne devaient durer qu'une saison, elle ne croyait pas au lendemain; mais, en attendant une heure de raison, elle jetait l'argent à pleines mains; aussi n'avait-on plus assez d'imprécations pour lui faire cortége quand elle conduisait ses chevaux au Bois ou quand elle entrait bruyamment dans sa loge à l'Opéra. On disait tout haut qu'elle ruinait vingt jeunes gens. La vérité, c'est qu'elle ne ruinait que Max.

La vérité c'est que Max était bien ruiné. Il avait grappillé sur les perles et les diamants achetés en Hollande de quoi faire une parure de fantaisie à Cléopâtre, mais il était plus que jamais sans le sou.

XXXI.

LA DOT DE LA RACCOMMODEUSE DE DENTELLES.

Ce n'était pas seulement rue Saint-Dominique que Cléopâtre avait gardé un culte pour la vertu. Chaque fois qu'elle rencontrait une jeune fille qui portait sa candeur sur sa figure, elle priait Dieu de la sauver.

Un matin que Cléopâtre et Max déjeunaient gaiement ensemble comme des oiseaux amoureux qui se becquètent après chaque pipée, Léontine annonça la raccommodeuse de dentelles.

— Faites-la entrer, dit Cléopâtre.

Elle rajusta sa chevelure éparpillée, et elle croisa sa robe de cachemire qui, jusque-là, était restée un peu trop entr'ouverte.

— Mais, dit Léontine, ce n'est pas la vieille, c'est une jeune fille qui vient pour elle...

— Eh bien, dit Max, c'est une raison de plus pour la faire entrer.

Léontine amena, au même instant, devant la table, une jeune fille toute rougissante, d'une timidité et d'une gaucherie sans exemple chez une Parisienne.

— Madame, ma tante m'a dit de venir, parce qu'elle est malade.

— Comment! dit Cléopâtre d'un air surpris, en souriant de ce charmant sourire qui prenait tout le monde, comment! votre tante a une si jolie nièce?

La jeune fille, déjà très-émue, détourna à demi la tête, comme si elle eût voulu cacher sa beauté. Adorable sentiment qui chez la femme la moins coquette ne dure jamais que l'espace d'un matin.

Cléopâtre regarda Max, qui regardait la raccommodeuse de dentelles.

— Eh bien, Max, il y a longtemps que vous n'avez rien vu d'aussi parfait?

Et se retournant vers la jeune fille :

— Mademoiselle, que faites-vous donc de tant de beauté?

La jeune fille répondit avec une simplicité touchante :

— Madame, je raccommode de la dentelle.

— Est-ce que cela vous amuse? demanda Max.

— Non, monsieur, mais cela ne m'ennuie pas non plus. Si seulement j'en avais toujours à raccommoder. Depuis quelque temps nous avons, ma tante et moi, toutes les peines du monde... Je ne sais pas pourquoi je vous dis cela...

— Parlez, parlez, mademoiselle.

— C'est si bête de conter sa misère! Et pourtant c'est la vérité que, sans un brave garçon qui est notre voisin, on nous eût mises à la porte.

— Ce brave garçon, est-ce un beau garçon? demanda Max.

— Je ne sais pas, monsieur, répondit la jeune fille avec une certaine dignité.

— Je croyais, moi, reprit Cléopâtre, que c'était un si bon métier de raccommoder de la dentelle.

— Oh! madame, le travail n'en vaut pas la chandelle. Déjà, l'hiver passé, j'ai été sur le point d'entrer dans les chœurs de l'Opéra-Comique.

— Est-ce possible! dit Cléopâtre. Ce serait un beau malheur d'aller vous perdre par là.

— Et que dirait le voisin? demanda Max.

— Cela ne le regarde pas, répondit la jeune fille avec un accent de pureté qui ne laissa pas un doute dans l'esprit de Cléopâtre et de Max.

La courtisane était en admiration devant cette beauté toute virginale.

— Je crois me voir ainsi dans le passé, se dit-elle. J'ai gardé la beauté, moi, mais j'ai perdu le bien le plus précieux. Et quand je pense, poursuivit-elle, que cette jeune fille est peut-être à son dernier jour de vertu, quand je pense qu'aujourd'hui on pourrait la sauver, et que demain elle aura peut-être jeté son joli bonnet de dentelle par-dessus les moulins de Montmartre!

La raccommodeuse de dentelles était retournée à son carton, pour y prendre un châle féerique qu'elle avait reprisé.

— Max, dit Cléopâtre à son amant, voilà bien des journées que nous perdons ensemble; si tu es gentil, nous ne perdrons pas celle-ci.

— Tu veux jouer au Titus? Parle.

— Eh bien, écoute ce que je vais dire à cette petite: — Mademoiselle, est-ce que votre voisin raccommode aussi de la dentelle?

— Non, madame, c'est un violon de l'Opéra-Comique.

— Ah! je comprends; c'est lui qui veut vous entraîner dans les chœurs.

— Il m'en a parlé d'abord; mais, après cela, il n'a plus voulu.

— Pourquoi?

— Parce qu'il m'aimait trop, m'a-t-il dit.

— C'est bien, cela. Et qui l'empêche donc de vous épouser?

— Oh! il le voulait bien, mais il n'est pas plus riche que moi, et ma tante a refusé.

— Et vous?

— Moi, je n'ai rien dit.

— S'il lui tombait du ciel un héritage, voudrait-il encore vous épouser?

— Oh! oui.

— Et vous?

— Un héritage! je suis orpheline.

— Eh bien! mademoiselle, si vous me promettez de ne jamais aller chanter dans les chœurs de l'Opéra-Comique, vous épouserez votre voisin.

— Moi! par quel miracle?

— Par le miracle de l'argent. Je vous donnerai une dot.

— Une dot! Ah! madame, ne vous moquez pas de moi, car j'ai failli croire au bonheur.

— Eh bien, il faut y croire, ma chère enfant. Envoyez-moi votre voisin, et je lui annoncerai la dot que je vous destine.

Et s'adressant à Max :

— Combien, Max ?

— Mais, ma chère, c'est à vous de dire le chiffre.

— Dix mille francs pour vous et dix mille francs pour moi.

Mademoiselle Cléopâtre prit sa plume et signa un bon de vingt mille francs, à toucher le jour du mariage. Max contre-signa. Après quoi, elle remit gracieusement le papier à la raccommodeuse de dentelles, qui ne voulut pas d'abord prendre cela au sérieux, mais qui finit par comprendre la belle action de Cléopâtre.

— Ah! madame, je vous remercie! dit-elle en lui baisant la main.

— Ne me remerciez pas, dit la courtisane en embrassant la jeune fille, car il y a bien longtemps que je n'ai été aussi heureuse qu'aujourd'hui.

Et quand la jeune fille fut partie :

— N'est-ce pas, Max, qu'elle était trop belle pour

rester pauvre à Paris? Je t'en supplie, dis-moi bien haut que c'est une vertu que j'ai sauvée.

— Es-tu assez bête! murmura Max.

Et il quitta Cléopâtre en songeant qu'il aurait toutes les peines du monde à trouver la dot promise.

XXXII.

LE JEU.

Le soir, Max joua chez la Dame de Carreau. Il joua sur parole et perdit. Il s'obstina et perdit encore. Le lendemain, on racontait dans tout Paris que, chez une courtisane, un jeune homme avait perdu 200,000 francs sur un coup de lansquenet.

Ce beau joueur, c'était Max.

Cléopâtre n'était pas à la soirée. Elle aimait les hardiesses et les casse-cou, mais elle eût empêché Max de jouer ainsi.

Il ne dormit pas. Le soir, elle devait elle-même

donner une fête. Il la surprit le matin comme elle s'éveillait.

— Je viens te dire adieu, lui dit-il en cachant son émotion sous un air dégagé.

— Adieu! Où vas-tu?

— Je pars pour Londres.

— Quelle idée! tu partiras demain. Oublies-tu donc que je donne à souper?

— Non, je n'oublie pas, mais...

— Tu partiras demain. Tu sais que c'est la destinée qui parle par ma bouche?

— Oui, murmura Max, la destinée...

— Tu vas déjeuner avec moi.

— Non, mon père m'attend. Je suis venu t'apporter la dot de cette petite raccommodeuse de dentelles.

Et Max jeta négligemment vingt billets blancs noués dans un ruban.

— Voilà qui est bien, dit Cléopâtre; tu ne m'as riendonné encore qui me fasse un pareil plaisir.

— N'est-ce pas que c'est bon de faire du bien?

— Tu as donc gagné hier?

— Non, je te dirai cela; embrasse-moi bien, adieu.

Max disparut en toute hâte, comme s'il eût craint de laisser deviner ses angoisses.

— C'est fini, dit-il avant de fermer la porte.

— Qu'a-t-il donc? se demanda Cléopâtre.

Elle souleva les billets dans sa main comme dans une balance :

— Pauvre fille ! comme elle va être heureuse !

XXXIII.

LA FAMILLE DE MAX.

Max rentra chez son père, passa dans sa chambre, se prit la tête dans les mains, et se demanda comment il allait payer sa dette de jeu, lui qui depuis longtemps dejà ne payait personne.

Il avait, le matin, fait un miracle pour trouver la dot promise.

— Cela me portera bonheur, disait-il.

Sa sœur lui avait prêté huit mille francs. Le mont-de-piété avait fait le reste.

Il était décidé à partir pour Londres.

— J'enverrai une dépêche à mon père : il ne me pardonnera pas, mais il payera. Tout sera perdu, fors l'honneur.

Il n'osait voir en face la colère de M. Auvray.

— D'ailleurs, pensait-il, il est impossible qu'il me pardonne, si je lui dis tout. Si je lui parle de loin, j'avouerai mes fautes une à une. Dans un an, je viendrai me jeter à ses genoux et tout sera oublié. Mais Cléopâtre. Vivre sans elle, c'est mourir mille morts... Elle m'aime et elle viendra... Et si elle ne venait pas?..

L'amour, pour ce cœur faible, était le premier et le dernier mot. Dans la peur de quitter à jamais Cléopâtre, il chercha dans son esprit à sauver son honneur sans quitter Paris.

On lui dit que son père l'avait attendu pour déjeuner. Il ne savait plus l'heure : il perdait la tête.

Il sortit et courut çà et là comme s'il dût rencontrer la fortune. Il avait deux amis sérieux; il leur ouvrit son cœur. Le premier lui offrit mille francs pour partir. Le second ne pouvait lui donner que sa signature.. On tint conseil. On décida qu'il fallait prendre le train de minuit.

Partir, c'était la mort pour Max, car il ne vivait plus que par Cléopâtre.

Il pouvait tout dire à son père ; mais il n'osait, dans son désordre, affronter le regard de cet honnête homme qui devait tout au travail et qui flétrissait sans cesse le désœuvrement de la jeunesse contemporaine. M. Pierre Auvray avait la vertu antique des cœurs d'or ; il n'était ni de son pays ni de son siècle. Il n'avait pas mis le pied une seule fois sur le sol mouvant de nos mœurs et de nos opinions. Il était tout un. Il n'avait jamais hanté nos passions de tempêtes dans un verre d'eau. Il avait aimé son père et sa mère ; il avait aimé sa femme morte trop tôt ; il aimait ses enfants: Hors de là, le monde n'était qu'une vague bruyante qui lui touchait à peine le pied aux heures de flux. Il donnait aux pauvres, mais sans s'attendrir à leur misère : il disait qu'un bon ouvrier doit la dîme aux malades et aux mauvais ouvriers ; il payait la dîme, mais sans entraînement et en disant comme Fontenelle : *Cela se doit.*

Dans ses ateliers, on le craignait parce qu'il était sévère, mais on l'aimait quoiqu'il était juste. Sur son passage, les ouvriers tremblaient au son de cette voix un peu rude qui ne s'élevait presque jamais que pour critiquer. C'était sa manière d'enseigner. — Tout cela est lourd et mal compris. — Ces lignes

sont indécises. — Donnez donc de l'air à ces feuilles.
— Les fleurs étouffent dans ce bouquet.

Et, saisissant le burin d'une main légère et hardie, de cette main qui a créé tant de chefs-d'œuvre d'orfévrerie, il corrigeait, ajoutant ici, retranchant là, donnant en un instant la grâce et la fantaisie au bijou qu'il semblait pétrir sous ses doigts.

Ses ouvriers acceptaient ses boutades, fiers qu'ils étaient d'être les élèves d'un pareil maître. Ils savaient bien d'ailleurs que M. Auvray les regardait comme ses pareils.

Ce jour-là, l'orfévre se promena dans ses ateliers, plus soucieux et plus sévère que de coutume.

— Où en est le bracelet de la princesse Maritzin? demanda-t-il à son meilleur ouvrier.

— C'est monsieur Max qui le tient, monsieur.

— Depuis combien de temps?

— Je ne me rappelle pas bien.

— Je vais vous le dire. Il y a quinze jours que le bracelet devait être terminé, et Max n'a pas paru à l'atelier depuis trois semaines. Si chaque fois que Max s'absente vous ne m'avertissez pas, nous nous fâcherons. Je travaille le matin dans mon cabinet, c'est vous qui me remplacez ici, ne l'oubliez pas.

L'ouvrier s'inclina sans répondre.

— J'exige que Max reste à l'atelier chaque jour jusqu'à deux heures. Qu'il aille ensuite au Bois, qu'il fasse de ses soirées ce que bon lui semble, rien de mieux; mais il me doit sa matinée tout entière. Eh bien, vous ne m'écoutez pas? Que regardez-vous donc là?

— Quelque chose, monsieur, qui va vous prouver que monsieur Max ne perd pas son temps comme vous paraissez le croire; c'est une broche qu'il a ciselée pour mademoiselle Blanche.

— Pour sa sœur? Montrez donc.

Et l'ouvrier présenta à M. Auvray un bijou — une merveille — qui fit éclore un sourire sur la figure renfrognée de l'artiste.

— A la bonne heure donc! Ah! s'il voulait, le gaillard a une fière *patte*, dit-il, en se servant d'un mot qui lui était familier.

Et M. Auvray continua sa visite sans gourmander personne, ce qui ne lui était pas arrivé depuis quinze jours.

Quand il rentra dans son cabinet, il rencontra sa fille, une charmante enfant de dix-huit ans, qui vint lui présenter son front à baiser.

— Tu es encore seule, Blanche?

— Oui, mon père, dit la jeune fille en allant reprendre sa broderie.

— Max n'est-il donc pas rentré?

— Non pas que je sache; mais il n'est pas tard.

— Il est six heures à la Ville, dit M. Auvray en tirant sa montre.

C'était une manie que le célèbre orfévre partageait avec quelques bourgeois de régler sa montre à l'hôtel de ville et de ne pas admettre d'autre chronomètre.

— Il est six heures, reprit-il, et Max n'est pas ici.

— Ah! mon père, pourquoi dites-vous cela? Vous l'attaquez toujours.

— Et toi, tu le défends sans cesse.

— C'est mon droit. Quand vous aviez l'âge de Max, n'auriez-vous pas été bien aise d'avoir une petite sœur pour prendre votre défense si votre père vous avait grondé?

— Quand j'avais l'âge de Max, je n'avais plus ni père, ni mère, ni personne au monde qui s'intéressât à moi. Ah! le bon Dieu ne m'a pas toujours couché sur un lit de roses!

— C'est vrai. Vous rappelez-vous, père, ce que vous m'avez conté du temps où vous étiez apprenti dans la maison Callot, rue de la Grande-Truanderie?

— Ah! dit l'artiste, dans ce temps-là je ne me prélassais pas, comme aujourd'hui, dans un salon doré de la rue Royale. Je demeurais dans une mansarde, où j'avais pour voisin un pauvre tragédien qui s'est jeté un soir du haut du toit pour jouer au moins une fois la tragédie. Comme je grelottais l'hiver dans mon méchant habit vinaigre, quand je traversais le Pont-Neuf pour aller porter mes bijoux au contrôle de la Monnaie!

Ici M. Auvray tira encore une fois sa montre.

— Allons, se dit la jeune fille, il faut gagner un quart d'heure.

Et, embrassant son père :

— Mais comment avez-vous pu faire, mon père, vous qui n'étiez qu'un pauvre ouvrier, pour devenir un des premiers orfévres du monde?

Blanche savait qu'en mettant son père sur ce terrain le temps s'écoulait sans qu'il s'en aperçût.

— Ah! mon enfant, dit-il, il n'a pas fallu faire l'école buissonnière.

Et il conta, pour la dixième fois, un des épisodes de sa jeunesse chers à son souvenir.

Max arriva à la fin du récit.

— Enfin, monsieur, vous voilà! C'est la dernière fois que je vous attends. Ma patience est à bout. Sans votre sœur, vous ne dîneriez pas à cette table.

Le dîner fut silencieux comme un dîner de funérailles. Le père ne voulait pas regarder son fils, le fils n'osait lever les yeux sur son père. Blanche regardait tour à tour M. Auvray et Max avec son doux air qui parlait au cœur. Elle hasardait çà et là un mot vague qui tombait dans le silence. Elle s'évertuait à trouver que tout était bon, mais la pauvre enfant touchait à peine ce qu'on lui servait. M. Auvray mangeait par habitude, mais rapidement, comme un homme qui a tout autre chose à faire. Max ne mangeait pas du tout.

XXXIV.

LE MIRAGE.

A cet instant, le domestique vint avertir M. Auvray que M. Williamson demandait de lui dire un mot.

— Faites-le entrer, dit M. Auvray.

Et se tournant vers sa fille :

— M. Williamson m'a acheté pour plus de cinq millions de bijoux qui courent les deux mondes. Nous sommes au dessert : je puis bien lui offrir le café.

— Vous avez raison, mon père, dit Blanche.

Et elle donna l'ordre d'apporter une demi-tasse de la plus belle pâte de Sèvres.

M. Williamson entra et s'attabla familièrement, sur la prière de M. Auvray; mais il refusa le café, offert par Blanche, sous prétexte qu'il n'avait pas dîné; ce qui ne l'empêcha pas de se verser lui-même un verre de rhum.

— J'arrive de Londres, mon cher monsieur Auvray; mais depuis que je vous ai vu, j'ai fait le tour du monde. Je n'ai pas besoin de vous dire que de tous vos bijoux je n'en ai plus qu'un seul. Le voici.

Et l'orfèvre anglais montra une bague d'archevêque, travaillée dans le meilleur style du seizième siècle.

— Cette bague, je veux l'emporter dans mon tombeau, car, si je me réveille dans l'autre monde, je veux qu'on reconnaisse tout de suite un orfèvre. D'ailleurs, quoique Anglais, je n'ai pas d'héritier. Ah! vous êtes bienheureux, mon cher monsieur Auvray, vous avez un fils, vous avez une fille; je n'ai rien de tout cela.

— C'est ma vraie fortune, dit M. Auvray.

— Vous avez bien raison; être chez soi et être adoré! Tandis que moi, citoyen de l'univers, je ne suis aimé que pour mon argent.

Disant ces mots, M. Williamson prit son portefeuille et l'ouvrit sur la table.

— Et à propos d'argent, voilà, si j'ai bien compté, huit cent mille francs que je vous apporte.

— Mais vous ne me devez plus rien, dit M. Auvray.

— Je viens vous acheter des bijoux; il y aura bientôt une exposition à Londres, je veux m'y faire un nom, car je vous avouerai franchement que, maintenant que me voilà riche, l'orgueil me monte à la tête. Donc, cette fois, vous me vendrez vos bijoux avec le droit de les signer du nom de Williamson, s'il me plaît.

— Je vous avoue, dit M. Auvray, que je ne suis pas anglomane, et qu'il me serait assez désagréable de me voir vaincu par moi-même à l'Exposition de Londres. Mais enfin, il y a des jours où l'amitié doit passer avant l'orgueil.

L'orfèvre anglais serra fraternellement la main de l'orfèvre français.

— Puisque vous êtes si gracieux, dit Williamson, vous allez m'accorder une faveur de plus. J'ai là huit cent mille francs qui vous sont destinés, je vais commencer par vous les remettre; car, dans cette bonne ville de Paris, je ne suis pas sans inquiétude, d'autant plus que vous connaissez mes excentricités anglaises quand je suis en intimité avec le vin de Champagne.

Blanche se mit à causer avec son frère, comme si elle n'avait pas entendu cette confession de M. Williamson.

— Huit cent mille francs! murmurait Max avec la fièvre.

— Non, non, répondit M. Auvray, je ne veux pas de votre argent aujourd'hui; revenez demain; vous verrez ce que j'ai fait depuis quelques mois, et vous choisirez les bijoux qu'il vous plaira.

M. Williamson insistait; M. Auvray fut inébranlable.

— Eh bien donc, à demain, reprit Williamson; y a-t-il Opéra ce soir?

— Oui, dit Max, on joue *le Trouvère*.

M. Williamson prit sa montre et murmura :

— J'ai à peine le temps d'aller dîner.

Il s'était levé; M. Auvray le conduisit et revint s'asseoir auprès de Blanche.

— Eh bien! mon père, dit la jeune fille, voilà une bonne journée.

— Je vais dire une vieille bêtise, dit le père, mais elle est d'autant plus vraie qu'elle est vieille : l'argent ne fait pas le bonheur.

Et il regarda sévèrement son fils, qui ne trouva pas un mot à dire.

Blanche prit la parole, sans bien savoir ce qu'elle allait dire.

— Je sais bien que ton bonheur n'est pas là, dit-elle en embrassant son père.

Max fut ému à ce spectacle, mais il ne put s'empêcher de murmurer encore :

— Huit cent mille francs !

XXXV.

LE MASSACRE DES ROSES.

Le père et les deux enfants étaient encore à table, quand un domestique présenta à Max une lettre sous le journal du soir.

— Prends donc, lui dit sa sœur.

Elle craignait que son père ne remarquât cette lettre qui apportait peut-être un orage de plus.

Max finit par comprendre, saisit la lettre et la roula dans sa main en murmurant :

— Qu'y a-t-il encore?

Il avait reconnu l'écriture de Léontine. Il attendit

pourtant, tout en masquant son impatience, que son père se levât pour se lever lui-même et lire la lettre.

M. Auvray disparut dans son cabinet sans dire un mot.

— Te verrai-je ce soir? demanda Blanche à son frère.

— Peut-être, répondit-il sans savoir ce qu'il disait.

Elle lui présenta son front.

— Si tu savais, mon cher Max, comme nous t'aimons et comme tu nous oublies!

— Pauvre Blanche, dit-il en l'embrassant en toute hâte, tu ne comprends pas que je suis dans le tourbillon. J'ai beau faire, je ne suis plus maître de moi. Il faut vivre comme un séminariste, ou vivre de la vie parisienne. Mon père s'obstine à ne pas comprendre. A quoi bon l'or, si ce n'est que pour thésauriser?

Max n'avait pas achevé ces paroles qu'il était déjà dans l'escalier.

— Pauvre Max! dit Blanche. Il aimera mieux mourir pour cette Cléopâtre que de vivre pour nous. Qu'est-ce donc que l'amour?

Et la jeune fille ouvrit, toute tremblante, la porte

du cabinet de son père, pour le consoler par sa douce figure et ses charmants propos.

Voici la lettre que Max lut dans l'escalier :

« *Monsieur Max, madame a eu ses nerfs ; elle
« vient de mettre ses fleurs au pillage, on n'a jamais
« vu un pareil massacre de roses. Si vous voulez
« que la fête soit gaie, dépêchez-vous de courir chez
« les quatre marchands du boulevard et de nous ren-
« voyer le jardin que madame vient de jeter par la
« fenêtre.*
« LÉONTINE.

« *P. S. Grâce à ce massacre, les nerfs de ma-
« dame vont mieux.* »

— Je comprends, dit Max, quelque créancier sera survenu à la dernière heure. Pauvre Cléopâtre ! elle est née duchesse et je lui marchande son pain, car son pain c'est le luxe.

Max avait descendu l'escalier comme un homme qui ne sait plus son chemin.

Il appela son cocher et lui dit d'atteler au plus vite et de le rejoindre sur le boulevard des Capucines, où il allait fumer un cigare.

En passant sur la place de la Madeleine, il ravagea les deux fleuristes.

Le cocher se fit un peu attendre.

Max, qui avait la fièvre, marchait à grands pas sur le boulevard des Capucines.

XXXVI.

MAX DONNE SON AME AU DIABLE.

Cependant Max cherchait dans son imagination pervertie comment il pourrait payer les deux cent mille francs de sa dette de jeu, et donner à Cléopâtre les quelques mille napoléons qui manquaient toujours chez elle.

Il descendit les boulevards et rencontra un des amants de la Dame de Carreau.

— Où vas-tu ?

— En Californie.

— Eh bien, rapporte-moi un million, car j'ai

suspendu mes payements. Et, si ce n'est pas une grave indiscrétion, dis-moi où tu places la Californie, car je ne suis pas bon géographe.

— Je n'en sais rien. La Californie, c'est mon étoile.

— Est-elle levée?

Max regarda le ciel.

— Oui, dit son ami en riant, mais je ne la trouve que lorsqu'elle est couchée.

— Ah! je comprends, ton étoile c'est ta maîtresse. Prends garde de souper à la belle étoile.

— Tu oublies que nous soupons ensemble chez Cléopâtre.

— Que fais-tu ce soir de ton phaéton?

— Je vais faire un tour au Château des Fleurs.

— C'est là que tu comptes trouver une mine d'or?

— Qui sait?

— Eh bien, que ces quatre roues soient pour toi celles de la Fortune, comme dit mon carrossier. Pour moi, je vais fumer à Tortoni.

Avant de remonter sur le phaéton, Max regarda au café Foy si quelque autre de ses amis n'y dînait pas ce soir-là. Ce ne fut pas sans quelque surprise qu'il reconnut du premier coup d'œil M. Williamson attablé, en galante compagnie, devant une demi-douzaine de bouteilles les plus perverses, vins du Rhin, vins de Constance, vins de Champagne, vins de Xérès, vins de Chypre, vins de Tokai, tous les formats et toutes les fumées de l'ivresse.

Max fut tout à fait surpris quand il reconnut que la jeune vierge qui tenait tête à ce vaillant buveur était la Dame de Carreau.

— Bravo! dit-il, le voilà en bonnes mains, ce pauvre monsieur Williamson. La Dame de Carreau pourra faire l'article avec lui sur les bijoux français, car elle en a une boutique chez elle. Eh bien, il avait peur de ne pas trouver son chemin. J'aime à croire qu'il n'a plus peur de se perdre.

Max ne put s'empêcher de sourire.

— Le singulier homme! Quel beau nez de pourpre et quels beaux cheveux d'or! Tout est riche en lui. Quand je pense que s'il voulait me prêter la moitié des huit cent mille francs qu'il a dans sa poche, je danserais ce soir, sans soucis, un beau menuet rue du Cirque.

Comme il disait ces mots, son cocher lui fit signe qu'il était à ses ordres. Il fit un pas vers son phaéton, mais à cet instant la Dame de Carreau sortit du café.

— Tiens, c'est toi!

— Oui. Dis-moi, d'où vient que tu es — je ne dirai pas en bonne fortune — mais en fortune?

— Est-ce que je sais?. L'alliance de la France et de l'Angleterre, le jeu des destinées, les astres qui se rencontrent...

— Alors tu ne viendras pas ce soir rue du Cirque?

— Moi! j'irais plutôt sur la tête de cet insulaire.

— Est-ce que tu vas déjà t'habiller?

— Oh! non, le couvre-feu n'a pas sonné. Je cours chez Brion, choisir moi-même une calèche à huit ressorts pour promener tout à l'heure au Bois les mélancolies de M. Williamson.

— Pourquoi n'envoies-tu pas un esclave?

— Parce que j'avertirai Brion qu'il doit confondre dans le prix de cette course au Bois, que les anciens auraient appelée un voyage à Cythère, le prix de ma voiture depuis un mois.

— Je te croyais plus forte sur les mathématiques. Écoute-moi bien.

Une idée satanique traversa l'esprit de Max, mais il eut peur d'une pareille idée et poursuivit :

— Non, cela ne me regarde pas.

— Voyons, que voulais-tu dire? J'ai toujours reconnu que tu étais du parti des femmes, ces faibles femmes toujours sacrifiées. Max, les temps sont stériles, donne-moi un conseil, un vrai conseil de famille.

— Eh bien, ma chère, l'homme que tu as sous la main n'est pas un homme, mais un lingot : il a huit cent mille francs dans sa poche..

— Huit cent mille francs ! Grands dieux ! je pourrais m'acheter un mari pour mes vieux jours.

La Dame de Carreau soupira.

— Oui, mais on ne donne pas huit cent mille francs pour mes beaux yeux, même quand on a bu les vins les plus généreux.

Si la Dame de Carreau eût alors regardé Max, elle eût été fort surprise de le voir pâlir soudainement. Il avait beau s'en défendre, le démon du mal le saisissait au cœur et lui soufflait à l'oreille qu'avec huit cent mille francs on peut faire deux parts.

— Et où a-t-il volé tant d'argent ? demanda la Dame de Carreau.

— Un peu partout, en courant le monde, chez les Pampas des mers du Sud, où il a vendu des perles de deux sous pour de vraies perles.

— Ah ! c'est en faisant la traite des perles blanches et des perles noires ! Tu fais bien de me dire cela ; je vais venger toutes ses victimes.

— Tu ne sais pas, dit Max croyant plaisanter encore, nous allons le conduire au bois de Boulogne, et, sous les grands arbres, je l'accuserai de détournement de mineure; car tu es mineure depuis longtemps...

— Et après?

— Tu ne comprends pas?

Max essaya de rire.

— Tu ne comprends pas qu'il nous donnera ses huit cent mille francs pour ne point passer en cour d'assises!

— Tu sais que tu parles comme au boulevard du crime, toi!

— Ne t'imagines-tu pas que c'est sérieux?

Max essaya encore de rire, mais en passant la main sur son front il y sentit des gouttes glacées.

— Après tout, reprit-il, ne vas-tu pas me chanter la vertu? Tu n'as qu'une pensée, depuis une heure que tu es là, attablée avec ce galant ivrogne, c'est de lui prendre le plus d'argent que tu pourras.

— Je ne songe qu'à lui prendre l'argent qui m'est dû.

— Tu n'estimes donc pas ta vertu huit cent mille francs?

— Non, la moitié, puisque nous partageons.

La Dame de Carreau regarda profondément Max, qui fut sur le point de lui dire :

— Le pacte est signé !

Mais il eut peur d'elle, mais il eut peur de lui.

— Tu ne sais pas, lui dit-il, amusons-nous de son ivresse. Je le connais beaucoup, je lui rendrai son argent, mais donnons-lui une grande leçon. Il ne faut pas qu'un citoyen anglais vienne s'ébattre à Paris avec les belles filles comme toi. Voyons si nous jouerions bien notre rôle à l'Ambigu-Comique.

La Dame de Carreau réfléchit en silence.

— Mais quand tu lui rendras son argent, que me restera-t-il à moi?

— Ce que tu voudras, ma chère. Tu comprends qu'un homme qui retrouve huit cent mille francs ne marchande pas une poignée de billets de banque.

— C'est vrai ce que tu dis là.

— Et puis, songe-donc : s'il arrivait que, tout effrayé, il retournât chez les peaux-rouges et qu'il n'en revînt pas, tu hériterais tout naturellement.

— Des quatre cent mille francs?

— Non, des huit cent mille francs. Si j'en prends la moitié, ce n'est qu'à titre d'emprunt; tu sais bien que je suis riche.

— Que tu seras riche, car tu as failli coucher ce soir à Clichy.

— Jouons-nous cette comédie? demanda Max en prenant la main de la Dame de Carreau.

— Ma foi, répondit-elle, on ne peut pas jouer la comédie en meilleure compagnie.

— Eh bien, ne perdons plus un instant. Ne va pas chez Brion. Montez tous les deux dans le premier fiacre venu. Je vais renvoyer mon cocher. Vous irez au Bois, je vous suivrai de près. Vous descendrez pour marcher comme des amoureux dans quelque avenue solitaire, et je ferai mon coup de théâtre.

— Tu sais que je n'en crois pas un mot.

— Ni moi non plus, mais tu verras. T'imagines-tu donc que je ne suis pas assez brave pour cela? C'est toi qui n'oserais pas jouer la vertu persécutée?

— Moi! j'ai joué tous les rôles. Je n'ai peur de rien. Mais monsieur Williamson va m'oublier.

La Dame de Carreau rentra dans le café.

Jusque-là, tout en se livrant, Max s'était tenu sur ses gardes. Il pouvait, jusqu'au dernier moment, se dire que tout cela n'était pas sérieux. Mais quand il vit presque aussitôt la Dame de Carreau sortir cahin-caha avec M. Williamson, l'entraîner jusqu'à la prochaine station de voitures, le pousser dans un coupé et s'y jeter rapidement, tout en donnant l'ordre au cocher d'aller au Bois, Max comprit qu'elle avait son secret.

— Oh! non, dit-il, c'est impossible. Je lui dirai que je me suis moqué d'elle.

Sans vouloir prendre un parti, il renvoya son cocher et prit lui-même les guides en sautant sur le siége de son phaéton.

— Voyons s'ils vont au Bois, murmura-t-il en mettant ses chevaux sur la trace du coupé.

En ce moment, la Dame de Carreau mit la tête à la portière pour voir si Max la suivait.

— Après tout, dit-il, ce ne serait pas un vol, ce serait un emprunt. Allons toujours au Bois, je resterai maître de jouer cette terrible partie de lansquenet ou de passer la main.

XXXVII.

LES NUAGES SUR LA LUNE.

Et tout en montant l'avenue des Champs-Élysées, il repassait dans son esprit les dernières phases de sa vie d'Enfant prodigue.

— Si je n'ai pas d'argent, dit-il, mes lettres de change me conduiront fatalement à Clichy. Une fois là, mon père me pardonne, mais je sais son secret, il m'embarque pour Constantinople, et je perds Cléopâtre. J'aime mieux mourir. Ce n'est pas tout, on peut mourir quand on a du cœur, mais je mourrais déshonoré, car ces deux cent mille francs que j'ai perdus cette nuit et que je n'ai pas payés aujourd'hui vont me perdre demain.

Max ne comprenait pas, dans son trouble, qu'entre deux périls il valait mieux subir celui qui vient du jeu que de courir après celui qui vient du crime. Et déjà le crime l'avait envahi à ce point qu'il n'avait plus conscience de l'action qu'il allait commettre.

— Ce monsieur Williamson! que fait-il de son argent? Il vient pour nous acheter notre génie; eh bien, nous le lui donnerons notre génie, et je lui rendrai son argent. Le grand mal, après tout, quand je m'en serai servi pendant quelque temps pour me sauver de l'infamie où je suis sur le point de tomber.

Et Max ruminait les plus beaux desseins : il jurait de redevenir sage, de ne plus jouer, de tempérer la liste civile de sa maîtresse, de travailler et de regagner le cœur de son père; tant il est vrai que la pensée la plus sombre a des échappées lumineuses vers le bien!

— Dès demain, se disait-il, je veux me remettre aux ciselures de ce merveilleux bracelet que m'a commandé la reine d'Espagne. Les grands artistes ne sont pas des Éliacins! Salvator Rosa, qui vivait avec les brigands, n'a-t-il pas eu quelquefois sa part du butin? Benvenuto Cellini était capable de tout, même d'une bonne action. Un spadassin qui tue un homme en duel, après l'avoir insulté, passe pour un galant homme. Pour moi, si je fais cet emprunt forcé, je n'aurai à répondre de moi qu'en face de moi-même, puisque personne ne le saura.

Max tressaillit.

— Et si cette fille allait parler? Mais pourquoi parlerait-elle? Mais lui! s'il reste à Paris et s'il la reconnaît! Il faudra qu'elle parte demain pour l'Italie.

Le ciel était couvert, Max rencontrait peu de promeneurs sur son chemin. Ce n'était déjà plus la saison du Bois. On s'arrêtait au Cirque ou au Château des Fleurs. Max se trouva presque seul derrière le coupé, dans l'avenue de l'Impératrice.

Quand il arriva à la porte du Bois, quelques gouttes de pluie lui tombèrent sur les mains.

— C'est singulier, dit-il, il y a décidément des puissances occultes qui travaillent pour le crime. Si le ciel s'était débrouillé, ou si j'avais rencontré un ami, je me fusse arrêté en chemin; mais maintenant j'irai jusqu'au bout.

Max sentit que le froid le saisissait.

— Voyons, dit-il en parodiant un mot sublime,

est-ce que c'est le frisson de la peur? Non, si je tremble, c'est de froid.

Cependant la Dame de Carreau venait de s'arrêter devant une allée obscure. Elle donna la main à M. Williamson et lui dit :

— Nous allons boire du vin de Champagne.

C'était l'opinion de l'orfévre anglais, qui mourait de soif.

— Je ne vois pas le cabaret, dit-il.

— Venez, venez, c'est parce que vous y voyez double.

Après avoir congédié le cocher avec une pièce de cent sous, à l'insu de M. Williamson, mademoiselle la Ruine donna le bras à son compagnon et l'entraîna presque malgré elle.

Max sauta à terre et caressa ses chevaux, comme pour leur donner la patience de l'attendre.

— Il n'est plus temps de réfléchir, dit-il.

Il s'assura que personne ne le voyait, pas même le cocher de place qui s'en allait gaiement, sans demander son reste.

Quand il mit le pied dans l'allée, Max se sentit des jambes de plomb, comme cela lui était souvent arrivé en rêve.

— Je n'irai pas plus loin, dit-il.

Il fut sur le point de regagner son phaéton, mais la Dame de Carreau, s'étant tournée, lui donna le courage de la suivre.

Peu à peu il gagna du terrain, tout en marchant à pas de loup.

Son cœur battait fort et il respirait à peine. Il était tout oreilles, craignant d'entendre quelqu'un marcher près de lui.

Un bruit de vent dans les feuilles l'arrêta tout à coup.

Il vit alors se dresser devant lui son crime dans toute son horreur. Deux autres visions passèrent devant lui : la figure sévère et triste de son père, la figure angélique et virginale de sa sœur.

— O ma sœur ! ô mon père !

La vision de sa sœur l'eût sauvé, mais elle s'effaça pour ne laisser devant lui que le masque inflexible de M. Auvray. Max détourna les yeux.

— J'aurais beau prier, dit-il, il ne s'attendrirait pas.

Il fit un pas en avant.

— Allons, dit-il, il faut souvent faire violence à sa destinée. Le monde est à la force et non à la douceur. Il n'y a que les sots qui se résignent. Le monde est plein de préjugés. On appelle un héros celui qui met une ville à feu et à sang... Oui, mais la ville s'est défendue... Qui empêchera M. Williamson de se défendre ?

Max s'interrompit dans ses étranges réflexions.

— J'ai beau faire, j'ai beau dire, j'ai beau jeter des fleurs sur mon chemin, le crime est là, je le touche du doigt, je le sens qui m'étreint, et, cependant; j'avance toujours.

XXXVIII.

LA DAME DE CARREAU.

La Dame de Carreau était une de ces créatures perverties à la mamelle qui ont sucé le vice dans le lait de leur mère ; aussi disait-elle avec quelque raison :

— Ce n'est pas ma faute si je n'ai ni vertu ni pudeur.

Elle n'était pas de celles qui perdent, à l'aube de la jeunesse, ces deux inappréciables trésors qui font de la femme un ange dans la famille. N'ayant jamais eu les trésors, on ne pouvait pas l'accuser de les avoir perdus.

Quelques courtisanes gardent jusque dans leurs orgies comme le fantôme de leur vertu et de leur pudeur. Celles-là s'appelleront Aspasie, Ninon ou Marie Duplessis. Si l'amour qui sanctifie passe dans leur cœur, elles se retrouveront. Il est bien peu de filles perdues qui n'entrevoient à travers les orages et les brumes un coin du ciel où brille l'étoile de leur destinée. Les unes ont sans cesse des échappées vers le pays natal, un horizon perdu où une mère et une sœur les attendent et pleurent de joie en les voyant revenir. Les autres, celles qui sont sans passé, cherchent dans l'avenir quelque salutaire horizon où rayonnera Dieu, où elles feront du bien, où elles laveront leurs péchés dans les larmes du repentir.

Par exemple, Cléopâtre, tout en vivant au jour le jour dans les emportements des joies et des peines de la passion, trouvait toujours une heure, le matin, pour regretter les paradis fermés et pour tendre les bras vers les mirages des jours meilleurs.

La Dame de Carreau n'était pas de ces femmes-là. Elle croyait ingénument que les femmes ne sont venues sur la terre que pour amuser les hommes et pour s'amuser d'eux. Elle riait toujours, elle riait de tout, sans jamais avoir la pensée que ce fût mal. Elle avait peut-être une âme, mais elle n'avait jamais eu une conscience. Elle s'étonnait fort quand elle voyait pleurer une de ses amies :

— Pourquoi pleures-tu ?

— Parce que cet homme me traite comme une fille perdue.

— Eh bien ! qu'est-ce que cela fait ? Tu feras naufrage avec tes principes. La vie ne vaut pas qu'on la prenne au sérieux.

A force de courir d'aventure en aventure, elle avait rencontré, çà et là, des secousses et des bouffées de passion ; comme tant d'autres, elle avait eu ses heures de jalousie et de délaissement, mais bientôt elle partait d'un éclat de rire en s'écriant :

— Quand je pense que j'ai failli pleurer !

Elle n'avait pas une heure à elle, pas un moment pour descendre en son cœur. Elle passait son temps à s'habiller et à se déshabiller, presque toujours dans son lit ou à table, — à la table de jeu quand elle quittait la table du festin. — Si elle allait au Bois pour étendre ses conquêtes, elle appelait ça se coucher encore. Et, en effet, elle s'arrangeait dans sa voiture comme dans un lit. C'est au point qu'un jour, une Majesté allant passer devant elle, un de ses amants lui cria : — Levez-vous ! On disait d'elle : — C'est une bonne fille! Et on avait raison. Pourvu que son appartement fût bien capitonné, que ses jardinières fussent pleines de fleurs, que son dîner fût exquis; pourvu qu'elle mangeât des asperges au mois de décembre, des petits pois au mois de janvier, des fraises au mois de février, et du raisin au mois de mars; pourvu que ses robes fussent lourdes et ses plumes légères, que son spectacle fût toujours illustré d'un bouquet et d'un sac de bonbons; que ses amants se renouvelassent souvent pour renouveler ses plaisirs et sa liste civile, elle ne faisait de mal à personne.

Elle n'enviait pas les femmes du monde, parce qu'elle les plaignait. Elle ne comprenait pas qu'on pût vivre toujours dans la même maison et avec le même homme. Elle appelait cela ne vivre qu'une fois. Elle s'imaginait qu'elle multipliait sa vie.

Un de ses amants, un enragé, qui savait qu'on ne la gardait pas longtemps et qui avait peur de la perdre, lui parla sérieusement de l'épouser. Elle lui répondit par un de ces rires homériques qui font époque dans la vie des amoureux.

Elle n'était ni belle ni jolie, mais, comme on dit au théâtre, elle avait du chien.

Il y a deux beautés du diable, celle qui n'apparaît que dans le rayon de la jeunesse et celle qui garde toujours je ne sais quoi de satanique. En voyant passer ces femmes-là, on jurerait qu'elles ont fait un pacte avec l'enfer. Leur regard, qui vacille comme le feu dans l'eau, leur sourire, qui montre des dents, mais des dents qui mordent, leur geste révolutionnaire, tout en elles parle de l'enfer. Ce qui explique leur succès, c'est qu'il y a des amoureux qui aiment mieux l'enfer que le paradis.

Elle racontait sans vergogne ses premières impressions de voyage dans le Pays de la Galanterie, à peu près comme un soldat raconte ses premiers faits d'armes.

Née à Saint-Cloud, dans une arrière-boutique de marchande à la toilette, elle était venue, à quinze ans, à Paris, chez une de ses tantes, qui présidait un bureau de tabac. Dès le premier jour, ce fut un feu roulant de madrigaux au gros sel. Elle trouva cela charmant. Elle avait bon pied, bon œil et bonne riposte. Au bout de huit jours, elle avait quatre amoureux. La tante trouva que c'était trop de quatre. L'adolescente médita toute une nuit pour en renvoyer trois; mais comme elle aimait autant le premier que le second, celui-ci que celui-là, elle les prit tous les quatre.

— C'est du plus loin qu'il m'en souvienne, disait-elle en parlant de ses quatre amoureux. Je ne les reconnaissais ni par leurs noms ni par leur écriture, je les aimais tous les quatre, mais je m'ennuyais avec chacun d'eux. Ce qui prouve que je n'étais pas faite pour le mariage, c'est que ce qui me charmait dans mon quatrième amoureux, c'était le plaisir que j'avais de tromper avec lui les trois autres.

Ainsi la Dame de Carreau avait commencé par les complications et les rouexies des ingénues.

Ce nom de Dame de Carreau n'était pas précisément un nom de baptême. Sa marraine, juive comme elle, lui avait donné le nom de Rachel. On ne savait pas bien, — car cette histoire se perdait dans la nuit des temps, — si on l'avait surnommée la Dame de Carreau parce qu'elle aimait les cartes et qu'elle se nommait Rachel.

On l'avait aussi surnommée la Ruine, parce qu'elle ruinait ses amants ou parce qu'elle se ruinait elle-même. Ce qui est certain, c'est qu'elle passait partout, comme l'ouragan sur les moissons, ne laissant derrière elle que la dévastation. Elle connaissait d'autant moins la valeur de l'argent, qu'elle n'en avait jamais. On payait pour elle, qui le dîner, qui la robe, qui le gîte. Elle avait partout sa maison de banque, excepté dans sa maison. Elle subissait son nom de la Ruine autant par habitude que par insouciance. Plus d'un de ses amants l'appelait ma Ruine. Un jour qu'elle s'ennuyait, elle s'indigna : Ta ruine ! tu ne m'as jamais donné un sou ! — Cet homme avait dépensé avec elle cent mille francs en quelques mois, sans qu'il lui eût jamais donné une seule poignée d'or. — Ta ruine ! reprit-elle, mais tu es mon amant de cœur !

XXXIX.

QUAND ON A FAIT UN PAS DANS L'ABIME.

Peut-être Max se fût-il arrêté, si tout à coup la Dame de Carreau n'eût injurié M. Williamson.

Que s'était-il passé dans cette âme pervertie? Comme Max, elle était allée en avant, sans parti pris, songeant tour à tour que quatre cent mille francs étaient une bonne prise, mais que la cour d'assises était un terrible réveil. Elle avait bien déjà à se reprocher quelques légères peccadilles. Elle avait passé une saison à Saint-Lazare pour avoir acheté de fort belles dentelles et les avoir mises au mont-de-piété avant de les payer. Mais elle ne se trouvait pas coupable, parce qu'elle avait vu faire cela à toutes ses amies. Ce soir-là, ce qui la rassurait, c'était la complicité de Max; elle se disait qu'un homme si bien placé dans le monde ne pouvait pas tomber sous le coup de la justice. Et, d'ailleurs, elle pensait qu'à tout prendre, si elle avait l'art de bien cacher les quatre cent mille francs, de la cour d'assises pourrait passer sur elle sans la désespérer tout à fait, puisqu'elle achetait une fortune moyennant cinq ans de prison.

Depuis le boulevard des Capucines, elle sentait que Max la suivait et la poussait au crime. Elle avait questionné M. Williamson sur ses générosités. Or, dans une allée transversale, vers la croix Catelan, l'orfévre anglais l'avait exaspérée en lui disant que tout ce qu'il pouvait faire pour les femmes, c'était de souper avec elles, mais qu'il se trouverait déshonoré de payer le culte de lady Vénus.

C'était sur cette confession que la Dame de Carreau l'avait apostrophé de quelque épithète malsonnante.

M. Williamson avait le vin éloquent. Il riposta en homme qui a goûté le sel des joyeuses commères de Windsor.

— Au secours, s'écria la Dame de Carreau, qui avait ses raisons pour prendre la chose au tragique.

— C'en est fait, se dit Max.

Et, sans s'inquiéter de ses chevaux, il courut à M. Williamson. Le voyant aux prises avec la Dame de Carreau, il se jeta sur lui, le renversa sur l'herbe.

— Vous insultez une femme !

M. Williamson, plus mort que vif, ne trouva rien à répondre. Il regarda Max comme s'il sortait d'un profond sommeil.

La Dame de Carreau était restée debout, tout effrayée elle-même de ce qui se passait à ses pieds. Max se tourna vers elle, lui saisit la main et l'agenouilla violemment devant M. Williamson.

— Eh bien, lui dit-il, vous n'exigez pas de réparation de cet homme?

Cette fois, M. Williamson se débattit avec force. Il venait de vaincre son ivresse, il comprenait le guet-apens. Max le contint, mais dans la lutte la courtisane reçut un coup de pied.

— Vous voulez donc vous laisser tuer, dit Max désespéré sans doute de voir qu'elle ne s'emparait pas du portefeuille.

Cette fois, elle comprit, elle saisit le portefeuille tout en disant :

— Je reprends mon portrait.

Max ne put s'empêcher de remarquer que la Dame de Carreau avait de la présence d'esprit.

Dès qu'elle eut pris le portefeuille, elle s'enfuit à toutes jambes.

— Je suis volé! s'écria M. Williamson.

Max voulut parler, mais sa voix mourut sur ses lèvres.

Il voulait se lever et s'enfuir aussi, mais M. Williamson lui tordait les mains.

— Oui, je suis volé par cette coquine, mais vous êtes son complice, dit l'orfévre.

Max eut peur d'être cloué là et d'être surpris par quelque garde du Bois ou quelque promeneur attardé; il parvint à repousser violemment M. Williamson. Il se leva tout d'un coup et prit la fuite à son tour.

La tête de l'orfévre avait porté contre un arbre : il était évanoui.

Max rejoignit la Dame de Carreau au bout de l'allée.

— O mon petit Max! lui dit-elle, qu'avons-nous fait? Voilà le portefeuille de ce pauvre homme. Tu sais que je ne veux pas un sou.

Max vit dans l'ombre la pâleur et l'effroi de la courtisane.

— Eh bien, lui dit-il avec colère, va le lui reporter. Si tu n'en veux pas, je n'en veux pas non plus.

— Mais tu ne penses donc pas qu'il nous reconnaîtra?

— Tu t'imagines donc qu'on trouve une pareille fortune sans qu'il en coûte rien. Demain, tu partiras pour l'Italie avec quatre cent mille francs. Quand tu seras à Venise ou à Naples, dans un palais de marbre, tu reconnaîtras que tu as acheté ta liberté.

— Oh! c'est égal, dit la Dame de Carreau en montant dans le phaéton, je ne viendrai plus jamais faire la roue au bois de Boulogne.

XL.

LE CHATEAU DES FLEURS.

Max et la Dame de Carreau revenaient silencieusement. De temps en temps Max risquait un mot pour égayer la route, mais la courtisane n'écoutait pas ses funèbres plaisanteries.

— Tu as beau faire, lui dit-elle vers l'Arc-de-Triomphe, je ne veux pas garder ce portefeuille.

— Eh bien! donne, lui dit Max, j'irai demain matin chez toi te porter tes quatre cent mille francs avec un passe-port pour l'Italie.

— Si tu t'imagines que cela m'amuse de m'expatrier!

— C'est donc bien plus amusant de subir tous les matins le coup de sonnette de tes créanciers. Tu n'as jamais eu vingt-cinq louis que quand tu en devais cinquante. Maintenant tu seras maîtresse de toi.

— Tu as raison, j'ai été trop maîtresse des autres.

L'étoile du Château des Fleurs éblouissait les passants. C'était la dernière fête de nuit, tout le Paris désœuvré devait se trouver là.

— J'y pense, dit Max, il faut que tu ailles au château des Fleurs, où tu diras, d'un air dégagé, que tu pars demain pour l'Italie. On te demandera pourquoi, tu répondras qu'on va vendre chez toi et qu'un banquier milanais t'offre un palais à Venise. Tu comprends qu'après cela on n'ira jamais t'accuser d'avoir pris la fuite. On t'aura enlevée, voilà tout. Mais n'oublie pas de laisser tout vendre chez toi.

— Même les bijoux?

— Oui, il faut savoir faire des sacrifices.

— Tu as raison, mais j'emporterai les perles et les diamants.

Max arrêta ses chevaux rue des Vignes, à cinquante pas du Château des Fleurs.

— Adieu, lui dit-il en lui tendant la main. Nous nous retrouverons tout à l'heure chez Cléopâtre. J'espère bien t'y voir plus éblouissante et plus folle que jamais.

Quand la Dame de Carreau, une dame de haute futaie, daignait entrer au Château des Fleurs, c'était toute une révolution. Sa robe avait une telle queue, que, pour ne pas trop marcher dessus, on se tenait irrespectueusement à distance. Tout le monde la craignait, parce qu'elle était forte en gueule et qu'elle continuait, au Château des Fleurs, les lazzi du bal de l'Opéra.

Ce soir-là, elle voulut payer d'audace, comme pour se préparer un alibi. Un journaliste bien connu l'avait heurtée en passant; elle se retourna, prit un grand air et lui dit :

— Monsieur, vous m'avez touchée !

— Touché n'est pas joué.

— Vous me rendrez raison; voici ma carte.

— On ne donne pas son adresse avec plus d'à-propos, dit le journaliste.

— Avez-vous des témoins, monsieur? Songez que c'est une affaire d'honneur.

— Oui, madame, j'irai chez vous en chevalier de cinq louis.

La Dame de Carreau parodia insolemment un mot sublime qui n'a jamais été dit :

— Cinq louis? Ce n'est pas avec cela qu'on monte au ciel de mon lit. Cinq louis? tu connais donc le prix de ma femme de chambre? tu te figures venir dans la rue des Deux-Écus!

Quelques jeunes gens et quelques femmes s'étaient approchés.

— Ah! voilà la Dame de Carreau qui retourne sa carte.

— Tu n'as jamais vu le dessous de ma carte, dit-elle arrogamment.

— J'ai vu que tu avais beau jeu.

— Oui, mais je n'ai pas bon argent, ô joli coqueluchon! On vend demain chez moi; tu viendras racheter les miroirs que tu m'as donnés.

— Vieille chanson! on te saisit tous les mois, mais on ne te vend jamais.

— C'est qu'on n'y met pas le prix.

Un Russe passait.

— Te voilà, dit la Dame de Carreau; je te croyais en Russie avec mademoiselle Cosaque? Cette chère innocente, est-ce qu'elle va incendier Moscou? Nous la pleurons beaucoup : surtout, ne nous la ramène pas!

— Elle a mis la ville à feu et à sang; mais elle vient de se marier.

— Pauvre fille! la voilà deux fois en Russie. Après cela, elle s'est déjà tant mariée, que c'était pour elle une habitude. Comme on fait son lit on se couche.

En ce moment, une « demoiselle » arrivait furieuse dans le groupe.

Le Château des Fleurs a son palais de la conversation, comme Bade et Hombourg.

— C'est celle-là, la Dame de Carreau? demanda-t-elle à une de ses amies.

— Oui, en chair et en diamants.

— Attends: je m'en vais lui pincer les oreilles.

— Vous en voulez donc à mes diamants, madame? dit la Dame de Carreau qui avait entendu.

— Vos diamants, madame? c'est mon amant qui vous les a donnés. On reprend son bien où on le trouve.

— Ton amant? s'écria la Dame de Carreau en se dressant sur la pointe des pieds. Dieu merci! je ne ramasse pas les miettes de la table d'une affamée comme toi. Si tu dis un mot de plus, je te fais voler en poussière.

Et se tournant vers un des siens:

— Lionel, délivrez-moi de cette femme; allez jouer avec elle à la toupie.

— Tais-toi, poupée!

— Chut! ou je te fais jeter au violon. Et ce n'est pas Olivier Métra qui en jouera.

—. Moi? on sait qui je suis.

— Oui, tout le monde le sait; tu n'as pas besoin de montrer ta carte.

— Ma carte? elle n'est pas biseautée comme la tienne, Dame de Carreau.

— Voyons, dit M. Lionel, voilà les cartes qui s'embrassent; vous êtes ici, mesdames, pour faire le bonheur des hommes, et non pour vous prendre à la gorge.

— Il n'y a pas de quoi, dit la Dame de Carreau en jetant un regard dédaigneux sur les golfes et les promontoires de sa rivale et en faisant une pirouette du côté de ses amis.

Comme dans toutes les comédies, il y a au Château des Fleurs la grande scène et la scène triviale. Si je vous y conduisais pour toute une soirée, je vous ferais entendre d'autres propos. Il y a là de tous les dictionnaires, même du dictionnaire des *Précieuses ridicules*. Mais comme je ne fais que passer au Château des Fleurs pour mieux étudier la Dame de Carreau, je ne prends qu'un air de la fête, laissant à quelque Balzac assermenté les dédales de ce château fantasque.

Donc, au milieu de ce carnaval en plein été, de ce tourbillon de feu sous les arbres verts, de cette musique d'enfer et de paradis, sous les nids de merles et de rossignols, au milieu de ces passions fiévreuses où l'on entend tinter les verres et les louis, où l'on voit les robes tournoyer, les diamants luire comme s'ils étaient vrais, les poitrines battre comme si c'étaient des cœurs, les regards s'alanguir comme si c'était l'amour; dans ce harem, dans ce sport, dans ce tohu-bohu, la Dame de Carreau passa gaiement, la hardiesse à l'œil et le mot aux lèvres : on eut dit qu'elle venait de dîner au Petit-Moulin-Rouge, dans la paix du cœur et avec une pointe de vin de Champagne.

Elle n'était pourtant pas si sûre d'elle-même qu'elle en avait l'air : à un certain moment, une de ses amies lui frappant sur l'épaule, elle se retourna avec effroi, comme si une main de justice l'eût touchée.

XLI.

LES BILLETS ROSES.

Quand deux criminels sont ensemble, ils s'exaltent et se fortifient l'un l'autre; mais dès qu'ils sont séparés et qu'ils descendent silencieusement en eux-mêmes, ils tombent dans la lâcheté et la terreur. La réaction vient avec le froid de la mort. Ce fut ce qui arriva à la Dame de Carreau, ce fut ce qui arriva à Max. Pendant que la courtisane montait toute tremblante cet escalier du Château des Fleurs où jusque-là elle avait passé si hardie et si gaie, Max laissait tomber les guides et se demandait s'il aurait assez de courage pour affronter son crime. Un instant il eut l'idée de partir, lui aussi, pour l'Italie, et d'aller cacher sa honte dans quelque pays oublié. Mais Cléopâtre l'aimait-elle assez pour s'exiler avec lui?

— Voyons, reprit-il en relevant la tête, pourquoi m'effrayer ainsi? Je ne dois compte de mes actions qu'à Dieu seul, et Dieu seul m'a vu. Ce n'est pas la Dame de Carreau qui trahira mon secret. Pour M. Williamson, quand il s'éveillera de son ivresse, il ne comprendra pas un mot à cette scène de mélodrame, qu'il prendrait volontiers pour un rêve s'il retrouvait son portefeuille.

C'était en vain que Max voulait tenir tête à son abominable action, elle se redressait devant lui. Les coupables sont toujours en face de leur crime, ils le combattent pour l'éloigner; le crime est comme l'hydre de Lerne, qui défie tous les coups avec ses cent têtes toujours renaissantes.

Max, tout en se disant que nul ne savait son secret, regardait tout autour de lui avec effroi.

Comme il arrivait au coin de la rue Royale, il fut obligé de retenir les guides un instant devant une complication d'omnibus, de pavés et de cailloux. Un de ses amis, Albert Henryet, lui cria :

— Bonsoir, Max.

Il fut tout effaré par ce cri tout naturel, qui le surprenait pendant que son esprit rôdait encore dans l'obscure allée du bois de Boulogne. Il faillit s'écrier :

— Ce n'est pas moi !

— Où diable viens-tu si tôt et si tard? lui demanda Albert Henryet.

Max s'attendait si peu à cette question qu'il ne répondit pas.

— Mais toi, que fais-tu ici? Je te croyais au Château des Fleurs?

— Mon cher, je fume un cigare inspirateur qui me dira peut-être ce que je dois faire de ma soirée.

— Mais tu ne vas donc pas chez Cléopâtre?

— Si; mais le beau monde n'y arrivera qu'à minuit. Jusque-là il y a un siècle. Et puis, tu sais que je n'ai pas été beaucoup plus heureux que toi la nuit passée, j'ai perdu sept à huit mille francs. Je livrerais bien encore bataille, mais je suis comme le roi d'Araucanie, un général sans soldats.

— Allons donc, s'écria Max, c'est dans les jours de désespoir qu'il faut braver une dernière fois la mauvaise fortune. Donc, à minuit. Je viens de m'occuper des fleurs, je vais m'occuper du festin.

— Une orgie romaine!

Les chevaux avaient marché. Les deux amis étaient déjà séparés par la foule.

Max rentra pour s'habiller. Il sonna doucement, il traversa l'antichambre sans dire un mot.

— Est-ce que monsieur souffre? lui dit son domestique en lui présentant un chandelier.

— Moi, dit Max en maîtrisant son émotion, vous êtes fou !

Il prit vivement le chandelier.

— Vous n'avez pas de lettres pour moi? On n'est pas venu me demander?

— Personne, non, monsieur.

— Si on vient, je n'y suis pas.

Max passa dans sa chambre et ferma la porte sur lui.

— Enfin, dit-il, nul ne me regarde.

Il prit le portefeuille et l'ouvrit sur son lit.

— Les voilà donc, murmura-t-il, ces beaux billets roses de cinq mille francs, que cet Anglais feuilletait d'un air si dégagé! Le livre magique! combien de romans dans ces pages toutes satinées?

Et Max, malgré ses frayeurs, essaya un mot plus ou moins spirituel :

— Quels beaux billets roses! Mais un billet de cinq mille francs est toujours plus rose qu'un autre.

Il approcha de la lumière le bon de cinq cent mille francs sur la Banque de France.

— Un demi-million sur un pareil chiffon de papier! Voilà une papillote pour Cléopâtre! Marc-Antoine n'en a pas donné de pareilles à la reine d'Égypte.

XLII.

CAIN RAPPELÉ AU PARADIS.

Max regardait toujours le bon sur la Banque.

— Par qui ferai-je toucher cela demain? Il faut que j'en prenne mon parti et que j'y aille moi-même.

Mais Max fut soudainement frappé d'une idée qui le glaça.

— Oh! mon Dieu, je n'y avais pas songé. J'allais me livrer comme un enfant. La première idée de M. Williamson sera de faire sentinelle à la Banque pour mettre la main sur celui qui osera se présenter en son nom. Cinq cent mille francs de perdus! Il me reste donc trois cent mille francs à partager avec La Ruine. Ce n'était pas la peine ni pour moi ni pour elle de nous mettre voleurs de grand chemin.

Il replaça le mandat dans le portefeuille et se promit de le faire tenir à M. Williamson, comme un objet trouvé, tout en gardant l'anonyme. En attendant, il cacha le portefeuille entre le matelas et le sommier de son lit; après quoi il reprit les soixante billets et en mit vingt dans son porte-cigare sans trop les chiffonner. Ceux-là étaient destinés à jouer le soir.

Il mit les autres dans la poche de son habit pour la dette de la veille.

A cet instant, il eut encore une de ces terreurs infernales qu'il ne pouvait déjà plus vaincre. Il se vit dans son miroir et s'imagina, au premier aspect, que ce n'était pas lui qu'il regardait.

Et, en effet, ce n'était plus lui. En moins d'une heure, sa mauvaise action avait profondément altéré sa physionomie, dont le vrai caractère était l'insouciance. Cet air sombre, cette pâleur lugubre, cette idée sinistre qui courait sur son front, ces yeux troubles dont le regard fuyait çà et là, de peur du spectacle redouté, rien de tout cela ne représentait plus sa jeunesse et sa gaieté.

Il faillit laisser tomber son porte-cigare.

Il ne voulut pas s'avouer sa faiblesse, il pensa que ses défaillances ne lui venaient que parce qu'il avait mal dîné. Il se hâta de s'habiller, se promettant d'aller au café Durand prendre une tranche de pâté de foie gras et boire une demi-bouteille de vin de Madère, pour chasser au loin ses hallucinations.

Comme il allait sortir, il rencontra sa sœur dans l'antichambre.

— Je t'attendais, lui dit-elle en lui présentant son front.

Jusque-là, Max avait eu peur de lui. La vue de sa sœur, cette figure d'ange, cette âme divine, ce cœur d'or lui fit tout à coup la plus vive blessure qu'il eût jamais ressentie. Une grande douleur traversa son esprit et le désespéra. Il comprit alors que tout était perdu pour lui.

Quel beau symbole que cette histoire d'Adam et d'Ève chassés du paradis! Combien d'entre nous qui, par la bonté de Dieu, ont leur paradis sur la terre; le sentiment du bien, la passion du beau, l'amour de la justice! Combien qui s'en vont humbles, mais le front levé, tout aux grandes aspirations, mais qui, au jour où le mauvais esprit les domine, se laissent tomber du haut de leur conscience, et qui dès la première chute sont à tout jamais bannis de cette patrie, que l'esprit de Dieu protége. Avoir sa part de paradis sur la terre, c'est avoir dans l'âme ce coin du ciel qui est déjà la vie future. Souiller son âme par quelque lâche action, n'est-ce pas être chassé du paradis? n'est-ce pas déjà mettre un pied dans l'enfer?

J'ai dit que Blanche avait présenté son front aux baisers de son frère; mais Max, dans un mouvement d'horreur pour lui-même, trouva ses lèvres indignes de cette chaste et douce figure.

— Bonsoir, Blanche, dit-il d'un air distrait.

Et il lui tendit la main, — cette main qui avait dépouillé M. Williamson. — Comme elle allait la saisir, il la retira, sous prétexte de prendre son manteau.

— Adieu, adieu, dit-il encore.

Une porte s'ouvrit. C'était M. Auvray, qui avait reconnu la voix de son fils.

— Où vas-tu, Max? lui demanda-t-il en adoucissant sa voix si sévère quelques heures plus tôt.

— A l'Opéra, mon père.

— Entre dans mon cabinet, je ne te tiendrai pas plus de cinq minutes.

Max obéit en silence.

— Et moi, faut-il que je m'en aille? demanda Blanche.

— Toi! dit le père en lui donnant sur le front le baiser que le frère avait retenu sur ses lèvres : toi, tu as toujours le droit d'être partout.

Le père et les deux enfants traversèrent la salle à manger et entrèrent dans une pièce un peu sombre dont le plafond était étoilé et dont les murailles étaient revêtues de tapisseries des Gobelins, représentant des scènes mythologiques.

Deux étagères en bois d'ébène, à filets d'or, des fauteuils en chêne sculpté recouvert de cuir de Russie, une grande table de Boule, mais de Boule-Louis XIV, une tête de vierge de Schildonne, une Sainte Famille de Palme le Vieux et une page amoureuse du Giorgione; un tapis de Smyrne et une pendule Louis XVI, — un chef-d'œuvre d'orfévrerie, — voilà l'ameublement, voilà l'aspect de ce cabinet, dont les plus sévères eussent apprécié le style.

Il y a à Paris quelques bonnes gens qui remuent des millions, et qui s'imaginent qu'avec beaucoup d'argent on peut composer un intérieur qui saisisse les yeux et qui captive l'esprit. Mais il en est bien peu qui possèdent l'art exquis de créer un monde avec le chaos. Chez la plupart des millionnaires on trouve le chaos, on ne trouve pas le monde. Il faut un grand sentiment du dessin et de la couleur pour apporter la vie entre quatre murs, même avec les merveilles du luxe. On n'arrive le plus souvent qu'à créer un magasin de bric-à-brac. Un poëte a dit :

A force d'art, l'art lui-même est banni.

On peut dire la même chose du luxe; s'il perd le talisman de la simplicité, le luxe n'est plus qu'une orgie de soie, de satin et de velours, de bronze, d'or et d'argent.

M. Auvray était un artiste profond en toutes choses. Un moraliste, en entrant dans son cabinet, aurait jugé que, dans sa vie comme dans son talent, tout respirait la simplicité et la grandeur. Et le moraliste ne se fût pas trompé.

Dès que le père fut arrivé à sa table, il se tourna vers son fils et lui présenta un cigare.

— Veux-tu fumer? lui dit-il avec cet air de bonté qu'il renfermait souvent en lui-même pour ne pas trop encourager les folies de son fils.

Max regarda son père et sembla ne pas comprendre. Il prit le cigare, mais n'osa l'allumer.

— Et moi? dit Blanche. Ce que c'est que de n'avoir pas de mauvaises habitudes, on ne m'offre rien.

— Que te donnerai-je? dit le père. Dieu ne t'a-t-il pas tout donné! Quand je t'offre des bijoux, tu n'en veux pas.

— Eh bien, mon père, je vais t'étonner. Je veux que tu travailles pour moi. Il faut que tu me ciselles un bracelet, que tu riveras à mon bras et que j'emporterai dans le tombeau, pour te sentir toujours avec moi.

— Accordé! dit le père. Choisis ton dessin parmi ces modèles que je viens d'ébaucher.

Et M. Auvray indiqua du doigt une feuille de papier où il avait crayonné, dans la soirée, quatre bracelets pompéiens.

— Eh bien! c'est cela, dit Blanche, voilà des bracelets retrouvés à Herculanum, après une éternité de deux mille ans. Je choisis le premier. Dans deux mille ans, on le retrouvera dans mon tombeau et on lira : *Auvray fecit.*

— J'aime mieux le second, moi, dit Max qui voulait dire quelque chose.

— Mon cher ami, lui dit le père, demain tu en dessineras quatre autres, et nous les ferons ébaucher tous les huit; après quoi, nous travaillerons chacun les nôtres et nous les enverrons à l'Exposition de Londres.

— Oui, dit Blanche d'un air railleur, et tu seras

bien attrapé, cher père, si Max l'emporte sur toi ; et tu seras bien plus attrapé encore si tu l'emportes sur Max.

— Qu'est-ce que cela fait? dit le père. S'il a la grande médaille, il te la donnera, ce que je ferai moi-même, si elle m'échoit, — à moins, poursuivit-il, qu'elle ne soit accordée à ce bon M. Williamson, qui veut payer comptant pour avoir du génie.

— M. Williamson! murmura Max.

— Il reviendra demain, reprit le père. J'ai réfléchi ce soir à sa proposition. Il est tout naturel qu'on lui fasse payer sa gloire. Comme c'est toi qui vas y travailler, j'ai décidé que l'argent qu'il donnerait serait pour toi. Ainsi, mets-toi à l'œuvre et dicte tes conditions. Puisque tu as tes jours d'enfant prodigue, c'est une bonne fortune pour toi. Quand il sera là, je t'appellerai.

— Je vous remercie, mon père.

— Écoute-moi bien, Max. Le travail est un ami qui donne de bons conseils. Ce soir, j'ai peut-être été injuste. Il faut que jeunesse se passe. Je me suis rappelé le chagrin que je ressentais quand mon père prenait avec moi son front sévère. Je me suis mis au travail. Quand je ne suis pas content, je travaille, et quand je suis content, je travaille encore. Ce sera ton refuge un jour. Eh bien! le travail m'a adouci. et m'a rendu meilleur. J'ai sonné et j'ai demandé si tu étais là. Tu venais de sortir; mais heureusement, j'ai trouvé Blanche pour l'appuyer sur mon cœur.

En ce moment, Blanche se penchait à l'oreille de son frère et lui disait :

— Mais dépêche-toi donc de te jeter dans les bras de papa.

Max était immobile et glacé. Il finit par comprendre qu'il devait répondre à ces bonnes paroles par une expansion filiale, mais il n'osa se jeter dans les bras de son père. Il lui prit la main et se prit à sangloter.

— Allons, allons, dit M. Auvray en serrant la main de son fils et en se levant pour l'embrasser, va-t'en à l'Opéra. Je t'ai déjà fait perdre un acte.

— Un entr'acte, dit Blanche, ce qui est bien plus grave; car mon frère, je te le dénonce, va dans les coulisses.

— Dans les coulisses! dit le père en souriant; eh! qui vous a dit cela, mademoiselle Blanche?

— C'est son ami Albert Henryet?

— Qui n'y va jamais, sans doute? dit le père.

— Jamais. S'il s'y est hasardé une fois, c'est qu'il s'est trompé de chemin.

Max était déjà parti. Blanche demeura avec son père.

— Et tu crois, dit M. Auvray à sa fille, que M. Albert Henryet ne remettra jamais les pieds dans les coulisses?

— Non, dit-elle, j'en réponds.

— Et pourquoi n'ira-t-il plus?

— Pourquoi?

Blanche vint, légère et douce comme une colombe, s'asseoir sur les genoux de son père, et lui dit à l'oreille, tout en l'embrassant :

— C'est parce qu'il m'aime!

XLIII.

POURQUOI BLANCHE AIMAIT LES ROSES
DE SA FENÊTRE.

Ce n'était pas précisément par hasard qu'Albert Henryet, ami de Max et futur ambassadeur, se promenait ce soir-là, à huit heures, place Louis XV et rue Royale.

On a beaucoup raillé les faiseurs d'idylles en prose et en vers. Il n'est pourtant pas un homme, même parmi les railleurs, qui n'ait fait son idylle au moins une fois; depuis le pâtre qui cueille dans la montagne, sur quelque roche inaccessible, une branche d'églantine pour la brune moissonneuse, jusqu'au Parisien de la Bourse et de Tortoni qui cultive sur son balcon des roses que viendra cueillir, un soir, toute voilée, quelque maîtresse anonyme. Paris surtout, qui parle toujours de son scepticisme, qui jure par M. de Voltaire et par lord Byron, est resté, en secret, le peuple le plus romanesque du monde. Mais pareils aux dévots timides qui n'osent communier qu'en se cachant, les Parisiens seraient désespérés d'être surpris en flagrant délit de bucolique amoureuse, — à l'ombre inspiratrice de l'yeuse où le doux Virgile soupirait sur la flûte de Sicile :

Malo me Galatea petit, lasciva puella...

Albert Henryet se promenait souvent, à la même heure, dans ces parages, répondant invariablement :
— Je fume, — à tous ceux qui lui demandaient : — Que fais-tu là ?

Or, il lui arrivait souvent de laisser éteindre son cigare ou de le jeter avec impatience, selon le spectacle qu'il cherchait des yeux. Il regardait sans cesse, avec une anxieuse curiosité, une fenêtre du premier étage, dont le petit balcon enserrait une jardinière de porcelaine anglaise, toute plantée de rosiers à hautes tiges. Albert ne regardait pas toujours ce jardinet babylonien, quoiqu'il y eût sans cesse des roses. Il cherchait à distinguer, au travers des glaces de la fenêtre et des rideaux brodés, la forme svelte d'une jeune fille.

Tout était une émotion pour lui, soit que la lumière lui annonçât l'arrivée de la jeune fille, soit que la fenêtre s'ouvrît et que la jeune fille vînt dire bonsoir à ses chères fleurs. Il y en a qui courent le monde pour trouver le monde, il y en a qui trouvent le monde dans un champ de roses. Bernardin de Saint-Pierre ne l'a-t-il pas trouvé un matin dans son fraisier? Jamais duchesse, traversant son parc, n'a ressenti plus de joie dans ses mille parterres efflorescents que cette jeune fille, en respirant et en baisant ses roses. Elle les comptait tous les matins. Chacune d'elles était une amie, chacune d'elles lui parlait des pays rêvés, des rives inconnues : l'une, des jardins de Saadi ; l'autre, des châteaux que les jeunes filles bâtissent dans le royaume des Espagnes ; celle-ci, des fées qui donnent à Cendrillon sa pantoufle et son carrosse à Peau-d'Ane ; celle-là, de légendes dorées où le rossignol se marie à la rose. Elle les voyait naître avec joie, elle les voyait mourir avec chagrin. Le vent seul avait le droit de les cueillir. Pour elle, elle n'y portait jamais une main sacrilége.

D'où vient, cependant, qu'un jour une des roses tomba dans la rue, tout juste au moment où Albert Henryet passait sous la fenêtre? Dieu me garde de croire qu'il y eut là une de ces préméditations que les joueurs de whist appelleraient une invite-à-cœur. Cependant Albert ramassa la rose, et la jeune fille disparut de la fenêtre, toute rougissante comme l'Aurore qui a entrevu le soleil.

Albert mit la rose sur son cœur, après un baiser furtif. Je ne crois pas que César, après la bataille de Pharsale, revint à Rome plus fier de lui-même qu'Albert Henryet ne le fut en rentrant chez lui ce soir-là.

Que si vous jugiez Albert Henryet un écolier qui ne sait rien de la vie et qui s'émerveille de la première rose tombée sur ses pas, il faudrait vous désabuser au plus vite. Il était de ceux-là qui ont commencé par vivre en sceptiques, ayant hanté les courtisanes, ne croyant pas à l'amour, parce qu'ils ne l'ont pas rencontré; pareils à ces navigateurs qui, avant Christophe Colomb, avaient exploré les mers pendant des siècles, sans se douter que l'Amérique fût quelque part; ou mieux encore, semblables aux Hébreux qui niaient la terre promise, quand Moïse la leur montra du haut du Sinaï.

La jeune fille qui montra la terre promise à

Albert Henryet, vous la connaissez déjà, elle se nommait Blanche Auvray.

Blanche aimait Albert Henryet ; c'était la première fois qu'elle laissait parler son cœur. Dans son adorable ingénuité, elle était incapable de prendre un masque devant son père. Elle trouvait tout simple d'avouer ce qui, depuis huit jours, était la joie de son âme. Albert Henryet l'avait rencontrée çà et là, à la Madeleine, à Saint-Germain, où les deux familles avaient chacune une villa, aux Italiens, le seul théâtre que M. Auvray permît à sa fille. Un soir qu'Albert Henryet s'était attardé à dessein dans la chambre de Max, M. Auvray lui avait offert de prendre le thé. Ce soir-là, Blanche comprit des vers qu'elle avait lus le matin, et elle murmura ces mots que son père incisait souvent en arabe sur ses bijoux :

— C'est écrit là-haut !

L'orfévre connaissait Albert Henryet de longue date. C'était un jeune attaché d'ambassade qu'il ne croyait pas destiné aux plus hautes fortunes, mais il l'avait jugé homme de cœur et homme d'esprit.

— Qu'importe, disait-il ce soir-là, s'il ne devient pas ambassadeur ? Ce que je veux pour ma fille, c'est un homme plutôt qu'un diplomate. Il a, comme Max, les torts de la jeunesse. Il est emporté, généreux, prodigue : des défauts que les pères blâment tout haut et qu'ils apprécient tout bas. A quoi me servirait donc d'avoir gagné tant d'argent, si ce n'est à payer un peu ces belles folies des vingt ans qu'on regrette bien un peu dans ses jours de sagesse?

— Papa, veux-tu que je te lise ton journal? dit tout à coup Blanche, qui, ce soir-là, voulait rester plus longtemps que de coutume avec son père.

— Mon journal! Quand ma journée est finie et que tu viens m'embrasser, que me font les bruits du monde? Vois-tu mon enfant, il faut cacher sa vie, il ne faut pas éparpiller son cœur.

— Je ne comprends pas bien, dit Blanche, mais je sens que c'est vrai ce que vous dites là.

— Ah! mon Dieu, reprit M. Auvray, il y a des gens qui sont de profonds politiques, qui s'inquiètent ardemment d'une révolution au Japon ou d'une guerre en Océanie, qui jettent feu et flamme ici contre les protestants, ici contre les catholiques. Quand ils ont lu leur journal, ils ont dépensé jusqu'au dernier batment de leur cœur; mais s'il leur vient un ami qui souffre, si leur femme est malheureuse, si leurs enfants courent les périls de la vie, ils ne le savent pas, ils ne veulent pas le savoir, ils se mettent au-dessus de pareilles misères. Moi, je vis pour les miens et je remercie Dieu qui, en me frappant au cœur quand il m'a pris ma femme, m'a conservé deux enfants qui sont toute ma vie.

M. Auvray prit le journal et le jeta au feu.

— Je ne veux pas, poursuivit-il, que rien du dehors me vienne troubler ce soir. Le bonheur est ici, prenons garde de lui faire peur.

Comme le père de famille disait ces mots, il entendit le timbre résonner trois fois.

— O mon Dieu, dit Blanche, nous étions si bien là tous les deux! Si c'était le malheur qui frappe à la porte?

Le valet de chambre annonça M. Williamson.

XLIV.

L'HOMME QUI A ÉTÉ VOLÉ.

M. Auvray fut quelque peu surpris de voir reparaître M. Williamson à dix heures du soir. Il se leva, roula un fauteuil devant la cheminée, et pria l'orfèvre anglais de s'asseoir.

— Je ne vous attendais que demain, lui dit-il.

L'abat-jour chinois de la lampe l'empêcha de voir du premier regard la mine singulière et les habits en désordre de M. Williamson.

— Et moi, je ne songeais guère à revenir vous voir aujourd'hui ; mais il se passe à Paris des choses si étranges...

— Je ne vous comprends pas.

— Quand j'aurai parlé, vous me comprendrez bien moins encore.

— Cet homme est fou, pensa Blanche, qui, accoudée sur la table de son père, regardait à la dérobée la physionomie tragiquement bouffonne de l'orfévre anglais.

Au premier abord, le nez rouge, les cheveux d'or, les favoris en broussaille de M. Williamson s'opposaient à ce qu'on le prît au sérieux. Mais c'était bien pis quand on n'était pas habitué à son accent invraisemblable, car il parlait français — comme un Anglais.

— Figurez-vous, reprit-il, que sur le boulevard de la Madeleine, en vous quittant à six heures, j'ai demandé mon chemin à la Dame de Carreau que j'avais déjà rencontrée à Londres.

— La Dame de Carreau? je ne comprends pas.

C'est le pseudonyme d'une demoiselle du demi-monde.

M. Williamson se promena à grands pas, comme emporté par ses souvenirs.

— A Londres, reprit-il, elle m'avait dit qu'elle était duchesse à Paris, mais qu'elle avait répudié son mari.

M. Auvray se tourna vers sa fille, qui déjà avait prévenu son désir et s'était levée pour sortir.

— Je crois que j'ai entendu mon frère, dit-elle, je reviendrai tout à l'heure.

— Va, mon enfant, dit M. Auvray.

— Votre frère! interrompit M. Williamson : mademoiselle, ne lui dites pas que je suis venu.

— C'est singulier, murmura Blanche en disparaissant.

— Continuez, monsieur, dit M. Auvray en indiquant, pour la seconde fois, un fauteuil à l'Anglais.

— Je continue, monsieur. Je suivais donc le boulevard de la Madeleine. Une demoiselle, qui revenait du Bois, descend devant moi d'un panier à salade et fait voler la poussière avec ses jupes tapageuses. Je vous l'ai dit, une vraie duchesse de hasard que j'avais rencontrée à Londres, dans les chœurs de l'Opéra. Elle jouait alors l'ingénue dans les coulisses, et je m'y suis laissé prendre. Que voulez-vous? je revenais du Sénégal. Or sur le boulevard elle me reconnut et éclata de rire. « Il n'y a pas de quoi rire, lui dis-je. — Il n'y a pas de quoi pleurer, me répondit-elle. — Où allez-vous? — Tout droit devant moi. — Puisque nous allons du même côté, prenez mon bras. »

Elle ne se fit pas prier. Je suis inconnu, je ne

me compromettais pas, et elle est trop connue pour se compromettre.

M. Auvray eut un mouvement d'impatience.

— Donnez-moi le temps de m'expliquer mot à mot, comme je le ferai devant le juge d'instruction.

— Le juge d'instruction ! que voulez-vous dire?

— Ne voyez-vous pas que je suis plus mort que vif?

— Non, mais je ne vous trouve pas la même figure qu'à notre première entrevue.

— Je continue. Tout à l'heure mon récit aura pour vous quelque intérêt. Au coin de la rue de la Chaussée-d'Antin, j'avise un café où j'avais déjà déjeuné. « Voulez-vous dîner? » dis-je à la belle. Je n'aime pas à dîner seul. Elle ne se fit pas trop prier, quoique, s'il fallait l'en croire, elle me sacrifiât un rendez-vous avec un grand personnage. Nous voilà à table. Quand je dîne, c'est pour boire. Avez-vous voyagé sur mer?

— Non, monsieur, je suis allé à Londres, mais c'est comme si j'avais traversé un fleuve.

— C'est que si vous aviez comme moi vécu pendant six mois sur l'eau, vous auriez apprécié le vin. Je ne suis pas un ivrogne, certes, mais je tiens tête à quatre bouteilles. Il paraît que ce soir j'en avais bu six, car je me suis enivré. Voilà qui est indigne d'un homme civilisé, qui vient d'être nommé vice-président de la Société de tempérance. Mais je ne suis pas le même homme à Londres qu'à Paris. On a beau dire que le vin qui voyage est meilleur, moi je soutiens qu'il faut boire les vins de France à Paris. En un mot, j'étais ivre. Que vous dirai-je? Je voulais respirer un peu. Je priai cette fille de venir avec moi au bois de Boulogne. Elle sortit pour trouver un carrosse, du moins c'était le prétexte, car je crois qu'elle avait déjà médité l'horrible guet-apens dont j'ai été victime.

— Est-ce que vous parlez sérieusement?

— Ai-je donc l'air d'un fou? Donc je crois qu'elle ne sortit d'abord que pour trouver un complice, ce qui fut bientôt fait, car elle rentra dix minutes après et me fit monter dans un simple fiacre. Elle n'avait pas dû perdre son temps à le trouver. Nous voilà courant au Bois, traînés par deux rosses problématiques. La belle me parlait de la lune et des étoiles, de la pluie et du beau temps, des hommes chevaleresques et des femmes sacrifiées. J'écoutais à peine, je sommeillais à demi, je n'aspirais qu'à revenir pour me coucher. Elle me demanda combien je lui payerais les heures qu'elle m'avait données. « Mais, ma chère, lui dis-je, je vous estime trop pour vous payer. L'amour se paye avec de l'amour. »

M. Auvray, impatienté, se leva et se promena à son tour.

— Nous y voilà, poursuivit M. Williamson. J'oubliais de vous dire que nous étions descendus du fiacre et que nous nous promenions, comme des lunatiques, sous une des sombres allées du Bois, d'autant plus sombres que, si j'ai bonne mémoire, le ciel venait de se couvrir de nuages orageux. Je lui demandai quelle idée lui prenait de s'adonner ainsi aux bucoliques. Elle me répondit qu'elle était romanesque et qu'elle n'aimait rien tant que de sentir pendant l'orage les gouttes de pluie lui mouiller le front. Je suis bon apôtre et je me soumets volontiers aux caprices des femmes, surtout quand cela ne coûte rien. Mais la coquine avait son idée, elle reparla d'argent. J'ai un culte pour les femmes. Je n'ai jamais voulu faire la traite des noires, je n'ai jamais voulu faire la traite des blanches. Je bois, mais je suis délicat. Vous ne le croiriez pas, monsieur, je suis l'homme le plus romanesque des trois royaumes.

— Je vous crois sur parole.

— Et cependant j'aurais mieux fait de lui donner une poignée d'or, car voici ce qui arriva. Quand elle vit que je ne chantais pas sa chanson, elle parla plus haut, et son complice, qui sans doute nous suivait de près, se jeta violemment sur moi en m'accusant d'insulter une femme. Moi! insulter une femme! Vous savez ma profession de foi. Mais c'est ici que la chose devient grave. Je fus renversé sur le sable, je me défendis en vain, l'homme et la femme me secouèrent rudement. Je croyais rêver, les fumées de l'ivresse m'envahissaient encore. Toutefois, j'avais assez de raison pour m'apercevoir que ce n'était pas précisément pour me donner une leçon de politesse qu'on m'avait galamment couché par terre. Ce joli couple me prit mon portefeuille et vous savez, monsieur, ce que contenait mon portefeuille.

— Je vous comprends, dit M. Auvray d'un air sympathique, vous me reprochez de n'avoir pas voulu garder vos huit cent mille francs?

— Je vous reproche, dit M. Williamson en élevant la voix, d'avoir mis au monde un fils...

— Un fils?...

— Un fils qui m'a volé!

— Mon fils vous a volé!...

XLV.

OU MAX AURAIT BESOIN D'UN AVOCAT.

A cet instant, un cri du dehors retentit dans le cabinet; c'était Blanche qui venait de s'évanouir : elle avait écouté à la porte.

M. Auvray reconnut le cri de sa fille, mais il ne courut pas à elle.

— Mon fils vous a volé ! s'écria-t-il une seconde fois en voulant saisir M. Williamson à la gorge.

— Eh bien oui, c'est la vérité. Comment voulez-vous que je vous dise cela? me faut-il prendre des gants? Vous imaginez-vous que mon émotion vienne d'avoir perdu huit cent mille francs ? Grâce à Dieu, je suis au-dessus de ce chiffre. Ce qui m'indigne, c'est de voir un galant homme comme vous le père d'un pareil fils.

— Monsieur, je vous défends...

— Écoutez-moi, monsieur.

L'orfévre anglais prit un grand air de dignité.

— Je vous ai parlé du juge d'instruction. Je vous estime trop pour traîner votre nom devant un tribunal. Vous serez vous-même le tribunal.

Cette fois une lumière terrible traversa l'esprit de M. Auvray. Il doutait encore; mais M. Williamson venait de parler avec un tel accent de conviction, qu'il se sentit pâlir et chanceler.

— Mon fils! dit-il en passant la main sur ses yeux.

Un second cri vint jusqu'à lui.

— Et ma fille ! reprit-il en courant à Blanche.

Il ouvrit la porte d'une main déjà prise par la fièvre. Il trouva la jeune fille étendue sur le tapis du salon, mordant son mouchoir et mourant dans les spasmes.

Il la releva et la porta sur le canapé. La femme de chambre survint alors avec des sels.

— Ma chère Blanche, je t'en supplie dit M. Auvray, reviens à toi, tu vas me désespérer.

— Ce n'est pas vrai, n'est-ce pas mon père ?

— Non, mon enfant, cet homme est fou ; laisse-moi en finir avec lui, va te coucher, j'irai t'embrasser dans un instant.

— Oui, mon père, depuis que vous m'avez parlé ma force est revenue. Soyez sans inquiétude, mais je ne dormirai pas sans vous voir, n'est-ce pas ?

La femme de chambre emmena Blanche. Le père revint vers M. Williamson.

— Monsieur, lui dit-il en rentrant dans le cabinet, vous serez bien désolé tout à l'heure, quand vous reconnaîtrez que vous avez apporté la désolation ici en calomniant mon fils.

— Je vous jure, monsieur, que je suis non moins désolé que vous de ce qui arrive. Après tout, vous n'avez que le contre-coup, moi j'ai subi le premier choc.

— Mais encore une fois, monsieur, qui vous donne le droit d'accuser mon fils ?

— C'est tout simple. Ce jeune homme qui à six heures était là assis à cette table, c'était lui qui deux heures après se jetait sur moi pour me détrousser comme un voleur de grand chemin.

— Et vous avez cru le reconnaître ?

— J'ai des yeux qui ne me trompent jamais.

20

— Mais si je descendais à défendre mon fils, je vous dirais qu'il a dîné avec moi et qu'à neuf heures il était encore ici, s'habillant pour aller à l'Opéra.

— Oui, mais à huit heures il était dans le bois de Boulogne en train de me voler. Ce mot vous offense, mais il n'y en a pas d'autre.

— Prenez garde, monsieur, si vous n'étiez pas un étranger, il y a longtemps que ma patience serait à bout.

— Je suis heureux de voir que vous pratiquez mieux l'hospitalité que votre fils.

— Monsieur, ne raillons pas, de grâce. Puisque vous vous obstinez à voir la main de mon fils dans ce crime, je vais vous mettre face à face avec lui; mais prenez garde si vous vous trompez, car, si je réponds de ma colère, je ne réponds pas de la sienne.

— Je ne crains rien, nous ne sommes plus au bois de Boulogne, ici.

M. Auvray sonna et donna l'ordre d'aller chercher son fils à l'Opéra.

Le domestique savait bien que Max n'était pas à l'Opéra. Il alla droit à la rue du Cirque.

XLVI.

PENDANT QU'ON DANSAIT.

Quand Max était arrivé chez Cléopâtre, on dansait dans un salon, on jouait dans un autre, on fumait dans la serre. Il ne dansa pas, il ne fuma pas.

Il alla droit à Cléopâtre, qui regardait jouer au lansquenet.

— Pourquoi monsieur Rodolphe de Marcillac est-il ici, Cléopâtre?

Ce fut son premier mot.

— Voilà tout ce que tu as à me dire? répondit Cléopâtre. Si monsieur de Marcillac est ici, c'est que cela lui plaît.

— Cela me déplaît.

— Eh bien, va-t'en.

Cléopâtre avait trop d'esprit pour vouloir jamais discuter; elle savait d'ailleurs que Max n'allait pas la prendre au mot.

— C'est de la cruauté; tu nous forceras de nous battre une seconde fois.

— Eh bien, je te réponds que cette fois-là je redeviens sa maîtresse. On ne corrigera jamais les hommes de leur bêtise; ils sont jaloux quand ils ne doivent pas l'être, et ils ne le sont pas quand on les trompe. C'est imprimé.

— Eh bien, oui, je suis bête, mais je t'aime.

— Et c'est pour cela que tu m'aimes? Qu'importe! l'amour, d'où qu'il vienne, est toujours bon à prendre. Mais tu n'as pas l'air d'un amoureux, ce soir?

— J'ai traversé une scène de famille; mais rassure-toi, je payerai tout à l'heure ma dette de jeu. Enguerrand est-il arrivé?

— Je ne l'ai pas vu, mais il viendra.

— Cette fois il ne viendra pas pour toi, mais pour ses deux cent mille francs.

— J'espère que tu ne joueras plus.

— Jamais, dit Max d'un ton solennel.

A ce moment, une dame passait la main. Il prit

les cartes et jeta négligemment un billet de cinq mille francs sur la table.

— Oh! oh! dit un de ses amis. Voilà Max redevenu riche.

— Je ne suis jamais pauvre le lendemain, reprit-il avec quelque fierté. Ne dirait-on pas qu'on ne peut plus perdre deux cent mille francs à Paris?

Il y avait douze cents francs d'enjeu; les cartes furent pour Max. Une belle bataille s'engagea. Un refait lui permit de sauver des hasards près de quarante mille francs, sans pour cela abandonner le champ de bataille.

Les cartes avaient fait trois ou quatre fois le tour de la table; le jeu était plus animé que jamais; Max, qui était en veine, eût peut-être regagné ce qu'il avait perdu la veille, si un des laquais ne l'eût averti qu'un domestique de son père l'attendait sur l'escalier.

Il se leva, et dit pour masquer son inquiétude :
— Banco!

Il reperdit la moitié de son gain.

— Que me veut donc mon père? demanda-t-il au domestique en arrivant sur le palier.

— Je ne sais pas, monsieur, je crois que mademoiselle Blanche est malade, elle s'est trouvée mal tout à l'heure.

Tout autre jour cette nouvelle eût causé beaucoup de peine à Max ; mais tel était l'état de son esprit, qu'il fut presque heureux d'apprendre qu'il n'était question que d'une syncope de sa sœur.

Il arriva en toute hâte et courut vers la chambre de Blanche.

Comme il traversait la salle à manger, M. Auvray reconnut son pas.

Il ouvrit une porte et lui dit d'entrer.

— Qu'y a-t-il donc ? demanda Max, sans voir d'abord M. Williamson.

Le père ne répondit pas, tout préocupé de scruter la physionomie de son fils devant celui qui l'accusait.

En voyant tout à coup M. Williamson dans l'ombre, Max s'arrêta court et sentit ses jambes fléchir. Il se remit presque aussitôt comme s'il eût eu conscience du danger qu'il courait à montrer son émotion. Il eut même l'audace de saluer l'orfévre anglais.

XLVII.

L'INTERROGATOIRE.

— Max, dit le père sévèrement, tu es accusé par M. Williamson de la plus odieuse action qu'un galant homme, — je me trompe, — qu'un coquin puisse commettre ; car j'aimerais mieux un assassinat dans un moment de colère ou de passion, qu'un aussi infâme guet-apens.

— Je ne comprends pas, mon père, dit Max qui avait tout à fait pris le dessus.

— Vous voyez bien, dit M. Auvray en s'adressant à M. Williamson, vous voyez bien que vous vous êtes trompé. C'est au point que je n'ose même pas répéter votre accusation.

— Eh bien, moi, dit l'orfévre anglais, j'oserai tout lui dire, car plus je le regarde, et plus je suis convaincu de ne pas m'être trompé. Encore une fois, j'accuse l'homme que voici de m'avoir volé huit cent mille francs.

— Monsieur, dit Max en jouant une indignation théâtrale, n'était le respect que j'ai pour mon père...

— Oui, vous feriez comme tout à l'heure, vous me renverseriez à vos pieds, mais, cette fois, vous ne me voleriez plus, vous m'avez tout pris.

Max se croisa les bras :

— C'est bien, monsieur, insultez-moi; mais, de grâce, dites-moi le mot de l'énigme.

— Le mot de l'énigme, le voici. Vous étiez là quand j'ai voulu, à six heures, remettre à votre père les huit cent mille francs que je lui destinais pour des bijoux. Sans doute, ces huit cent mille francs vous ont fasciné. Il y a un mystère que je ne m'explique pas. Vous m'avez suivi comme une proie. Cette femme qui, à Londres, s'appelait la Duchesse, qui, à Paris, a été baptisée de je ne sais quel quolibet, — la Dame de Carreau ou la Ruine, je crois, — c'est sans doute vous qui l'avez mise sur mon chemin. Ah! la comédie a été bien jouée; seulement, vous aviez oublié de mettre un masque, et, quoiqu'il fît bien noir, je vous ai reconnu. Voyez-vous, monsieur, Dieu qui seul voit les bonnes actions fait toujours la lumière sur les mauvaises.

Max commençait à perdre pied. Il avait promené hardiment son regard autour de lui, mais peu à peu il baissa la tête.

— En vérité, dit-il, je me demande si je suis à Charenton. Je me rappelle, en effet, que monsieur a voulu payer d'avance les bijoux que nous devons lui faire, mais ce n'est pas une raison pour m'accuser comme la servante de la *Pie voleuse*.

— Max, dit le père, ce n'est pas ainsi qu'on se défend.

Et se tournant vers M. Williamson :

— Laissez-moi, comme vous l'avez dit, faire le juge d'instruction.

— Juge d'instruction! mais j'ai tout dit, murmura Max en toute hâte.

— Écoute, Max, c'est déjà trop d'avoir été soupçonné, il faut que M. Williamson ne sorte d'ici qu'après t'avoir fait des excuses. Dis-moi, comment as-tu passé ton temps, depuis le dîner jusqu'à l'Opéra, car tu es sorti, n'est-ce pas?

— Oui, mon père.

— Où es-tu allé?

— J'ai allumé un cigare, et j'ai rencontré Albert Henryet.

— Où donc?

— Au coin de la rue Royale, il te le dira.

— Mais à quelle heure?

— Je ne sais pas bien. Pour fumer un cigare, on ne regarde pas l'heure qu'il est.

Si M. Auvray avait voulu seulement sauvegarder son fils, il se fût contenté des plus vagues explications; mais ce qu'il voulait, c'est la vérité. Il ne pouvait pas croire que Max fût coupable; mais quand il pensait aux accusations précises de l'orfévre anglais, quand il pensait à toutes les folies de cet enfant prodigue, qu'il appelait un bourreau d'argent, il avait peur.

— Il me semble que tu es sorti en voiture, lui dit-il.

A cette question imprévue, Max répondit mal.

— Je suis monté dans mon phaéton pour aller au Cirque; mais je me suis rappelé qu'on jouait le *Prophète* à l'Opéra, et je suis revenu par le boulevard.

— Comment avez-vous pu fumer avec Albert Henryet, lui à pied et toi en phaéton?

— Je suis parti avant les chevaux.

M. Auvray sonna et demanda si le cocher était encore à l'écurie.

— Peut-être, dit le valet de chambre.

— Faites-le monter, il faut que je lui parle.

Max fit un signe imperceptible au valet de chambre. Le valet de chambre comprit, c'est-à-dire qu'il s'imagina que Max ne voulait pas que son père sût qu'il était allé, le soir, rue du Cirque. Aussi recommanda-t-il au cocher, qui attendait Max pour retourner chez mademoiselle Cléopâtre, de ne pas dire un mot de la fête.

— Où avez-vous conduit ce soir M. Max, demanda M. Auvray quand cet homme parut?

Le cocher regarda Max.

— Parlez, dit le jeune homme avec un calme bien joué.

— J'ai suivi monsieur sur le boulevard.

— Jusqu'à quel endroit?

— Je ne sais pas trop. M. Max allait à pied tout en fumant.

— Ne vous l'avais-je pas dit, mon père? dit Max.

— Et après?

— Après? se hâta de dire Max, nous sommes rentrés.

— Ce n'est pas vous que j'interroge, dit sévèrement M. Auvray à son fils.

— Comme dit M. Max, poursuivit le cocher.

— A quelle heure êtes-vous rentrés?

— M. Max doit le savoir mieux que moi, car je n'ai pas de montre.

— En vérité, mon père, je ne vous comprends plus. Nous sommes restés très-peu de temps dehors.

— Dites-moi, Jean, êtes-vous allés d'abord au Cirque?

Jean, qui pensa à la rue du Cirque et qui savait que M. Auvray ne pardonnait pas à son fils sa passion pour mademoiselle Cléopâtre, crut sauver Max en disant :

— Nous n'y sommes pas allés.

— Mais alors où avez-vous conduit M. Max? dit M. Auvray avec colère.

Le cocher, qui ne savait plus que dire, répondit d'un ton grossier :

— Ma foi, c'est M. Max qui s'est conduit lui-même, car il m'a renvoyé.

— Où était-il quand il vous a renvoyé?

— Devant le café Foy.

M. Auvray et M. Williamson répétèrent en même temps :

— Devant le café Foy!

Ce fut un trait de lumière.

— Je n'ai plus un mot à dire, s'écria l'orfèvre anglais en prenant son chapeau.

M. Auvray congédia le cocher et pria M. Williamson d'attendre un peu. Jusque-là, il n'avait pas été maître de sa pensée. Il avait beau se dire qu'il ne dormait pas, il se croyait le jouet d'un songe. La réalité la plus saisissante n'a pas toujours prise sur nous. Nous sommes comme les enfants qui ne croient voir une chose que quand ils l'ont touchée. Mais à force de se dire : — Cela est impossible! — M. Auvray avait enfin des doutes sérieux sur l'honneur de son fils. Et depuis que le cocher avait parlé, la figure de Max, d'où toute audace avait disparu, confirmait trop les doutes de son père.

— C'est impossible, murmura-t-il, mais cela est.

Et il entrevit avec effroi l'abîme où tout ce qui lui restait de bonheur allait disparaître.

— O mon Dieu! murmura-t-il avec un profond soupir, qu'ai-je donc fait pour être frappé à mort?

Il fit un pas vers M. Williamson.

— Croyez-vous, monsieur, que ma signature vaille huit cent mille francs?

— Oui, monsieur, pourquoi me demandez-vous cela?

— Pourquoi? Puisque vous croyez que mon fils était de moitié dans le guet-apens du bois de Boulogne, puisque mon fils, je ne sais encore pourquoi, se défend si mal, mon devoir est de vous rendre à l'instant même ce qui vous a été pris. Vous m'avez constitué le juge suprême de cette cause étrange, je vous remercie. Quand je serai seul avec mon fils, je le jugerai, et je le jugerai sans appel et sans recours en grâce.

M. Auvray prononça ces mots avec une énergie qui fit tressaillir Max.

Il se mit à table, prit la plume et griffonna ces trois lignes :

« Je payerai demain à M. Williamson la somme
« de huit cent mille francs, que je reconnais avoir
« reçue de lui en dépôt. »

« Paris, le 8 octobre 1863. »

« P. Auvray. »

Après avoir passé cette reconnaissance au feu de la lampe pour la sécher, l'orfévre l'offrit à M. Williamson. Celui-ci la prit, la regarda à peine et la déchira.

— Que faites-vous là? lui demanda M. Auvray surpris.

— Je vous admire, répondit M. Williamson. Quand je suis venu, la première fois, vous trouver, j'ai senti tout de suite que j'entrais dans la maison d'un honnête homme. Tout ici, les meubles et les figures, me parla de cette haute probité qui, en France comme en Angleterre, domine les grandes industries. Tout, hormis pourtant la figure de ce jeune homme, que les plaisirs parisiens ont trop efféminé. Tout en causant avec vous, je pensais que votre fils ne vous continuerait pas.

— Mon père, dit Max en jouant encore l'indignation, vous me soumettez à une rude insulte.

— Monsieur, continua l'Anglais, j'ai fini, je vous abandonne à vos remords, puisque vous n'avez ni larmes ni repentir.

— Ne le condamnez pas encore, dit le père qui voulait que M. Williamson emportât au moins un doute. Il y a là un mystère que je veux approfondir. Nous nous verrons demain, mais, je vous en prie, laissez-moi vous signer une seconde fois une reconnaissance de huit cent mille francs.

— Monsieur, si votre signature vaut huit cent mille francs, votre parole vaut des millions. Sachez-le bien, je ne suis pas venu vous trouver en homme qui crie : *J'ai perdu ma bourse,* pour qu'on la lui rende. J'ai voulu parler au père de famille, j'ai crié vengeance pour une forfaiture.

— Et vous avez bien fait, monsieur. Vous êtes mon hôte à Paris, et vous avez droit à toutes les protections de l'amitié.

M. Williamson salua silencieusement M. Auvray, regarda froidement Max et sortit avec gravité.

— Eh bien! monsieur, dit le père à son fils quand la porte fut refermée, qu'allez-vous me dire pour votre défense?

— Mais, mon père, ce n'est pas moi, dit Max.

XLVIII.

LE PISTOLET.

Mais le père ne doutait plus.

— Où sont les huit cent mille francs? poursuivit-il d'une voix terrible.

— Comment voulez-vous que je le sache?

— Eh bien, je le sais, moi. Ce n'est pas à l'Opéra que vous êtes allé ce soir, c'est chez cette fille qui s'appelle, je crois, la Cléopâtre. On m'a appris qu'elle donnait une fête, il fallait payer les fleurs et les violons; il fallait payer les robes, les diamants, le souper, le jeu... que sais-je? Ne pouvant plus puiser ici à pleines mains, vous avez puisé dans la poche d'un galant homme qui était venu ici me confier qu'il avait de l'argent. Et sans doute, la Cléopâtre était de moitié dans cette odieuse action.

— Cléopâtre! ô mon père, vous ne la connaissez pas!

— Voilà enfin un cri parti du cœur. Ainsi, vous défendez cette fille, mais vous ne vous défendez pas vous-même. Avec quelle créature avez-vous donc détroussé ce pauvre homme?

— Mon père, je vous jure...

Le père se jeta sur son fils et le fit tomber à ses pieds.

— Misérable! s'écria-t-il, dis donc une fois la vérité. Plus de mensonges. Il n'y a que Dieu et ton père qui t'écoutent..

Max garda le silence.

— Enfin, tu avoues donc?

Le jeune homme se leva et reprit quelque assurance.

— Non, mon père, dit-il.

— Mais dis-moi donc où tu étais à huit heures?

— J'étais chez Cléopâtre. C'est parce que je voulais aller chez elle, que j'ai renvoyé le cocher.

— Pourquoi n'as-tu pas dit cela tout à l'heure?

— J'attendais que cet homme fût parti. Je m'étonne que vous, qui êtes si fier, lui permettiez de vous accuser ainsi dans votre fils.

M. Auvray respira et se dit à lui-même :

— S'il n'était pas coupable !

Il regarda son fils avec deux sentiments opposés. Il cherchait un coupable et il cherchait un innocent :

— Je ne sais, mais il me semble que tu n'as ni l'attitude ni l'expression d'un homme que la conscience ne tourmente pas.

— Mon père, je ne suis pour rien dans l'infamie que vous me reprochiez tout à l'heure. Mais je n'en ai pas moins bien des choses à me faire pardonner par vous. Cet invincible amour pour la Cléopâtre, tant d'argent si mal dépensé, mes pertes au jeu, ces mauvaises nuits qui m'ont pris tant de précieux jours. Mais vous savez mieux que moi combien je suis coupable.

— Malheureux enfant! Pourquoi as-tu laissé partir cet homme qui t'accusait face à face, sans le convaincre que ce n'était pas toi?

— Que vouliez-vous que je répondisse à un homme encore à moitié gris qui a peut-être rêvé tout ce qu'il débitait là?

— Mais il paraissait si convaincu quand il disait : « Je l'ai reconnu en tombant. »

— Il y a longtemps que je ne suis allé le soir au bois de Boulogne, mais je crois qu'à cette heure, sous les chênes ou sous les marronniers, il serait impossible de nous distinguer l'un de l'autre, lui qui a les cheveux blonds et moi qui ai la barbe noire.

M. Auvray se frappa le front et fit le tour de la table.

— C'est à en perdre la tête! murmura-t-il entre ses dents.

Max, tout à fait revenu à lui, avait pris sur la table les dessins des bracelets destinés à l'exposition de Londres. M. Auvray le regarda à la dérobée, cherchant ce qu'il y avait de sincère dans ce mouvement. Max, pour tromper tout à fait son père, se mit à discuter la forme et les ornements, indiquant les nielles et les grecques, la disposition des pierres, le mariage des topazes avec les saphirs.

— Ah! si je pouvais l'embrasser encore, se dit M. Auvray, je retrouverais tout mon bonheur, — mon bonheur moins huit cent mille francs, poursuivit-il avec amertume. Il me semble que j'ai accepté cette dette un peu légèrement. D'où vient que j'étais convaincu du crime de Max quand M. Williamson était là? D'où vient que je suis maintenant convaincu...

Le valet de chambre entra.

— Une lettre pour M. Max, dit-il en tendant un plateau par-dessus la table.

M. Auvray saisit la lettre. Max retomba dans toutes ses inquiétudes.

— Pourquoi me prenez-vous cette lettre, mon père?

— C'est la première fois que cela m'arrive, mais il me semble que c'est la vérité qui me l'envoie. Cette lettre va me dire ce que tu me caches, j'en ai le pressentiment.

— Quelque lettre de femme, sans doute, dit négligemment Max.

Il avait reconnu l'écriture de la Dame de Carreau.

— Oui, c'est une écriture de femme, dit le père en passant la lettre devant le globe de la lampe.

— Mon père, de grâce... j'ai honte devant vous des folies que vous pourriez lire...

— Je suis décidé à tout.

Max avait tendu la main pour saisir la lettre. M. Auvray, qui s'était adouci, reprit sa figure grave et triste.

— Monsieur, je suis le maître chez moi. Vous n'aurez cette lettre que quand je l'aurai lue.

M. Auvray brisa le cachet et jeta l'enveloppe.

— Que peut-elle m'écrire? se demanda Max avec anxiété.

La lettre était datée :

« *De l'orgie de Cléopâtre, ce 8 octobre, entre*
« *onze heures et minuit.* »

Voici d'ailleurs toute l'épître :

« *Mon cher complice, le bruit se répand que tu*
« *es allé te coucher. Que le sommeil te soit léger!*
« *Pour moi, je joue toujours et je perds toujours.*
« *La vertu ne sera donc jamais récompensée? Comme*
« *je ne veux pas rester en gage, je me hasarde à en-*
« *voyer chez toi discrètement par l'escalier dérobé,*
« *pour te prier de me donner quelques-uns de ces*
« *petits billets roses que nous avons gagnés ensemble*
« *à cette rude partie de lansquenet où nous avons vu*
« *le spectre du Banquo.*
« *Ton amie à la vie à la mort.* »

— Monsieur, dit M. Auvray d'une voix terrible, j'avais bien raison de dire que c'était la vérité qui m'apportait cette lettre. Souffrirez-vous que je la lise tout haut, pour vous forcer d'avouer enfin cette lâche et infâme action? Voyez, le premier mot seul vous condamne.

M. Auvray montra la lettre à Max et dit tout haut : « Mon cher complice ! »

Un silence terrible suivit ces paroles. Il semblait que la mort passât entre le père et le fils.

— C'est la Cléopâtre qui a écrit cette lettre, n'est-ce pas?

— Non, mon père, condamnez-moi, mais ne l'accusez pas.

— Comment s'appelle donc ce monstre qui vous a prêté sa main, comme eût fait un forçat en rupture de ban? Elle n'a pas osé signer cette lettre qui vous perd et qui la perd elle-même. Voyons, allons vite! Dites-moi tout de suite où sont les huit cent mille francs. Puisque cette fille demande sa part, c'est vous qui les avez. Vous me connaissez, ne me poussez pas plus loin.

— Mon père! mon père! j'avais perdu la tête, je ne savais plus ce que je faisais, j'ai subi l'influence de cette fille, c'est elle qui a dérobé le portefeuille.

— Lâche cœur! dit le père; vous n'avez même pas la dignité de défendre votre complice. Je ne veux plus rien entendre. Donnez-moi ce qui vous reste des huit cent mille francs, car je suppose que l'orgie de cette nuit vous coûte cher.

— Mon père, j'étais depuis quelques jours en proie à la folie, je ne me sentais plus maître de moi, j'avais des hallucinations. Cette fille m'a dit que M. Williamson lui devait cet argent, je n'ai pas compté. Que vous dirai-je? je ne savais pas si c'était une gageure, je ne savais pas si c'était sérieux. Je ne voyais là qu'un emprunt qui me sauvait l'honneur!

— Qui vous sauvait l'honneur?

— Oui, mon père, j'avais perdu l'autre nuit deux cent mille francs sur parole. Vingt-quatre heures allaient sonner sans que j'eusse payé ma dette d'honneur; mon vrai crime, c'est d'avoir joué.

— Comment! monsieur, quand vous me voyez travailler le soir et le matin, quand vous avez une sœur à marier, vous jouez deux cent mille francs sur un seul coup de cartes! Je vous jugeais mal, mais je ne croyais pas à cette dépravation. Et pourquoi ne m'avez-vous pas dit que vous aviez perdu?

— Ce n'est pas d'aujourd'hui que le mal est fait!

Le père ouvrait de grands yeux.

— Parlez, mais parlez donc!

— L'hiver passé, je jouais déjà. Le sort a toujours été contre moi, je ne voulais pas troubler la paix de la maison, je ne vous ai rien dit, j'ai engagé ma signature pour avoir de l'argent, et, quand ma signature n'a plus eu cours...

— Eh bien, monsieur, qu'avez-vous fait?

— J'ai engagé la vôtre, dit Max en baissant la tête.

— Vous avez engagé ma signature? mais je ne vous l'ai pas donnée.

Max se tut.

— Misérable, vous l'avez prise! Avant d'être un voleur, vous étiez un faussaire!

— Je croyais toujours que le jeu...

— Le jeu! interrompit le père, si vous disiez le travail au moins. Mais tout est donc perdu en vous? vous n'êtes plus une âme, vous n'êtes plus un cœur, vous n'êtes plus un homme! Ah! j'ai honte de vous!

M. Auvray ouvrit un des buffets et prit, parmi les belles armes étagées sous les vitrines, un pistolet de combat.

— Ce pistolet m'a servi une fois, dit-il. Un homme, un lâche comme vous, m'avait insulté dans ce que j'avais de plus cher. J'ai tué cet homme, on vous l'a dit, n'est-ce pas?

— Oui mon père, dit Max tremblant.

— Eh bien, cette arme qui a vengé mon honneur, je vous la donne. Vous vous êtes insulté vous-même, c'est à vous de vous faire réparation.

M. Auvray présenta le pistolet à Max.

— Mais, mon père...

— Comment! tu ne comprends pas?... Tu vas rentrer dans ta chambre, tu demanderas pardon à Dieu, et j'oublierai que j'ai eu un fils.

Et comme Max ne prenait pas le pistolet :

— Prends, te dis-je, c'est le seul ami que je puisse te donner à cette heure!

Cette fois, Max n'osa pas refuser de prendre le pistolet; mais ce n'était pas le courage qui lui fit tendre la main, c'était la peur. Il connaissait son père, il craignait que M. Auvray n'armât le pistolet et fît justice. Il s'éloigna à reculons, espérant que son père allait le rappeler.

Quand il fut à la porte, il leva les yeux d'un air suppliant.

Mais, inflexible, M. Auvray lui dit d'une voix brève :

— Adieu, monsieur!

Max sortit lentement, et avant de refermer la porte :

— Adieu, mon père! dit-il d'une voix étouffée par un sanglot.

La porte se referma. Le père fit un pas pour ouvrir et pour pardonner.

— Non, non, dit-il en se jetant à genoux devant la Vierge de Schildonne; j'aurais beau lui pardonner, je n'effacerais pas son crime, il faut qu'il meure!

XLIX.

LE SOMMEIL DE BLANCHE.

Max n'alla pas droit à sa chambre, il pensa à sa sœur, il entra chez elle en cachant son pistolet.

Blanche dormait dans son lit tout blanc. Sa chambre était comme un paradis. Le plafond était un ciel étoilé avec des groupes d'anges qui semblaient la protéger dans son sommeil. Un beau christ d'ivoire, sculpté par ces sublimes inconnus de Pise qui s'inquiétaient bien plus d'être de grands artistes que de laisser un grand nom, était appendu au-dessous d'un miroir de Venise, une merveille de Murano.

M. Auvray, qui avait mis son âme et son art dans l'ameublement de cette chambre, s'était dit qu'en plaçant le Christ au-dessus du miroir il empêcherait sa fille de trop se complaire à sa beauté. La coquetterie n'aurait pas prise sur elle, l'amour du péché n'envahirait pas son cœur.

Max respira en entrant ce doux parfum de jeune fille, je ne sais quelles fraîches senteurs de violettes et de primevères.

Il y avait longtemps qu'il n'était entré chez sa sœur; aussi, tout habitué qu'il était aux parfumeries compliquées du cabinet de toilette de mademoiselle Cléopâtre, il fut ravi de cette atmosphère si chaste et si pure.

Il s'approcha du lit. Après toutes ces émotions de la soirée, la jeune fille dormait de ce beau sommeil des jeunes filles qui se sont endormies en priant Dieu et qui pensent à Dieu en se réveillant.

Max était entré pour parler à sa sœur, pour épancher son cœur dans cette jeune âme; mais en la voyant si loin dans le sommeil, il eut le courage de ne pas l'éveiller.

— Et pourtant, dit-il en la regardant, qui sait si elle n'obtiendrait pas mon pardon?

Il fut sur le point de lui prendre la main :

— Non, dit-il, non, ce serait une lâcheté de plus.

Et comme il lui sembla que ce beau sentiment, le premier qui depuis longtemps eût passé dans son âme, le relevait pour un instant de toutes ses chutes, il se pencha et baisa doucement la chevelure de la jeune fille.

— Adieu, ma sœur, dit-il.

Deux larmes tombèrent de ses yeux. Il s'éloigna en toute hâte.

— Mon père attend, dit-il.

Il entra dans sa chambre.

— Chez ma sœur c'est le paradis, dit-il; ici, c'est l'enfer.

En effet, cette chambre était un enfer par le désordre, par les mauvais livres, par les tableaux licencieux; on y respirait une odeur de cigares, de bouquets fanés, de patchouli. Le vice a son parfum comme la vertu.

Après avoir fermé la porte, Max déposa son pistolet sur sa table de nuit, le regarda longtemps et leva les yeux au ciel..

— C'est horrible, dit-il. Je n'ai pas vingt-quatre ans. Tout ruiné que je suis, je suis riche encore, je suis beau, je suis aimé. O Cléopâtre !

Il prit dans son secrétaire une petite photographie

représentant sa maîtresse. C'était un des meilleurs portraits de Nadar. Elle était en robe du matin, cheveux épars, surprise dans un de ces rares moments où les femmes oublient de poser. Aussi était-elle charmante.

— Cléopâtre, ma chère Cléopâtre, dit Max en baisant le portrait, est-ce qu'il est possible que je meure loin de toi ?

Il écouta comme s'il dût entendre venir son père. Son père ne vint pas.

Il arma le pistolet.

L.

COMMENT MAX AVAIT PAYÉ SA DETTE.

Quand la détonation se fit entendre, M. Auvray qui était resté agenouillé se leva et dit :

— Je vous remercie, mon Dieu, pardonnez lui comme je lui pardonne !

En moins de quelques secondes, M. Auvray avait vu passer devant ses yeux toute la vie de son fils, l'enfant, l'adolescent, le jeune homme. La pensée est si rapide qu'il vit se dérouler tout vivants, sous les couleurs les plus variées, les mille et un tableaux de cette épopée domestique où les enfants jouent le premier rôle.

— Pauvre petit Max ! murmurait M. Auvray. Quand il avait six ans, qu'il jouait au soldat et qu'il sautait sur mes genoux si allègre et si vif ; quand, plus tard, il était si heureux de me rapporter ses couronnes du collége ; quand, plus tard encore, il dessinait à mon insu, et me surprenait par un portrait de sa mère...

M. Auvray soupira.

— Un portrait que j'ai toujours là, dit-il en ouvrant le tiroir de sa table. Quand, plus tard encore, poursuivit-il, il m'apprenait l'histoire que je ne savais plus ; quand il se mettait là, à ma table, saisissant mon burin et continuant d'une main sûre l'œuvre commencée par moi, qui m'eût dit, hélas ! qu'il finirait ainsi ?

Et la nature prenant enfin le dessus dans cette âme stoïque, M. Auvray éclata en sanglots.

— Il faut que j'aille l'embrasser, dit-il ; maintenant que justice est faite, il n'y a plus de coupable.

Il alla droit à la chambre de Max. En traversant la salle à manger, il croyait voir déjà son fils baigné dans son sang.

Il entra, n'osant regarder. Mais tout à coup il vit Max debout, le pistolet à la main. Toute sa tendresse paternelle se changea en indignation. La fureur lui monta au cœur.

— Je n'en crois pas mes yeux, dit-il avec mépris; vous m'avez trompé une fois de plus. Sur qui donc avez-vous tiré ?

Max se traîna aux pieds de son père, et lui demanda grâce.

— Mon père, mon père, je n'ai pas le courage de mourir !

— Et vous auriez la lâcheté de vivre ? Et j'étais assez simple pour m'attendrir jusqu'aux larmes quand j'ai entendu la détonation. Parlez-donc ! sur qui avez-vous tiré ?

Max montra les débris d'une glace qui jonchaient le parquet :

— Mon père, quand j'ai eu armé le pistolet, comme je me trouvais vis-à-vis cette glace, je me suis vu, j'ai eu horreur de moi et le coup est parti. Il y a plus d'un homme dans un homme. Il y a le bien, il y a le mal. En frappant l'image de celui qui représentait le mal, n'ai-je pas tué en moi tout ce qui a fait ma honte et votre désespoir?

— En vérité, monsieur, je vous admire. Il n'en coûterait pas cher pour laver ses fautes. A vous en croire, vous êtes maintenant un saint.

— Croyez-moi, mon père, je me retrouve comme j'étais autrefois. Cet odieux Max que vous avez condamné s'est fait justice. Celui-là ne renaîtra plus. Je jure devant vous, mon père, et devant Dieu...

— Un blasphème de plus! j'ai honte de vous écouter plus longtemps. Suivez-moi, monsieur.

Max, même en ses jours d'égarement, avait toujours subi avec une terreur religieuse la domination de son père. Il le suivit sans deviner où M. Auvray voulait le conduire. Il espérait d'ailleurs que l'heure de la mort était passée pour lui. Mais à peine fut-il rentré dans le cabinet de M. Auvray, la peur le ressaisit.

Ses pressentiments ne le trompaient pas. Son père alla détacher le second pistolet.

— Celui-là aussi est chargé, dit M. Auvray. C'était ma sauvegarde contre les voleurs.

Et avec une raillerie vengeresse :

— N'y a-t-il pas un voleur ici?

Max devint pâle comme la mort. Il commençait à n'avoir plus la force de la raison. Comme le noyé qui sent l'eau tourbillonner au-dessus de sa tête, il se débattait pour s'enfoncer plus avant.

— Mon père, s'écriait-il, mon père, vous ne serez pas le bourreau de votre fils.

— Monsieur, savez-vous encore votre histoire? Brutus avait deux fils. Ils avaient conspiré contre la

République. Il ordonna leur mort et assista à leur supplice. Vous croyez-vous moins coupable qu'eux, vous qui avez volé?

— Mon père, nous ne sommes pas des Romains.

— Pierre le Grand avait un fils qui menaçait de détruire son œuvre. Il le fit condamner à mort, et fut inflexible devant les exécuteurs. Voulez-vous d'autres exemples? Le doge Foscari...

— Un Romain, un empereur, un doge! vous êtes un père, vous, interrompit Max en se jetant encore à genoux.

— Aussi n'est-ce pas pour avoir une page dans l'histoire que je vous condamne dans ma justice de père, sans m'inquiéter de savoir comment les autres ont jugé leurs fils.

— Mais vous, mon père, vous n'êtes pas un ambitieux, vous ne voulez pas vous enorgueillir, devant la postérité, de ces vertus farouches qui ne sont plus dans nos mœurs, vous êtes surtout un homme de cœur, vous avez des entrailles, vous avez des larmes.

— Oui, monsieur, je suis un homme de cœur, j'ai des entrailles, j'ai des larmes. Tout à l'heure, j'ai pleuré parce que je vous croyais mort. Les larmes n'aveuglent pas la justice. Quand Sampiétro visita dans sa prison cette femme qui l'avait trahi et qui était sa femme, il pleura longtemps avec elle; mais en sortant, comme cette femme ne pouvait cacher son crime que dans la mort, il donna l'ordre au bourreau de l'exécuter.

— Croyez-vous donc qu'il n'eût pas été bien plus grand par le pardon ?

— Dieu seul a le droit de pardonner.

— Dieu seul a le droit de vie et de mort.

Max avait dit ces mots en relevant la tête comme s'il eût été décidé à ne plus subir la volonté de son père.

— Monsieur, je suis responsable de mon fils devant Dieu et devant les hommes. Faut-il que j'arme ce pistolet ?

— Je ne veux pas mourir ! s'écria Max en reculant d'un pas.

M. Auvray s'avança vers lui, le pistolet à la main.

Max recula encore.

— Tuez-moi, si vous voulez.

— J'irai jusque-là, plutôt que de vous voir survivre à votre infamie.

Max avait reculé jusqu'à la porte.

— Recommande ton âme à Dieu, lui dit le père en armant le pistolet.

— Je veux vous épargner un crime, dit Max.

Et il s'enfuit lâchement dans l'ombre.

LI.

L'ORGIE ROMAINE.

On sait que Rodolphe était à la fête de Cléopâtre.

— Tu vas toujours chez elle, lui avait dit Guy de Chavailles.

— Comme tout le monde.

— Et tu me feras croire que tu soupires toujours après ce royaume perdu?

— Je ne te ferai rien croire; ne parlons jamais de Cléopâtre. Je n'ai rien à faire : j'aime à l'aimer, voilà tout.

— Et elle, elle aime à jouer avec ton cœur.

— Je suis bête comme un amoureux; mais toi, depuis que ta marquise Cavoni t'a fermé sa porte, comment es-tu bête?

— A peu près comme toi. Heureusement qu'il y a des femmes qui consolent, s'il y a des femmes qui désespèrent.

— Oui. Par malheur, l'amour qu'on a pour une femme ne fait pas le bonheur avec une autre.

Au souper Rodolphe avait pris place entre la Taciturne et une actrice des Variétés.

La Taciturne ne l'empêchait pas beaucoup de causer avec la comédienne, qui lui parlait de ses rôles et de ses dettes.

Cependant Cléopâtre, inquiète de ne pas voir revenir Max, ordonna de servir le souper pour se délivrer au plus vite de ses convives.

— Déjà! se récria la Dame de Carreau. Songe donc que j'ai tout perdu.

— Et moi! dit Chantilly. Aussi, nous jouerons après souper, quoique je n'aie pas de cœur au jeu.

— Cependant, vous ne perdez pas, vous avez une montagne californienne devant vous.

— Je n'ai pas compté : je ne compte pas avec mes amis.

— Eh bien, moi, dit la Dame de Carreau, je

n'ai plus le sou : j'ai envoyé tout à l'heure chez mon banquier, mais il ne fait pas honneur à ma signature. Rassurez-vous, mesdames et messieurs, je dois de l'argent à tout le monde, mais, dans les vingt-quatre heures, j'aurai payé mes dettes ou je me serai jetée à la Seine.

— Tu préfères la mort au déshonneur, dit Chantilly.

— Il m'est arrivé de préférer le déshonneur à la mort, n'est-ce pas, prince?

— Ah! ce soir-là, c'était après souper.

— Et pourtant, reprit la Dame de Carreau, ce n'était pas l'occasion de perdre, car on m'a saisie aujourd'hui. Mais ce qui va bien vous surprendre, messieurs, ce qui vous sera fort agréable, mesdames, c'est qu'on m'enlève demain.

— On vous enlève! Pourquoi faire?

— Il y a plusieurs raisons. On m'enlève, d'abord, parce qu'on m'aime, et je me laisse enlever pour ne pas être gardienne des scellés.

— Mais on n'a pas tout saisi chez vous, la loi respecte les instruments de travail.

— Je pars pour l'Italie avec un comte vénitien qui me donne un palais de marbre. Ingrate patrie, tu n'auras pas mes os!

— C'est bien dommage, dit le prince Élim regardant les belles épaules de la Dame de Carreau.

— Mais, ma chère, dit le voisin de la courtisane, vous me donnez le désir de m'expatrier aussi. Qu'allons-nous devenir sans vous? Quand vous ne serez plus là, on ne saura plus où placer ses passions et son argent.

— Vous! des passions! Vous avez peut-être de l'argent, quand je perds au jeu.

— Et que ferez-vous dans votre palais de marbre?

— Je recevrai des duchesses, j'émietterai du pain aux pigeons de Saint-Marc et j'entretiendrai un gondolier.

— Ce n'est pas si bête.

— J'oubliais, reprit la Dame de Carreau, je ferai mon salut.

— Est-ce que le comte vénitien a beaucoup d'argent?

— Oui, il a une galerie de tableaux qui lui vient de ses ancêtres, des chefs-d'œuvre d'art, qu'on vend de père en fils depuis un siècle.

— Comment peut-on toujours les vendre? demanda un nouvel initié à la vie parisienne.

— O doux Éliacin, dit la Dame de Carreau, vous ne savez donc pas que quand on a un Titien à Venise on a une fortune, parce qu'on le multiplie comme les pains de l'Écriture.

— Ceci me rappelle, dit le prince, qu'un jour je ne surpris pas beaucoup un brave Vénitien en lui disant : « Monsieur, l'*Ève* du Tintoret, que vous m'avez vendue l'an passé, pourriez-vous me la vendre encore? — Si, signor, dit-il avec empressement. Et il me conduisit dans sa galerie. A la place même où il avait décroché l'*Ève* que j'avais emportée chez moi, je retrouvai une *Ève* toute pareille, dans le même cadre et avec les mêmes toiles d'araignée. »

— Allons, dit la Dame de Carreau en jetant les cartes, je ne puis pas trouver une bonne main ce soir.

— Madame, je vais vous offrir la mienne, dit le prince, car on a servi le souper.

— Votre main, il n'y a rien dedans, dit la Dame de Carreau. Quand je vous disais que je ne trouverais pas une bonne main ce soir!

On passa, non sans quelque désordre, dans la salle à manger.

— Un buisson d'écrevisses! dit Chantilly; j'aime mieux cela qu'un buisson de roses.

Cléopâtre, avec son grand air, indiqua à tout le monde sa place.

— Chantilly, mettez-vous là-bas, en face de moi! M. Rodolphe se mettra à votre droite.

— Et à ma gauche? demanda Chantilly.

— A votre gauche, on laissera une place pour les absents.

— C'est vrai, Max n'est pas revenu.

— Oh mon Dieu! s'écria un journaliste esprit fort, si Max vient nous serons treize.

— Vous comptez sans la ceinture de ces dames, dit un sculpteur de bacchantes.

— Et moi, demanda la Dame de Carreau, est-ce qu'on va me laisser dans l'antichambre?

— Je vous avais dit de vous placer à côté du jeune Éliacin.

— O mon Dieu, dit le prince, cette merveilleuse pyramide de fruits m'empêche de voir toutes les beautés.

— Sont-elles heureuses d'être habillées tout en argent, ces bouteilles de vin de Champagne! dit la Dame de Carreau en tendant sa coupe.

— Si je ne buvais pas, se dit-elle à elle-même, je finirais par avoir peur. J'ai beau me monter la tête, il y a des moments où je tremble malgré moi.

Au Château des Fleurs et chez Cléopâtre, la Dame de Carreau avait toujours craint de voir arriver

M. Williamson. Elle n'était pas sans quelque inquiétude sur l'absence inexplicable de Max. Elle ne comprenait pas surtout qu'il ne lui eût pas répondu, d'autant plus que le domestique de Cléopâtre lui avait dit, en rentrant, qu'elle allait recevoir une réponse.

La table était servie avec beaucoup de luxe, mais avec beaucoup de style. Cléopâtre était née duchesse.

Les hommes les plus fous et les femmes les plus légères gardaient toujours chez elle une certaine dignité. On parlait des fêtes qu'elle donnait, mais le mot orgie n'avait jamais été prononcé. Elle aimait la gaieté, mais elle aimait surtout l'esprit.

Ce soir-là, pourtant, on eut beau remplir les verres et parler haut, les éclats de rire, ces fusées de la gaieté, ne traversaient pas la table. On essayait un mot, on commençait une histoire, on débitait un quolibet, mais la mélancolie mal dissimulée de Cléopâtre et l'absence de Max jetaient un froid sur les convives, comme au théâtre, quand les acteurs pressentent que la pièce sera sifflée.

— Voyons, ma chère amie, dit Cléopâtre à la Dame de Carreau, je ne vous ai jamais vue si méditative ; vous qui êtes l'âme et la fourchette d'un souper, vous ne parlez pas et ne mangez pas. Qu'on passe un homard à madame, pour qu'elle voie la vie

en rose. Qu'on l'abreuve de vins du Rhin et de vin de
Champagne; qu'on lui mette dans les cheveux ces
raisins et ces pampres. Qu'elle devienne une bacchante, puisqu'elle oublie d'être une femme.

— Cléopâtre a raison! s'écria la Dame de Carreau.
J'allais devenir sérieuse, comme si j'étais à une messe
de mariage. J'oubliais que je suis dans la compagnie
la plus illustre et la plus joyeuse de Paris. Le prince
n'a-t-il pas sur son blason une chimère qui rit toujours? M. Marius, qui sculpte sans cesse des Vénus et
des Dianes, ne sculptera jamais des tombeaux. Il a
donné la vie et la volupté au marbre. Mademoiselle
Chantilly, — saluez, messieurs! — a de l'esprit jusque
dans ses bêtises. M***, qui désire garder l'anonyme,
qui, dans ses heures perdues, écrit au *Figaro* ou
au *Nain jaune*, — saluez, mesdames! — a un brio à
tout casser — à cinq sous la ligne et cent sous le mot!

— On ne le paye jamais qu'à la ligne! s'écria la
Comète, une Bérénice échevelée.

— On n'est jamais payé, dit mademoiselle Jacintha.

— Tu as raison, reprit la Dame de Carreau, car
toi, qui as de la beauté à revendre, on ne paye que
demi-place dans ton panier à salade.

La Taciturne, toujours spirituelle comme une
pintade, ne comprit qu'une demi-heure après.

— A propos, dit Jacinta, la Rosière donne une fête pour l'anniversaire de la naissance de sa fille. Elle a convoqué toutes les dames — légères — de sa connaissance.

— Elle a jugé que, pour la fête de sa fille, elle devait faire danser toutes celles de Paris.

C'était une quasi prude qui disait cela.

Mademoiselle Cléopâtre lui demanda, avec un grand air de naïveté :

— Est-ce que vous irez ?

La Dame de Carreau continua à ébaucher en deux traits toutes les figures du souper. Je redirais ma tous ses lazzi. Elle passait gaiement de l'insolence à la caresse. Elle avait l'art de blesser et de panser les plaies qu'elle avait faites. On la craignait, mais on aimait son babil. Incapable d'écrire une lettre, elle arrivait en parlant à des bonnes fortunes d'expression inimaginables. Elle se lançait à bride abattue dans l'inconnu, rapportant, de ces courses à fond de train, les joyeusetés les plus inattendues et les plus abracadabrantes. Elle avait lu un peu de tout, tantôt chez un amant journaliste, tantôt chez un amant comédien, car elle avait cultivé les jeunes premiers. Le théâtre, où elle allait souvent, lui avait créé un répertoire, mais elle devait surtout le nombre et la variété de ses connaissances au nombre et à la variété de ses adorateurs.

Cléopâtre disait çà et là un mot spirituel d'un air distrait. Elle n'était pas au milieu de ses convives. Elle ne savait pourquoi, elle ne prenait plus aucun plaisir à ces folies. Elle regrettait d'avoir donné cette fête; elle aurait voulu s'envoler rue Saint-Dominique, se réfugier en elle-même et apaiser son cœur dans une larme de pénitence.

Son regard rencontra le regard de Rodolphe. Elle tressaillit et pensa que peut-être, si elle voulait s'humilier et jeter son orgueil aux pieds de celui qu'elle avait aimé, — qu'elle aimait peut-être encore, — elle trouverait la rédemption de l'amour.

LII.

LES LACHETÉS DU CRIME.

Un domestique vint se pencher à l'oreille de Cléopâtre et lui dit que M. Max l'attendait dans le boudoir.

Tout autre jour, Cléopâtre fût restée à table, mais ce jour-là elle se leva sans réflexion :

— Prince, je vous transmets la présidence. Si je ne reviens pas, je vous recommande les libations funéraires.

— Elle s'en va, dit Chantilly, d'un air malicieux. Est-ce qu'il y a péril en la demeure?

Chantilly ne savait pas si bien dire : il y avait péril en la demeure.

Quand Cléopâtre déjà inquiète entra dans le boudoir, Max se jeta dans ses bras en pleurant.

— Max, qu'y a-t-il donc? lui demanda-t-elle.

— Il y a que je vais mourir et que je viens te dire adieu.

— Mourir? adieu?

Mademoiselle Cléopâtre, qui s'était détachée des bras de Max, le regarda avec des yeux égarés. Toute une révolution se fit en elle.

— Est-ce bien toi? Max, que me dis-tu là?

— Je te dis que je vais mourir.

— Tu t'es donc battu? tu vas donc te battre? parle, mais parle donc!

Max ne parlait pas. Elle lui saisit la main, elle entr'ouvrit son habit comme si elle allait voir du sang.

— Mais tu es pâle comme la mort. N'est-ce pas que tu es blessé?

— Oui, dit Max, je suis blessé mortellement.

— Ah! tu me fais mourir moi-même, explique-toi, de grâce!

— Cléopâtre, m'aimes-tu?

— Pourquoi?

— Quand je serai mort, tu penseras quelquefois à moi, n'est-ce pas? Car, si tu savais mes adorations! Ah! je suis bien heureux de te voir encore une fois.

Et Max prit dans ses mains la tête de Cléopâtre et l'embrassa avec frénésie, sur les yeux, sur les joues, sur les cheveux. Il faillit l'étouffer sous ses baisers.

— Je veux toute la vérité, dit Cléopâtre en relevant ses cheveux presque dénoués ; je vois bien que tu vas te battre, mais on n'est pas toujours tué dans un duel. Et puis, pourquoi ce duel ?

Max s'était dit, en accourant chez Cléopâtre sans bien savoir ce qu'il allait faire, qu'il confierait tout à sa maîtresse. Mais il avait horreur de lui-même et il craignait tant le mépris de Cléopâtre, qu'il se décida à un mensonge de plus.

— Ce duel, dit-il, c'est un duel à mort, et je suis sûr de rester sur le terrain.

— Tu te bats pour moi, peut-être?

— Je ne te dirai rien, mais n'est-ce pas mon devoir de me battre pour toi?

— Je ne savais pas qu'on m'eût insultée, dit Cléopâtre en cherchant dans ses souvenirs.

— Écoute, reprit Max, j'ai une question à te faire. Je puis vivre, mais il me serait impossible de vivre sans toi. Réponds-moi, la main sur le cœur.

Si on te disait que j'ai commis un crime ou une lâcheté, m'aimerais-tu encore?

— Après un crime, peut-être; après une lâcheté, non!

Un frisson glacial saisit Max.

— Il faut donc que je meure?

— Mais non, je ne veux pas que tu meures! Je suis allée trop loin pour rebrousser chemin, mais je ne me suis pas encore assez enfoncée dans les ténèbres pour ne pas voir la lumière. O Max! la mort de l'honneur est la seule mort qui tue.

Mademoiselle Jacinta avait commencé une chanson, mais sa voix était couverte par de bruyants éclats de rire.

— On voit bien que je ne suis plus là, dit Cléopâtre qui avait entr'ouvert la porte du boudoir. Je les comprimais par ma tristesse.

Et revenant à Max :

— Dis-moi que tout ceci est une folie à laquelle il ne faut pas croire. Tu as voulu voir si je t'aimais bien, n'est-ce pas?

— Non, ma chère Cléopâtre, si j'ai eu une heure de folie, je suis maintenant dans toute ma raison. Je te le répète, je viens te dire : *adieu!*

Il semblait que la vie abandonnât Max, tant il

était vacillant et défait. Sans le vouloir, il tomba assis sur un tête-à-tête — confident et complice de ces heures adorables où l'on parle pour ne rien dire, et où l'on dit tant de choses quand on ne parle pas.

— Je crois que je t'ai compris, lui dit-elle. Tu as un duel, tu as peur d'être tué et tu viens me proposer de fuir avec toi ?

Max regarda sa maîtresse pour l'interroger :

— Eh bien, mon ami, voici ma réponse. Je veux bien fuir avec toi, mais quand tu te seras battu.

Max se releva.

— Oh ! ne crois pas que j'aie peur de me battre, mais j'ai peur de ne plus te revoir.

— Il n'y a pas de duel où la mort soit inévitable. On m'a dit que tu te battais très-bien. Je sais qu'au pistolet tu es de première force.

— Au pistolet, murmura Max amèrement.

— Aussitôt après le duel, je jure de te suivre partout, même si ce n'est pas pour moi que tu te bats. Mais, vois-tu, mon cher, si je t'aime, c'est parce que tu es spirituel, parce que tu es étrange, parce que tu es brave. Quand on n'admire pas l'homme qu'on aime, on n'aime plus.

Max baisa la main de Cléopâtre, comme le chien lèche la main qui le frappe.

— Hélas! murmura-t-il en se parlant à lui-même, si elle savait qui je suis maintenant!

Il se cacha la tête sur le sein de sa maîtresse et réfléchit en silence.

Qu'allait-il faire? Mourir! Emporté dans la tombe à vingt-quatre ans! L'idée qu'on ne sera pas pleuré même par celle qui vous adorait la veille! Mourir dans la malédiction de son père! Mourir sans une épitaphe qui dise votre nom! En un mot mourir deux fois! On allait enterrer son souvenir avec son corps. — Vivre! mais comment? Vivre dans la honte d'une action infâme! Vivre caché, sans qu'une âme sympathique pleure à vos souffrances! Vivre sans espoir de pardon, et sans que le repentir puisse jamais effacer le crime, du moins aux yeux des hommes!

Et pourtant, Max ne voulait pas mourir. Sur le sein même de Cléopâtre, il lui vint l'idée, puisque sa maîtresse ne voulait pas fuir avec lui, de partir avec la Dame de Carreau. C'était quelque chose de sa vie dans le beau temps. Elle lui parlerait de Cléopâtre. Elle serait pour lui Paris à l'étranger. Telle était sa perversité qu'il se consolait presque en songeant qu'il vivrait avec cette fille qui avait été son complice.

— Je voudrais parler à la Dame de Carreau, dit-il à Cléopâtre.

— Elle en sait donc plus que moi? demanda la courtisane.

— Non, non, elle ne sait rien. Si je pouvais parler, je te dirais tout à toi seule.

— Mais que peux-tu donc lui dire à cette fille?

— C'est... c'est tout simple, dit Max cherchant par un sourire contraint à dissimuler son émotion, je lui dois quelque argent du jeu. Elle m'a écrit et je ne lui ai pas répondu.

— Ah! oui, je me souviens, dit Cléopâtre. Eh bien! je rentre par là et je vais lui dire que tu l'attends ici.

LIII.

LES DEUX CONVIVES.

La Dame de Carreau vint dans le boudoir en chantant le refrain de la chanson de Jacinta.

Max ferma la porte sur elle.

— Tu chantes, toi! lui dit-il.

— T'imagines-tu donc que je vais pleurer? Viens un peu par là, tu verras comme on rit. Cette Jacinta est d'un bête à faire frémir. Il faut te mettre au diapason. Bois-moi une bouteille de vin du Rhin et une bouteille de vin de Champagne, comme j'ai fait.

— Tu en as bien répandu la moitié ?

— C'est égal, tu verras comme tu seras heureux d'être au monde.

— Je n'ai pas ta philosophie, dit Max.

— En effet, tu as l'air d'un croque-mort. En vérité, comment serais-tu donc si, au lieu de jeter M. Williamson sur un doux lit d'herbes et de fleurs, tu l'avais couché au fond du lac ?

— Chut ! Ne parle pas ainsi !

— Ne m'as-tu pas dit que c'était une manière plus ou moins française de faire un emprunt ? Nous lui rendrons son argent. A propos, tu sais que j'ai perdu tout ce que tu m'avais donné ? J'ai joué ma parole, j'ai joué mon honneur, j'ai joué ma vertu, j'ai joué ma dernière chemise. Me vois-tu demain courant la ville sans ma feuille de vigne !

— L'horrible femme ! pensa Max. Quand je songe que je vais lui demander la grâce de partir avec elle !

— Combien vas-tu me donner ?

— Tout ce que tu voudras. Mais j'ai laissé le trésor chez moi, ne croyant pas te retrouver ce soir. Demain matin, à la première heure, je serai chez toi. Sais-tu ce que j'ai résolu ?

— Nous allons faire sauter la banque de Monaco ?

— Tu as deviné, je veux partir avec toi.

— Voilà une idée. Et Cléopâtre ?

— Nous reviendrons bientôt, quand j'aurai remboursé M. Williamson, pour qu'il ne garde pas un mauvais souvenir de toi.

— Mais qui te donnera de l'argent ?

— La reine d'Angleterre. J'ai fait des merveilles pour l'Exposition de Londres. C'est décidé, n'est-ce pas ? Je serai demain chez toi et nous partirons pour Genève par l'express.

— C'est dit. Voilà ma signature.

Et elle embrassa Max à tour de bras.

— Nous allons recommencer le lansquenet ; je m'en irai à cinq heures, je mettrai dans mon sac de nuit mes dentelles et mes bijoux, tu apporteras beaucoup d'argent et nous partirons pour conquérir le monde. Ah ! comme je suis heureuse que tu viennes avec moi ! car tu es un gentil compagnon de voyage. Et puis nous sommes mariés ensemble.

— Mariés ! dit Max avec un reste de dignité.

— Va, c'est un mariage indissoluble qu'un secret qui unit un homme à une femme, et tu as eu raison de me dire là-bas : A la vie ! à la mort !

La Dame de Carreau embrassa encore une fois Max et disparut en tourbillonnant.

— Partirai-je ? se demande-t-il en laissant tomber sa tête dans ses mains.

L'insouciance de cette fille, sa gaieté feinte ou vraie, sa chanson sur les lèvres, son ivresse dans les yeux, ses joues enluminées, sa gorge orgueilleuse et provocante, sa chevelure qui s'échappait du peigne en ondes rebelles, tout cela avait surexcité l'esprit de Max.

Il était revenu à lui. Puisque cette fille ne se croyait pas du tout coupable, il l'était donc bien peu, lui ? puisqu'elle n'avait pas regret d'être allée au bois de Boulogne, pourquoi se laisserait-il dominer par les remords ? N'était-elle pas pour moitié dans le guet-apens ?

— Eh bien oui, dit Max d'un ton décidé, je partirai avec elle.

LIV.

UN ÉCHO DE LA TERRE PROMISE.

Comme Cléopâtre rentrait dans la salle à manger, le valet de chambre, qui voyait son inquiétude, lui dit :

— J'ai oublié de donner à madame une lettre qui est sans doute attendue.

— Donnez-moi cette lettre, dit Cléopâtre avec curiosité.

Dans les moments critiques de la vie, on s'imagine toujours qu'une lettre qui arrive est un message de la destinée. C'était un billet de la duchesse.

« *Chère belle,*

« *Que devenez-vous? Comme je m'ennuie, quand*
« *vous ne rayonnez plus dans nos parages!-Qui donc*
« *a comparé la beauté au soleil? Je suis devenue*
« *toute nocturne; accourez vite, ou je perds la lu-*
« *mière. La maréchale elle-même n'a plus d'esprit,*
« *et le curé de Sainte-Clotilde n'a plus de foi.* »

« La duchesse d'A***. »

— J'irai, dit Cléopâtre en lisant ce billet.

Et après avoir tristement regardé Rodolphe :

— J'irai, reprit-elle, et je ne reviendrai plus ici. C'est assez comme cela.

Et Cléopâtre, oubliant l'heure, passa dans sa chambre et répondit à la duchesse par ces quelques mots écrits au crayon rouge :

« *Chère duchesse,*

« *Votre lettre m'arrive comme un écho de la terre*
« *promise.*

« *Comme c'est bon, l'amitié, de près ou de loin!*
« *On a dit que c'était le clair de lune de l'amour. Je*
« *ne crois plus au soleil. Je ne crois plus qu'en vous.*

« *Comme je serai heureuse demain de vous donner
« mon cœur, de vous donner mon temps! Ils sont
« là tous et toutes qui rient sans savoir pourquoi et
« qui me donnent envie de pleurer. Je viens tou-
« jours rue du Cirque, dans mes jours de curio-
« sité et de folie; mais la folie me donne l'amour
« de la sagesse, et la curiosité me donne l'amour de
« la solitude. Donc attendez-moi demain, je veux
« faire là-bas une bonne neuvaine.*

« *Je vous embrasse de tout mon cœur. Votre lettre
« est venue à point, elle va me donner le courage
« pour traverser une mauvaise nuit. Adieu, adieu,
« je vous conterai cela demain.* »

« Cléopatre. »

LV.

LE JEU DES ROSES.

Aussitôt que Max fut seul dans le boudoir de Cléopâtre, une idée machiavélique passa sur son front.

— Au lieu de mourir dans l'ignominie de ma faute, se dit-il, pourquoi ne pas mourir, le front haut, dans le combat de la vie? Un duel, voilà ma porte de salut! voilà qui sauvera mon nom, le nom de mon père, le nom de ma sœur. Mais avec qui pourrais-je bien me battre?

Une seule figure se dressa devant Max : celle de Rodolphe.

— Oui, M. de Marcillac, dit-il. D'ailleurs, c'est lui qui me porte malheur. Hier il était en face de moi quand j'ai perdu ces deux cent mille francs; et si je n'avais pas perdu hier, je ne serais pas déshonoré aujourd'hui.

Il ne fut pas longtemps à peser ce beau dessein dans les balances fausses de sa destinée. Il sortit du boudoir et entra dans la salle à manger.

Le hasard des choses fut pour lui. Rodolphe, qui s'ennuyait au souper, avait, par désœuvrement, attiré à lui la corbeille de fleurs, et il s'amusait à jeter les dernières roses à ces demoiselles. Quand Max le regarda, il venait d'encenser Cléopâtre en pleine figure.

Max alla droit à Rodolphe.

— Monsieur, ces jeux-là ne sont pas de mon goût; j'ai le respect des femmes, même quand je suis gris.

— Monsieur, dit Rodolphe en levant la tête, avec son air de grand seigneur, si vous avez le respect des femmes, ce dont je doute, vous n'avez pas le respect de vous-même.

— Monsieur, c'est trop!

— Monsieur, j'ai ici deux amis : vous n'en pourriez pas dire autant.

— Monsieur, je ne me coucherai pas avant d'avoir fait justice de vos fanfaronnades.

— J'aime à croire, monsieur, que vous ne troublerez pas la fête des pasteurs et que vous me laisserez souper en paix; après quoi, nous irons voir lever l'aurore.

— C'est dit !

— Non, ce n'est pas dit, s'écria Cléopâtre ; si c'est moi qui ai été blessée, — le pli d'une rose, ajouta-t-elle en souriant, — c'est à moi de demander une réparation. Je condamne M. Max Auvray et M. Rodolphe de Marcillac à boire chacun une bouteille de vin de Tokaï, dans l'espoir qu'ils auront le vin plus gai.

Et le souper continua, sans que cet incident marquât trop dans l'esprit de ce monde où tout est comédie, même le drame.

LVI.

RODOLPHE.

Rodolphe se jurait tous les jours qu'il ne reverrait plus Cléopâtre, mais les amoureux passent leur vie à violer leurs serments. Cléopâtre était sa vie. La passion avait métamorphosé ce railleur qui ne croyait à rien. On disait autour de lui, on disait autour de Cléopâtre, que s'il la revoyait, c'était parce qu'il était redevenu son amant; on se trompait : Cléopâtre résistait toujours à elle-même.

Rodolphe, que son frère avait recommandé au maréchal Pélissier, était devenu presque riche en

Algérie; le duc de Malakoff lui avait donné une concession de chênes-liéges, bientôt mise en coupe réglée, qui lui assurait un revenu d'à peu près vingt-cinq mille francs; il avait donc rapporté d'Algérie la même fortune que Cléopâtre avait rapportée d'Italie. Cette fortune pouvait s'augmenter encore; mais il était revenu en France, malheureux de ne plus voir Cléopâtre. Ne l'ayant pas retrouvée, il était parti pour Jérusalem, plus malheureux encore, avec son ami Guy de Chavailles.

Son frère lui écrivait sans cesse de retourner en Algérie, mais il était si tourmenté par son amour, qu'il n'avait plus de cœur à rien, quoiqu'il y eût en lui une âme vaillante et une intelligence énergique. C'est à peine s'il répondait trois ou quatre lignes aux lettres les plus cordiales. On lui eût indiqué une Californie en Afrique, qu'il n'y fût pas allé, dans la peur de perdre pour un jour celle qu'il eût voulu haïr et qu'il adorait toujours.

L'amour est ainsi : quand une fois il a vaincu qui le raille, il devient cruel dans sa victoire; il se venge à petit feu; il condamne aux stations du martyre ceux qui, sans leur rébellion, eussent parcouru nonchalamment les stations de la volupté.

LVII.

LE TREIZIÈME CONVIVE.

Cléopâtre avait repris la présidence du souper. Mais, cette fois, elle ne dominait plus son monde. La folie avait emporté tous les convives comme dans une ronde infernale. C'était le plus beau cliquetis de mots qui eût jamais résonné. Tout le monde avait de l'esprit, mais c'était de l'esprit perdu, car tout le monde parlait à la fois. Jacinta voulait se coucher sur la table, et Chantilly menaçait de tomber dessous. Les autres femmes se montraient plus vaillantes. Le prince était gris, à ce point qu'il donnait gravement à boire aux deux nègres en ébène qui supportaient les candélabres. Un poëte égaré prenait pour pupitre le sein d'Aurore, qu'il nommait l'aurore boréale. Il appelait cela pêcher à la ligne. Un sculpteur sculptait une Galatée et voulait, à toute force, redresser le nez et diminuer l'épaule de mademoiselle Revolver. Éliacin débitait des sornettes à rimes redoublées. Un peintre dessinait sur la nappe des torses fantastiques, en mettant les femmes au défi de lui prouver que la nature dessinait mieux. Et les femmes le lui prouvaient. Le musicien Offenberg notait cette cacophonie pour son opéra : *Le Jugement dernier*.

Cléopâtre, toute distraite qu'elle fût, dit un mot à tous ses convives. Quand elle parla à la Taciturne, elle s'aperçut que cette fille en était toujours à ses phrases stéréotypées :

— Tu ne bois pas, Chantilly ?

— *Je suis désarmée.*

— Est-ce que tu es amoureuse ?

— *Ni oui, ni non.*

— Je crois qu'on t'enlèvera ce soir.

— *J'en accepte l'augure.*

— Alors qui t'empêche de prendre feu et d'être une flamme de la fête ?

— *Question d'argent.*

Le prince dit à Cléopâtre que la Taciturne avait autant d'esprit que Sophie Arnould, mais qu'elle se répétait un peu.

— Et vous? ne dites-vous pas toujours la même chose? *Je t'aime, tu ne m'aimes pas, tu l'aimes, il ne t'aime pas.* Je ne parle pas des choses qui sont imprimées. Je soutiens que la Taciturne est la fille la plus spirituelle du monde.

— C'est vrai.

— C'est égal, pensa Cléopâtre, demain je lui donnerai quatre nouvelles phrases.

Et toujours on versait les vins d'Aï et de Johannisberg, les vins de Chypre et de Malvoisie, les perles et les rubis, les flammes et les larmes du Vésuve, le soleil d'Espagne et les rayons du Cap. On buvait sans reconnaître le vin, on mêlait jusqu'à trois vins ensemble, ce qui est un sacrilége indigne de gens qui savent boire; on en était arrivé à ce point que, si au lieu de servir des merveilles, on eût donné tout bêtement du vin du coin, personne ne s'en fût aperçu, pas même la Dame de Carreau, qui était bien, selon son expression, la plus fine et la plus forte gueule d'un souper.

C'était au moment où la valetaille elle-même,

ivre d'avoir vu boire et d'avoir versé le vin, mais ivre surtout d'avoir bu la moitié des bouteilles, imitait les maîtres à l'office, se mêlant de dire des impertinences et de chanter des chansons à la mode.

Un homme, qui n'était pas attendu, montait alors l'escalier.

La porte étant entr'ouverte, il franchit le seuil sans sonner. Il ne trouva personne dans l'antichambre, mais il passa outre, sans songer à se faire annoncer. Il entendait le tintement des verres, les éclats de rire et les chansons qui résonnaient dans la salle à manger et qui avaient leur écho dans l'office. Il n'avait jamais ouï une pareille symphonie. Il ouvrit rapidement la porte de la salle à manger et apparut tout d'un coup, vêtu de noir, la tête blanche, le front sévère, l'œil terrible.

La Dame de Carreau, qui le vit la première, laissa tomber sa coupe pleine de vin de Champagne et de vin de Chypre.

LVIII.

LES CHEVEUX BLANCS.

Le silence se fit comme par miracle. La figure de Samuel ressuscité, les sorcières de Macbeth, les mots flamboyants du festin de Balthasar ne produisirent pas une pareille terreur.

— Eh bien, dit le prince, qui donc entre ainsi sans se faire annoncer?

— Chut! dit la Dame de Carreau qui voulait se remettre de la peur qui l'avait saisie, c'est un huissier-priseur.

— Tu connais cela, toi? dit Chantilly.

Mais ce furent les seules paroles qu'on osa prononcer. Mademoiselle Cléopâtre s'était levée pour imposer silence. Elle s'inclina respectueusement devant le nouveau venu.

— C'est le père de Max, murmura-t-elle. Je ne le reconnaissais pas. D'où vient qu'il a les cheveux tout blancs?

— Je vous demande pardon, messieurs, dit M. Auvray en s'adressant aux hommes et en affectant de ne pas voir les femmes, c'est la première fois que je trouble une pareille fête. Je croyais trouver ici Max.

Personne ne répondit.

Comme il connaissait le prince, M. Auvray s'adressa directement à lui.

— Prince, lui dit-il, mon fils n'est pas du souper?

— Non, monsieur, dit le prince en se levant à moitié, tant cette figure imposante du père imprimait le respect.

Cléopâtre était toujours debout dans sa fierté native, mais humble devant le père de son amant.

— Peut-être, dit M. Auvray en la regardant, peut-être madame pourra-t-elle me dire où est Max.

Cléopâtre venait de comprendre que le duel terrible dont lui avait parlé son amant devait être entre le père et le fils.

On lui devait cette justice qu'elle n'avait jamais menti. Aussi, ne voulant pas répondre à M. Auvray, elle parut n'avoir pas entendu la question et s'enfuit comme une ombre vers le boudoir.

M. Auvray voulut la suivre, mais il était de l'autre côté de la table et il se trouva d'abord empêché au passage par un groupe de femmes qui se demandaient s'il fallait partir. Comme il ne voulait ni les prier de se déranger, ni les toucher au passage, il fit un détour. Il perdit ainsi plus d'une minute, ce qui donna le temps à Cléopâtre d'avertir Max, ce qui donna le temps à Max de prendre la clef du boudoir et de la mettre en dedans.

— Ton père ! dit Cléopâtre à Max.

— Ah ! je ne croyais pas qu'il viendrait ici.

— Que fais-tu ?

— Je ferme la porte.

— Mais non, il faut le recevoir. Tu es donc bien coupable envers lui ?

— Je suis perdu, murmura Max la main crispée dans les cheveux.

Le boudoir était séparé de la salle à manger par le salon. Toutes les bougies brûlaient encore dans les candélabres.

Quand M. Auvray fut dans le salon de jeu, il regarda et vit quatre portes, une qui donnait dans la salle à manger, une dans la chambre à coucher, une dans le grand salon et une dans le boudoir. Il ouvrit d'abord la porte de la chambre à coucher, toute revêtue de damas blanc à rosaces d'or, à peine éclairée par des bougies bleues et roses d'une lumière douce et tendre. Aussi, après l'éblouissement du salon de jeu, M. Auvray voyant sur le lit, dans l'ombre des rideaux, les sorties de bal et les capelines de ces dames, s'imagina que Max était couché. Il alla droit au lit avec la résolution soudaine de tuer son fils.

Quand il vit qu'il s'était trompé, il rentra dans le salon et marcha vers la porte du boudoir.

— Cette fois, je ne me trompe pas, pensa-t-il.

En effet, il avait reconnu la voix de Max. Il voulut ouvrir la porte, mais elle était fermée. Il fut sur le point de la briser. Cléopâtre, plus forte que Max, lui avait arraché la clef des mains.

— J'ouvre, dit-elle.

Et elle ouvrit la porte.

Max, plus mort que vif, vit entrer son père d'un œil hagard.

— Madame, dit M. Auvray à Cléopâtre, allez à

vos convives. Max n'a pas voulu m'écouter chez moi, il faut bien qu'il m'écoute ici.

Cléopâtre obéit, mais à peine au milieu du salon, elle revint silencieusement sur ses pas.

M. Auvray ne dit pas un mot, il entr'ouvit son habit, prit le pistolet et le présenta à Max; mais Max fit semblant de ne pas voir le geste de son père. Il regarda la porte restée ouverte, comme si son salut fût là.

— Ah! dit M. Auvray en levant le pistolet jusque sous les yeux de son fils, vous vous êtes figuré que vous pouviez fuir! mais la justice du père est comme la justice de Dieu, on la trouve partout.

Cependant, dans la salle à manger, tout le monde était dégrisé. En quelques instants, les convives furent pêle-mêle dans l'escalier, donnant au diable les pères de famille.

On entendit bientôt dans la cour le piétinement des chevaux, le bruit des roues et les jurons des cochers. Et puis ce fut tout. La fête était finie. Je me trompe, les bougies ne devaient pas s'éteindre encore.

Cléopâtre rentra dans le boudoir.

— Monsieur, dit-elle à l'orfèvre, maintenant que nous sommes seuls tous les trois, car ils sont tous partis, vous pouvez parler devant moi.

— Madame, je n'ai rien à dire à mademoiselle Cléopâtre, dit M. Auvray d'un air hautain.

Mademoiselle Cléopâtre bondit dans sa fierté.

— Monsieur! je suis chez moi, j'ai le droit de tout entendre.

— Vous êtes chez vous, madame? Je sais ce que cela me coûte! Voilà mon dernier mot.

Le pistolet que M. Auvray avait tourné vers Max, il le tourna vers Cléopâtre.

La courtisane regarda fièrement M. Auvray sans sourciller.

— Croyez-vous donc que je craigne la mort?

— Cette arme n'est pas pour vous. Ce serait en vérité bien dommage, ajouta M. Auvray avec ironie, de priver les Max futurs d'une créature comme vous.

C'était la première fois que Cléopâtre subissait une pareille injure. Son premier mouvement fut la révolte; mais elle fit subitement le sacrifice de son orgueil, tomba agenouillée et fondit en larmes.

LIX.

LE PÈRE ET LA MAITRESSE.

Léontine, qui chancelait sous l'ivresse, vint alors demander les ordres.

— Je n'ai qu'un ordre à donner, dit Cléopâtre, c'est que tout le monde aille se coucher.

Et elle ferma la porte violemment.

Léontine traversait le salon, sans bien savoir son chemin, quand elle vit venir Rodolphe.

— Chut! dit-elle, on joue la tragédie. Le père de M. Max est là qui m'a eu l'air d'un tyran de mélodrame. Allez-vous-en, monsieur Rodolphe, car il pourrait vous arriver malheur.

— Non, je reste pour protéger Cléopâtre.

— Protecteur! voilà votre rôle dans la pièce.

Rodolphe faillit donner un long coup de pied à Léontine. Il jugea plus prudent de lui donner cinq louis, moyennant quoi elle daigna aller se coucher avec un sourire sur les lèvres.

Cependant le père, le fils et la maîtresse étaient toujours en présence.

— Monsieur, dit Cléopâtre, je vous demande pardon, je ne sais de quoi Max est coupable. Sans doute, il est bien coupable, puisque je vous vois si malheureux. Mais, de grâce, dites-moi ce qu'il a fait.

M. Auvray regarda Cléopâtre d'abord avec mépris, mais bientôt avec pitié. Elle était si belle et si éloquente dans sa douleur, qu'il se laissa prendre à ses larmes.

— Est-il possible que ce misérable n'ait pas osé vous avouer son crime? Il y a donc encore un abîme entre vous?

— Je ne sais rien, dit Cléopâtre.

— Quoi! vous ne savez pas que...

— Mon père! s'écria Max, de grâce, ne m'imposez pas le supplice de vous entendre dire, à cette femme que j'aime, combien je suis indigne de votre pardon!

— Eh bien, monsieur, faites-vous justice! dit le père montrant le pistolet posé sur la table.

Max baissa la tête en silence.

— Vous voyez, dit le père; rien ne peut le relever de ses déchéances. Il est indigne de vivre, et il refuse de mourir!

— Quoi! murmura Cléopâtre en se relevant, vous avez le triste courage d'être le bourreau de votre fils!

— Oui, parce qu'en lui apportant la mort je lui rapporte l'honneur.

— Mais je croyais que c'était un duel et qu'il refusait de se battre.

— Non, ce n'est pas la mort à deux. c'est la mort pour lui seul.

— Et vous ne voulez pas me dire quel est son crime?

— Il lui fallait de l'argent, vous le savez trop, madame.

— Et n'en ayant plus, il vous en a pris!...

— Si ce n'était que cela! Il y a longtemps qu'il me prenait de l'argent et que je ne comptais pas. Mais aujourd'hui...

Max, anéanti, poussa un gémissement. Il sentait que son amour allait mourir dans le cœur de Cléopâtre. Il jeta un regard suppliant sur son père et prit le pistolet.

— Enfin! murmura le père.

Mais comme Max n'eut pas la force d'en finir, le père continua :

— Aujourd'hui, il s'est acoquiné à quelque infâme créature, — je vous demande pardon, madame, j'ai cru un instant que c'était vous. — Ils ont attiré, la nuit, un homme sous les arbres du bois de Boulogne, et ils l'ont dépouillé comme des voleurs sans vergogne. Et cet homme, c'était mon hôte; car c'est sous mes yeux que Max avait vu que M. Williamson portait huit cent mille francs dans son portefeuille.

Cléopâtre avait pâli. Les bras lui tombèrent. Comme Max l'avait pressenti, la mort traversa son cœur.

— Max a fait cela!

Elle avança d'un pas vers son amant.

— Vous avez fait cela, Max?

Le jeune homme ne répondit pas. Il était atterré.

— Eh bien, madame, soyez son juge!

— Je vous remercie, monsieur, dit la courtisane en retrouvant ses forces.

Elle s'approcha tout à fait de son amant.

— Max, lui dit-elle d'une voix grave, votre père a raison, il faut mourir.

Max ne trouva pas un mot.

— Mon ami, reprit-elle, qu'avez-vous donc peur de perdre en mourant? Ce n'est pas l'amour de votre père, qui ne peut plus vous aimer que mort.

— Ce que j'ai peur de perdre, c'est toi, murmura Max pour n'être entendu que de Cléopâtre.

— Moi! Tu ne me connais donc pas encore? T'imagines-tu donc que je veuille te survivre?

— Mourrais-tu, toi? dit Max à Cléopâtre, croyant ne pas être entendu de son père.

Mais M. Auvray écoutait.

— Non, madame, vous ne mourrez pas. Si je suis venu ici, c'est pour lui et non pour vous.

— Monsieur, dit la courtisane d'un air suppliant, accordez-moi cette consolation de mourir avec lui. Je lui donnerai du courage, car je ne crains pas la mort, moi!

Les beaux yeux de Cléopâtre s'enflammèrent.

— Si vous saviez, monsieur, comme j'ai souffert sous ce beau masque de courtisane qui rit toujours! Je traversais la foule avec orgueil; mais cet orgueil, c'était la cuirasse qu'on met sur son cœur pour aller au combat. J'aimais mieux éveiller les colères que la pitié. Je marchais, le front haut, mais combien j'étais humiliée en moi-même!

M. Auvray parut impatienté, comme s'il ne voulait pas entendre la confession de Cléopâtre.

— Écoutez-moi, lui dit-elle, car vous m'avez jugée sans m'entendre. Je ne suis pas la première venue.

— Eh bien, madame, votre crime n'en est que plus grand.

— Je ne veux pas l'atténuer. Ma mère est morte de chagrin, mon père m'a reniée. Je n'existe déjà plus pour lui. Ah! si j'avais pu, comme tant d'autres, broyer mon cœur sous mes pieds, oublier d'où je venais et aller toujours en avant, dans l'enivrement de la jeunesse et dans la folie des passions! Mais les tourbillons qui m'ont emportée ne m'ont pas empêchée de me retourner et de regarder en arrière. Combien de fois ne me suis-je pas dit, dans mes fêtes et mes triomphes : Le bonheur n'est pas ici, il était là-bas, dans la maison où ma mère est morte de chagrin !

— Et qui donc vous empêchait, madame, d'y retourner, là-bas où pleurait votre mère? Dépravation du cœur, dépravation de l'esprit, soif insatiable du luxe, folie du jeu, tous les emportements du démon !

— Vous avez raison, monsieur, dès qu'on s'est embarqué sous le vent des mauvaises passions, la terre manque toujours, c'est la tempête, c'est le naufrage, c'est la mort!

Cléopâtre se retourna vers Max.

— Moi aussi, je suis votre complice, Max, mais votre complice sans le savoir. Je ne croyais pas qu'en jetant l'argent par les fenêtres je vous amènerais à ce dénoûment.

— Ce n'est pas vous, dit Max, c'est le jeu.

— Mais n'est-ce pas pour moi que tu as joué?

— Vous avez le droit tous les deux de vous accuser, mais non pas de vous justifier, dit M. Auvray qui ne voulait pas être ébranlé.

— Je n'ai voulu dire qu'un mot, reprit Cléopâtre; j'ai cherché à prouver au père de Max que si j'ai ruiné son fils, ce n'était pas pour m'enrichir.

Cléopâtre se tourna vers Max.

— As-tu encore peur de la mort? lui demanda-t-elle.

— Oui, car la mort m'est odieuse avec la malédiction de mon père!

Et il dit tout bas à sa maîtresse :

— Non, je ne veux pas mourir, car toi que j'ai tant aimée, toi que j'ai aimée plus que l'honneur, tu te donneras demain à ce Rodolphe que tu aimes. Ma vraie mort, c'est la pensée qu'il te reprendra tout entière.

— Ah! tu n'as pas le courage de mourir!

— Finissons! dit le père en frappant du pied.

— Encore un instant, dit Cléopâtre, je vais lui apprendre comment on meurt.

Elle saisit le pistolet et le présenta à Max.

Puis, de l'autre main, elle prit son collier et porta à sa bouche la célèbre perle noire.

— Que fais-tu? s'écria Max.

Pour toute réponse, elle lui présenta une seconde fois le pistolet.

— Cléopâtre!

Il voulut lui arracher la perle noire.

— Je ne l'ai pas encore mordue : je voulais t'apprendre à mourir, voilà tout, dit-elle avec son plus charmant sourire, en jetant sur son amant un regard amoureux plus doux qu'un baiser.

Et laissant retomber la perle sur sa poitrine :

— Tu vois que je ne me ferai pas attendre.

Comme elle avait gardé jusque dans ses jours d'égarement un sentiment de pudeur qui ne surprendra pas une femme parmi les plus dépravées, elle s'enveloppa dans ses flots de dentelles.

Max, tout éperdu, voulut l'embrasser encore, mais entre elle et lui il trouva son père. Le sentiment du devoir le saisit et l'illumina; il sembla chercher son pardon dans les yeux de M. Auvray.

— Je te pardonne, dit le père, car je vois que le courage t'est revenu.

C'était le moment solennel. M. Auvray sentit des larmes qui lui montaient aux paupières.

— Adieu, dit-il.

Et il sortit en toute hâte.

LX.

LE SECRET DE CLÉOPATRE.

Quand M. Auvray traversa le salon voisin, il faillit rencontrer Rodolphe.

Cléopâtre, qui avait suivi du regard le père de Max, vit passer une ombre.

Elle avança d'un pas et reconnut Rodolphe.

Elle vint vers lui.

— Chut! lui dit-elle. De grâce, Rodolphe, allez-vous-en!

Il lui saisit la main et l'entraîna violemment jusque dans la salle à manger.

— Que se passe-t-il ? Parle-moi !

— Rien que de très-simple, lui répondit-elle en essayant de sourire; le père de Max est venu, il est furieux, voilà tout.

— Ce n'est pas cela, dit Rodolphe impérieusement; je veux la vérité, je la sais déjà. Si Max...

— Rodolphe, pas un mot de plus, c'est mon amant.

— Ton amant? C'est ton malheur!

— Pourquoi es-tu ici?

— Parce que je veille sur toi, parce que je pressens que l'abîme où tu descends est plus profond que jamais, parce que ce Max est un coquin, parce que je veux t'arracher à lui et que je veux t'arracher à toi-même.

— Ah! tu veilles sur moi? *Mieux vaut tard que jamais*, te dis-tu, mais moi je dis : *Mieux vaut jamais que tard*. Et de quel droit, d'ailleurs, veilles-tu sur moi?

— Du droit de mon amour, du droit de mon repentir. Angèle, si tu savais comme je t'aime! si tu savais comme j'ai peur de l'orage qui s'annonce pour toi!

Ce doux nom d'Angèle, murmuré avec tant d'émotion, fit tressaillir Cléopâtre.

— Va-t'en, Rodolphe, va-t'en ! Je n'ai pas plus le droit de me dérober à ma destinée que tu n'as le droit de m'y arracher ; je me suis donnée, corps et âme, à un autre, cet autre m'attend... adieu !

Mais Rodolphe retint Cléopâtre et l'appuya sur son cœur.

— Non, tu ne retourneras point par là ; je sais tout, te dis-je, tu veux jouer à l'héroïne de roman. Il y a un fils qui a forfait à l'honneur, il y a un père qui a condamné son fils à mourir, il y a une femme qui croit aimer ce misérable et qui va peut-être...

— Non, Rodolphe, tu ne sais rien, mais je ne te dirai rien.

— Je te dis que je sais tout.

— Eh bien ! si tu sais tout, tu sais que tout est perdu.

Cléopâtre tenta de se dégager des bras de Rodolphe pour courir à Max, mais il la retint et l'étreignit plus vivement.

— Ah ! si tu m'aimais ! si tu m'avais aimé ! dit-il en appuyant ses lèvres sur les beaux cheveux de la courtisane.

Jusque-là Cléopâtre, toute à ses anxiétés et à ses angoisses, n'avait songé qu'à renvoyer Rodolphe pour mourir avec Max ; mais, à cette heure suprême, si remplie et si rapide, elle prit le temps d'écouter les battements de son cœur, elle prit le temps de regarder une dernière fois les doux horizons du passé, elle prit le temps de regarder tendrement Rodolphe.

— Ah! dit-elle avec un accent de regret profond, si je pouvais effacer trois années de ma vie!

— Tu m'as donc aimé? reprit Rodolphe.

Il ne s'aperçut pas qu'à cet instant Cléopâtre saisit d'une main fébrile son collier et porta la perle noire à ses lèvres.

— C'est fini, dit-elle; maintenant, je puis dire la vérité. Tu me demandes si je t'ai aimé? — Si je t'ai aimé! — je n'ai aimé que toi, je n'aime que toi!

— Je le savais bien, dit Rodolphe en couvrant de baisers la figure de Cléopâtre.

Mais, tout à coup, en voyant la perle brisée, il comprit.

— Angèle, Angèle, qu'as-tu fait?

— Angèle est morte, morte par toi; il n'y a plus que Cléopâtre : Cléopâtre va mourir pour un autre.

Et disant ces mots, elle s'arracha des bras de Rodolphe, elle courut au boudoir et s'y enferma avec Max.

LXI.

LE VIN QUI ENDORT.

Cléopâtre retrouva Max debout, le pistolet à la main.

— Que t'a dit mon père? lui demanda-t-il, comme s'il interrogeait son second juge.

Max ne se doutait pas que Cléopâtre eût retrouvé Rodolphe en traversant le salon ; il s'imaginait qu'elle n'avait cessé de parler à son père et d'intercéder pour lui.

Cléopâtre se garda bien de le détromper.

— Hâtons-nous, lui dit-elle, car, s'il revient, il ne faut pas qu'il nous accuse de lâcheté.

A cet instant, Rodolphe secouait vivement la porte.

— Pour moi, reprit-elle en montrant à Max sa perle noire brisée, tu vois que c'est déjà fait.

Rodolphe donna un violent coup de pied à la porte et fit sauter un des battants.

Max croyait voir rentrer son père.

— Ah! c'est vous! dit-il à Rodolphe.

Cléopâtre voulut se jeter entre ses deux amants; mais, déjà foudroyée par le poison, elle chancela et tomba sur elle-même.

Rodolphe, sans s'inquiéter de Max et de son pistolet, s'agenouilla devant Cléopâtre et la souleva dans ses bras.

— Angèle! Angèle! lui dit-il avec un cri du cœur, je veux mourir avec toi!

— Ni mourir ni vivre avec elle! s'écria Max en voulant repousser Rodolphe.

— Oh! maintenant, dit Rodolphe avec mépris, ce n'est plus vous qui m'en empêcherez.

— Ce n'est plus moi?

Max, si pâle depuis longtemps, s'empourpra de colère.

— Non, ce n'est plus vous. Cette femme, que le hasard vous a donnée, est à moi et non à vous.

Cléopâtre regardait vaguement et semblait ne pas

comprendre; elle se tordait dans les spasmes de la mort.

— Cléopâtre? dit Max. Si elle meurt, c'est pour moi; si je meurs, ce sera pour elle.

— Elle ne vous aimait pas et vous ne l'aimez pas, reprit Rodolphe d'une voix forte.

— Je ne l'aime pas?

— Non, puisqu'au lieu de la secourir vous ne songez qu'à faire le fanfaron.

Disant ces mots, Rodolphe se leva et voulut emporter Cléopâtre.

— Où allez-vous? dit Max se jetant à son passage.

— Est-ce que je sais? je cherche un contre-poison. Y a-t-il du café là-bas?

Cette fois Max comprit que la première chose à faire, c'était de sauver Cléopâtre. Il triompha de son lâche égoïsme, qui voulait cette noble victime dans son tombeau, il courut à la salle à manger et en rapporta une tasse de café toute pleine.

C'était la tasse qui avait été servie à Cléopâtre elle-même. On sait qu'elle avait présidé le souper, mais qu'elle avait à peine touché à quelques fruits.

Rodolphe avait couché Cléopâtre sur un canapé. Il saisit la tasse de la main de Max et la porta aux lèvres de Cléopâtre.

Elle respirait encore, les yeux hagards, la bouche entr'ouverte.

Rodolphe lui versa sur les dents toute la tasse de café. Plus de la moitié coula sur le tapis; mais, quoiqu'elle refusât de boire, elle en avala, malgré elle, quelques gorgées. Rodolphe, sans s'inquiéter de la présence de Max, lui répétait, dans son désespoir, les mots les plus tendres et les plus exaltés.

C'était un étrange spectacle pour Max, qui se croyait dans un horrible rêve. Quoique la réalité fût saisissante, il voyait encore se dresser la figure de son père et l'ombre de M. Williamson. Il avait beau se dire qu'il allait mourir lui-même, plus d'un projet agitait encore son esprit. Il pensait vaguement à son duel avec Rodolphe, à son départ avec la Dame de Carreau.

— Mais si elle est morte, se dit-il tout bas, je vais mourir.

Ce fut alors que Rodolphe s'écria avec désespoir :

— Angèle! Angèle! dis-moi que tu n'es pas morte...

Et comme Max se penchait au-dessus de Cléopâtre, il dit d'une voix sourde :

— C'est fini!

Max voulut, à son tour, prendre dans ses mains la tête de Cléopâtre.

— Non, dit Rodolphe en le repoussant d'une main dédaigneuse. Maintenant qu'elle est morte, à nous deux!

Rodolphe avait une belle tête et un grand air; la fierté de race était empreinte sur sa figure. Max subissait, malgré lui et tout en s'indignant, la domination de son rival; Rodolphe le dominait par la taille comme par l'esprit. Il le dominait surtout, parce qu'il était meilleur. Il avait sans doute bien des torts à se reprocher, beaucoup de péchés de jeunesse amoncelaient des nuages sur son passé, mais il avait gardé intacte cette vertu de famille qui fait les hommes de cœur, cette fierté du nom qui protége dans les orages, cet amour de Dieu qui sauve dans les tempêtes. Max ne croyait à rien qu'à l'heure présente; pour lui, la religion n'était qu'un catéchisme à l'usage des enfants; il disait volontiers, comme tous ceux qui ont mal lu Voltaire, que le philosophe de Ferney avait fait justice des fantômes du passé. Il vivait au jour le jour, sans plus s'inquiéter de la veille que du lendemain. Il ne se préoccupait que de deux choses : aimer Cléopâtre et avoir de l'argent; le reste ne comptait pas pour lui. Son horizon commençait rue du Cirque et finissait au bois de Boulogne. L'infini pour lui, c'était Bade ou Epsom. Enfant gâté partout le monde, hormis par son père, il se croyait l'homme le plus charmant et le plus spirituel de Paris. Il avait d'ailleurs tous les menus talents qui sont l'orgueil du nouveau Paris : il montait à cheval comme pas un ; il conduisait artistement quatre chevaux, cigare aux lèvres, lorgnon dans l'œil, saluant de çà de là avec la plus parfaite quiétude ; il était à tous les assauts d'armes, il jouait beau jeu, il faisait courir ; en un mot, il était toujours cité parmi ces beaux fils qui ne *travaillent* que pour les femmes.

Cléopâtre s'était prise d'abord à tous ces dehors, croyant trouver un caractère et un cœur. Elle n'avait trouvé qu'un fanfaron, un fou, un passionné. Mais comme il était compliqué, fantasque, ténébreux, elle ne le connut pas du premier coup ; elle s'imagina longtemps que c'était l'amour qu'elle lui inspirait qui le jetait à ses pieds sans courage et sans pensée. Il y avait en lui tant de commencements, qu'elle ne pouvait s'imaginer qu'il n'y eût pas là un homme pour l'avenir.

On comprend bien pourquoi Max ne pouvait s'affranchir de la supériorité de Rodolphe. Les sceptiques ont beau se moquer des croyants, ils en ont peur, comme si les croyants avaient l'œil de Dieu pour voir les crimes ou les faiblesses qu'ils cachent.

— Finissons-en, dit Max à Rodolphe, je ne veux pas attendre plus longtemps ; nous devons nous battre à huit heures, il est quatre heures, battons-nous tout de suite.

— Nous battre ici! et des témoins? et des épées?

Max provoqua une fois de plus Rodolphe :

— Des témoins! Est-ce que vous avez peur de moi?

— Peur de vous! s'écria Rodolphe.

Et son regard hautain tomba sur Max comme une insulte.

— Il n'y a pas d'épée ici, dit Max en relevant la tête, mais il y a un pistolet.

— Un pistolet?

— Oui, je suis décidé à vous tuer ou à mourir.

— Moi, monsieur, dit Rodolphe, que je vive ou que je meure, il m'est bien égal que vous viviez ou que vous mouriez. Je suis l'offensé, je dois tirer le premier. Je vous fais grâce.

Et comme Max voulait parler, Rodolphe lui imposa silence par un geste impérieux :

— Oui, monsieur, je vous fais grâce; mais vous, allez, à l'instant même, quitter cette maison pour n'y plus rentrer.

— Quitter cette maison, et vous avez la prétention d'y rester?

— Oui, monsieur! si cette pauvre fille est morte, je veillerai à ses funérailles; si elle n'est pas morte...

Rodolphe retomba agenouillé devant Cléopâtre et étouffa ses sanglots dans sa chevelure éparse.

— Non, monsieur, vous ne resterez pas ici sans moi; ou plutôt, c'est moi qui resterai ici. Après tout, je suis chez moi.

Rodolphe se releva furieux pour jeter Max à la porte.

— Monsieur! s'écria Max, je vous croyais un homme bien élevé. Vous avez accepté un duel et non un pugilat.

— Vous avez raison, murmura Rodolphe en se contenant. Mais j'ai accepté un duel et non un assassinat.

— Trêve de grands mots, monsieur. Il y a là un pistolet: qui de nous le tirera? Le sort va en décider. Si vous voulez, nous nous mettrons à distance, le salon est grand.

Disant ces mots, Max saisit le pistolet et le montra à Rodolphe.

Quoique cette proposition lui parût folle, Rodolphe accepta :

— Que m'importe? se disait-il; si le sort me donne le droit de tuer cet homme, je lui ferai grâce,

26

mais à la condition, cette fois, qu'il me laissera seul ici. Et si, au contraire, c'est lui qui me tue, eh bien ! je ne survivrai pas à Cléopâtre.

Ils étaient entrés tous les deux dans le salon.

— Voyez, dit Max, cette pièce a plus de vingt pieds de long.

— Eh bien ! c'est dit. Mais qui fera feu? Est-ce à pile ou face?

La table de lansquenet, tout illuminée encore par le lustre et les candélabres, semblait les inviter une dernière fois.

— Voilà l'oracle ! dit Max en soulevant les cartes.

— Il ne manquait plus qu'un coup de lansquenet pour dénouer toutes ces misères, dit Rodolphe avec un sourire amer.

Max, joueur effréné, saisit les cartes avec un dernier élan de passion.

— J'ai tout joué jusqu'ici, dit-il, je vais jouer ma vie !

LXII.

LE DERNIER COUP DE LANSQUENET.

Max présenta les cartes à Rodolphe :

— Coupez, lui dit-il.

Rodolphe avança la main et la retira ; il lui paraissait impossible que ce fût sérieux.

— Et pourtant, pensa-t-il, il me faudra me battre à huit heures si je refuse à présent.

Il s'était battu trois fois ; il songea à tout l'ennui qu'il allait donner à ses témoins.

— Coupez vous-même, dit-il à Max.

Max ne se fit pas prier.

— Le refait ne comptera pas.

— Non.

Max allait couper de la main droite; mais, superstitieux comme tous les joueurs, il coupa de la main gauche. Rodolphe retourna la première carte; c'était la dame de carreau.

— Nous ne nous battons pourtant pas pour la Dame de Carreau, dit Max en songeant au bois de Boulogne.

La seconde carte était un dix de trèfle; la troisième, un as de pique; la quatrième, un deux de carreau.

Rodolphe retournait les cartes avec une rapidité fiévreuse.

— Vous allez trop vite! dit Max. L'enjeu vaut bien la peine de respirer un peu.

— Qui sait? dit Rodolphe en montrant un valet de pique.

Selon le désir de Max, Rodolphe retourna les cartes avec la lenteur des plus patients. Il semblait, à son air dégagé, qu'il tenait les cartes pour un autre.

— Vous verrez, dit Max, que c'est la dame de cœur qui va sortir.

— La dame de cœur, murmura Rodolphe; elle n'est pas là.

— J'ai toujours été malheureux au jeu, reprit Max ; je sens venir une dame.

— Eh bien, dit Rodolphe, vous périrez par une dame.

Cette fois, Rodolphe retourna un dix de cœur.

— J'ai perdu, dit-il en jetant les cartes sans colère et avec le mépris d'un galant homme qui n'aime pas le jeu.

Il alla embrasser Cléopâtre et dit à Max :

— Faites, monsieur ; vous êtes bien sûr que le pistolet est chargé ? car tout ceci n'est pas un jeu d'enfant, j'imagine ?

— J'en suis sûr, dit Max.

Et il arma le pistolet.

Rodolphe le regarda avec le calme stoïque d'un homme qui n'a jamais eu peur.

— Dépêchons-nous !

Max leva le pistolet et mit Rodolphe en joue.

Trois images se présentèrent soudainement devant Rodolphe : son père à son lit de mort ; Cléopâtre lui disant : Je n'ai aimé que toi ; et l'auréole du Christ consolateur, que le tableau d'Ary Scheffer avait gravée en lui.

Il croyait n'avoir plus qu'une seconde.

— Eh bien, que faites-vous ? dit-il à Max avec impatience.

Max s'était tout à coup illuminé, comme si la rédemption eût touché sa figure, — cette figure que s'étaient disputée, depuis huit heures du soir, le crime, l'humiliation, l'amour, le remords, le jeu, les anxiétés de la mort et de la vie.

Que s'était-il passé dans son esprit? Qui pourrait le dire? Sans doute, il avait jugé, au moment suprême, que c'était une lâcheté de plus de tirer sur Rodolphe. Que ferait-il de la vie après cet exploit? Il voyait Cléopâtre morte : mourir, c'était peut-être la retrouver.

Il tourna le pistolet sur lui-même, il lâcha la détente, et le coup partit.

— Je ne comprends pas, — ou plutôt, je comprends, dit Rodolphe.

Max chancela sous la mort et alla tomber aux pieds de Cléopâtre.

Rodolphe regardait avec stupeur.

Tout à coup, comme Max rendait le dernier soupir, Rodolphe vit s'agiter les mains, les paupières et les lèvres de Cléopâtre. Ses cris, ses sanglots, ses embrassements n'avaient pu la ranimer : la détonation de l'arme meurtrière lui prouva qu'elle n'était pas morte.

Il la prit rapidement dans ses bras, tout éperdu de joie dans sa douleur.

— Angèle! Angèle! parle-moi!

A ce doux nom d'Angèle, Cléopâtre répondit par ces deux mots : « Je meurs. »

Et elle ouvrit ses beaux yeux avec effroi.

— Ah! que je souffre! murmura-t-elle d'une voix entrecoupée, comme si l'air lui manquait.

Rodolphe l'emporta rapidement, pour lui cacher la vue de Max.

— Où allons-nous? demanda-t-elle en s'abandonnant à Rodolphe.

— Angèle! je t'aime! je t'aime!

Il avait pris un flacon anglais sur la cheminée; il lui fit respirer des sels.

— Et Max? dit-elle tout à coup, comme en se réveillant.

— Max? Il est parti.

Elle regarda autour d'elle.

Le sang de Max avait taché sa robe, — une robe de gaze blanche, semée de violettes, — elle s'écria, comme au jour de son enlèvement :

— Du sang à ma robe!

LXIII.

LE SECOND ENLÈVEMENT.

Le café avait agi comme contre-poison. Cléopâtre était tombée inanimée, presque froide, tout autant sous les spasmes nerveux que par *le vin qui endort* de la perle noire; mais, quoiqu'elle luttât avec courage, Rodolphe vit bien vite, aux contractions de ses lèvres, à ses pâleurs mortelles, à ses yeux tour à tour brillants et éteints, que le poison la ravageait. Il sonna.

— Je vais mourir! lui dit-elle.

— Eh bien, nous mourrons tous les deux; mais je ne veux pas que tu meures ici.

— Ni moi! ni moi! je ne veux pas mourir ici!

— Je t'emporte chez moi! Ma voiture m'attend.

— Oh! oui! vivante ou morte!

Quoique Cléopâtre pesât de tout son poids sur Rodolphe, quoique la nuit fût sombre dans l'escalier, Rodolphe, emportait sa maîtresse avec une force nouvelle; il sentait qu'elle était tout à lui, comme autrefois. Peut-être allait-elle mourir; mais il l'aimait mieux morte dans ses bras, que vivante dans les bras de Max. Et puis, qui sait si elle ne triompherait pas du poison? L'espérance avait sa place dans ses anxiétés.

Il ne fut pas bien facile à Rodolphe de se faire ouvrir la porte par un portier trois fois ivre; il lui fut plus difficile encore de réveiller son cocher trois fois ivre et trois fois endormi. Il parvint à asseoir Cléopâtre dans le coupé et à s'asseoir près d'elle, sans lui laisser retomber la tête.

Le cocher, pour lui prouver qu'il n'était ni ivre ni endormi, lui dit :

— Monsieur a oublié son chapeau.

Les chevaux, impatients depuis quelques heures, arrivèrent rue de Varennes en moins de dix minutes.

Le beau voyage, si Angèle eût pu survivre à Cléopâtre!

LXIV.

L'AURORE AUX DOIGTS DE ROSES.

Je ne sais pas si vous avez vu un festin nocturne, aux premières blancheurs de l'aurore, — l'aurore, cette vierge matinale, qui fait rougir le joueur et le libertin, quand elle les surprend dans leur pâleur.

La Dame de Carreau était rentrée chez elle à trois heures du matin, toute brisée par les émotions, les terreurs et les ivresses de la soirée.

Elle s'était couchée en recommandant à sa femme de chambre de la réveiller à cinq heures. Recommandation superflue, car pareille, en cela, à tous ceux qui voyagent, elle s'était réveillée, sans tambour ni trompette, à l'heure indiquée. Aussi, ce fut elle qui réveilla la femme de chambre.

— Je n'ai jamais vu madame si matinale. Est-ce que madame va faire un pèlerinage à Notre-Dame des Victoires.

La Dame de Carreau conta je ne sais quelle histoire à sa femme de chambre, tout en ramassant dans ses armoires les bijoux, les dentelles, les broderies, tous ces mille riens qui sont la vie, le luxe et la fortune d'une femme galante.

On eut toutes les peines du monde à trouver un fiacre. La Dame de Carreau s'impatientait de ne pas voir arriver Max.

— Que sera-t-il advenu ? se demanda-t-elle ; son père a-t-il brouillé les cartes, ou a-t-il tué le veau gras? Cette pauvre Cléopâtre a dû passer un mauvais quart d'heure.

Elle connaissait Max, elle le savait dominé par sa passion, elle pensa qu'après avoir subi quelque violente scène paternelle, il était sans doute demeuré chez Cléopâtre, ne voulant pas la quitter pour un long voyage sans lui dire adieu pendant toute la nuit.

— Eh bien, dit-elle, puisqu'il ne vient pas me

prendre, c'est moi qui irai le chercher. Il m'a promis un passe-port et de l'argent. S'il ne me donne ni passe-port ni argent, qu'il parte avec moi. C'est un homme de ressources, qui aura un jour une grande fortune ; on peut s'embarquer avec lui.

Le fiacre qui devait la conduire au chemin de fer était enfin trouvé. Elle avait revêtu un costume de voyage, elle avait drapé son cachemire sous son manteau, elle ne laissait derrière elle que les choses sans valeur et les meubles saisis.

Quand elle arriva rue du Cirque, le portier, à peine habillé, lisait déjà *le Moniteur.* Depuis que les portiers lisent nos journaux, ils s'occupent moins de nos affaires. C'est toujours cela. Celui-ci ne savait rien de ce qui s'était passé chez Cléopâtre.

— Est-on levé, là-haut? demanda la Dame de Carreau.

— Levé! Madame n'était donc pas à la soirée? On s'est couché tard.

— M. Max est-il resté?

— Sans doute, car son cocher l'a attendu jusqu'à quatre heures et a fini par s'en aller sans lui.

En arrivant devant la porte de l'antichambre, la Dame de Carreau allait sonner ; mais elle s'aperçut que la porte était ouverte.

Elle alla droit à la chambre à coucher.

— Bonjour les amoureux! dit-elle avant de regarder dans le lit.

On juge de sa surprise quand elle souleva le rideau. Sa première pensée fut que Max, au lieu de partir avec elle, était parti avec Cléopâtre.

— Je me vengerai! dit-elle.

Elle appela la femme de chambre. Mais Léontine, qui s'était couchée, comme les autres, à moitié ivre, dormait du plus profond sommeil. Dans son impatience, la Dame de Carreau souleva la portière qui séparait la chambre à coucher du boudoir.

On sait déjà le spectacle qui s'offrit à ses yeux : Max renversé sanglant sur le tapis.

Comme on ne lui avait pas fermé les yeux, il semblait vivre encore, mais de la vie étrange de l'autre monde.

La tête, appuyée sur le pistolet, n'exprimait pas la belle sérénité qui rayonne dans la figure des morts.

Le sang, qui s'était épanché de sa poitrine, avait rougi une grande surface du tapis de Perse fond blanc à fleurs d'or.

La Dame de Carreau poussa un cri et faillit tomber à la renverse; mais la peur qu'on ne la surprît toute seule devant ce cadavre lui donna la force de fuir.

En la voyant ainsi dans le demi-jour du matin, se précipitant vers l'escalier, tout en retournant la tête, on eût dit l'horrible pendant du tableau de Prudhon : *Le Crime poursuivi par la Vengeance divine.*

LXV.

UNE CAUSE QUI NE SERA PAS CÉLÈBRE.

La mort de Max fut tout un événement.

Les initiés seuls savent plus ou moins toutes les scènes du drame, — le jeu, — le vol, — le stoïcisme du père, — l'empoisonnement de Cléopâtre, — le duel au lansquenet.

Le procureur impérial commença une instruction; mais après avoir entendu M. Auvray et Rodophe, il leur dit qu'il ne voulait pas faire une cause célèbre de plus, puisque *justice était faite.*

La Dame de Carreau est à cette heure à Saint-Lazare.

M. Williamson, quoiqu'il n'ait rien perdu de ses huit cent mille francs, a juré qu'il ne reviendrait plus jamais à Paris.

Ces dames continuent dans les allées du Bois à chasser les Endymions à pied et à cheval. Mais la grande Diane n'est plus là!

Mademoiselle Chantilly est redevenue plus que jamais la Taciturne : son répertoire est démodé comme la chanson du mois passé. Qui lui trouvera un cinquième mot?

LXVI.

QUE SE PASSA-T-IL RUE DE VARENNES?

Tous les grands médecins furent appelés.

Rodolphe présenta Cléopâtre comme une de ses sœurs qui s'était empoisonnée par mégarde.

Au bout de huit jours, elle était moins empoisonnée, mais plus malade.

Un médecin homœopathe déclara qu'elle ne mourrait pas du poison, mais de la médecine.

La malade, un dimanche matin, fut réveillée au son des cloches.

— Les cloches de Sainte-Clotilde! dit-elle avec

un doux sourire. Oh! que je voudrais aller à la messe!

Elle se souleva et retomba sur l'oreiller.

— Nous irons dimanche, dit Rodolphe.

— Dimanche... je serai morte.

— Tais-toi! je te défends de parler de la mort! Sais-tu quand nous irons à la messe? Ce sera le jour où tu deviendras madame de Marcillac.

Deux larmes parurent dans les yeux de Cléopâtre.

— C'est beau ce que tu me dis là, mais c'est fou.

— C'est tout ce que tu voudras; mais les bans sont publiés. Je te jure que je n'ai pas perdu de temps, et il m'a fallu être éloquent dans mes lettres à ton père pour avoir son consentement sans les sommations des notaires ou des huissiers. Je ne désespère pas que M. d'Hercigny ne vienne à notre mariage.

— Oh! mon père! dit Cléopâtre en joignant les mains.

Rodolphe s'amusa à peindre à grands traits le tableau de leur vie future. Ils devaient se réfugier dans quelque vieux château, ne demandant le bonheur qu'à la solitude, à la lecture, aux promenades à deux, aux bonnes œuvres, ne demandant le bonheur qu'à eux-mêmes.

— Que tout cela serait beau s'il n'était pas trop tard! dit tristement Cléopâtre. Que cela serait beau si on pouvait fermer le passé comme un mauvais livre et le jeter au feu!

— Qu'importe le passé à ceux qui ont encore l'avenir?

— Pauvre Rodolphe! se dit Cléopâtre à elle-même. Puisque je vais mourir, laissons-lui faire ce beau rêve.

Cléopâtre n'avait pas une seule fois reparlé à Rodolphe de la rue du Cirque. La nuit même où elle était venue chez lui, il lui avait raconté, sur sa prière, que, la croyant morte, ils avaient eu ce singulier duel qui s'était terminé par la mort volontaire de Max.

Cependant la malade n'allait pas mieux; elle avait repris quelque force, mais l'estomac était brûlé par le poison : elle ne mangeait plus, c'est à peine si elle pouvait prendre un peu de lait glacé.

Il y avait déjà dix jours que les bans avaient été publiés.

— N'oublie pas que c'est demain, lui dit Rodolphe; ainsi, hâte-toi d'aller bien.

Il lui avait appris que le maire du VIIe arrondissement voulait bien, par égard pour la situation de la malade, les marier à onze heures du soir, et que de la mairie ils iraient à la chapelle de l'Abbaye-aux-Bois, où l'abbé Deguerry, un ami de Rodolphe, devait venir à minuit leur donner la bénédiction nuptiale.

Le soir, Rodolphe sortit, tout préoccupé des préparatifs de cette cérémonie qui, toute silencieuse qu'elle dût être, demandait beaucoup de sollicitude.

Il avait quitté Cléopâtre assez vaillante, et il était allé dîner avec ses témoins.

— Ce noble Rodolphe! pensait-elle en se soulevant sur l'oreiller, comme il s'est méconnu, et comme je l'ai méconnu moi-même! Si je l'écoutais, il ferait pourtant cette horrible folie d'épouser une courtisane, ce qui l'empêcherait à jamais d'être heureux. Mais pendant qu'il veille sur moi, je veille sur lui. — Et pourtant, si mon père était venu, qui sait si je ne me serais pas décidée? Mais puisque mon père ne me pardonne pas, c'est que le monde ne me pardonnerait pas.

Elle demanda à la sœur de charité qui la soignait de quoi écrire une lettre. Elle traça ces quelques mots d'une main tremblante :

« *Ma belle duchesse, je ne croyais plus vous re-*

voir, mais je ne veux pas mourir sans vous. Je serai seule, toute la soirée, chez M. de Marcillac. Venez me voir tout de suite. »

La duchesse reçut ce billet comme elle se mettait à table pour dîner. Quoiqu'elle eût deux convives, elle demanda son chapeau, et elle vint, en toute hâte, trouver Cléopâtre.

Elles eurent toutes les deux la même joie à se revoir, comme s'il y eût eu un peu d'amour dans cette amitié.

Cléopâtre avait l'art de dire beaucoup de choses sans parler beaucoup ; aussi eut-elle bientôt conté à la duchesse ce qui s'était passé depuis son dernier séjour à la rue Saint-Dominique.

— Et maintenant, chère amie, vous comprenez pourquoi je ne puis épouser Rodolphe. J'attends de vous une dernière preuve d'amitié : vous allez m'envoyer Martha avec une robe, un châle et un chapeau. Et demain, vous viendrez voir la marquise rue Saint-Dominique.

— Et Rodolphe? dit la duchesse.

— Je l'aime trop pour le voir plus longtemps et pour avoir le courage de résister à sa folie. Rodolphe est jeune, il a un beau nom, il est devenu presque riche ; il a une destinée et je n'ai pas un lendemain. Si je me sentais bien vivante, peut-être n'aurais-je pas le courage du sacrifice ; mais pourquoi se compromettrait-il pour une pauvre, créature qui va mourir ?

— Mais si vous épousiez Rodolphe, vous reviendriez tout de suite à vous.

— C'est vrai ; il n'y a rien qui guérisse comme le bonheur, mais je ne suis pas digne du bonheur et je veux mourir.

LXVII.

QUAND ON CHERCHE UNE FEMME.

Quand Rodolphe rentra à dix heures, il ne trouva plus Cléopâtre.

Il questionna la sœur de charité; elle lui apprit que Cléopâtre avait écrit, qu'une grande dame était venue, qu'une femme de chambre italienne avait apporté tout un habillement pour Cléopâtre.

— Après? après? dit Rodolphe avec agitation.

— Après, je ne sais plus; j'étais sortie, sur la prière de la malade, pour aller chercher des perles d'éther. Quand je suis remontée, elle était partie. Il me semble maintenant que je l'ai vue passer dans un fiacre avec cette Italienne.

— Où l'avez-vous vue passer?

— Elle remontait la rue du Bac.

— Serait-elle retournée rue du Cirque? se demanda Rodolphe.

Le pressentiment qu'il ne la verrait plus déchira son cœur et lui arracha un cri.

Il alla en toute hâte rue du Cirque.

— Où courez-vous? lui cria le portier.

Et comme il le reconnut, cet homme lui dit :

— Il n'y a plus de mademoiselle Cléopâtre. On dit qu'elle s'est embarquée au Havre, le jour même où M. Max s'est tué. Regardez : on va vendre; voilà les affiches.

Rodolphe rebroussa chemin sans dire un mot. Quand il fut rue du Bac, à la hauteur de la rue de Grenelle, il se souvint que la duchesse d'Armailly voyait quelquefois Cléopâtre; c'était peut-être la grande dame dont parlait la religieuse.

Il sonna à l'hôtel et se fit annoncer.

On venait de servir le thé. La duchesse comprit pourquoi M. de Marcillac venait, et lui dit de l'air du monde le plus tranquille :

— C'est bien de venir me demander une tasse de

thé, monsieur de Marcillac. Comme il y a longtemps que nous ne nous sommes vus! Vous êtes donc en froid avec Guy?

— Non, madame, depuis un mois Guy est presque toujours absent.

— C'est égal, il y a quelque chose, et les inséparables sont séparés.

Rodolphe crut qu'il s'était trompé :

— Ce n'est pas la duchesse, murmura-t-il.

— Il s'est passé bien des événements rue du Cirque, dit la duchesse. Je connaissais cette belle Cléopâtre qui a disparu comme une ombre; je l'avais rencontrée aux bains de mer. C'était une femme, celle-là! Honni soit qui mal y pense, mais je lui trouvais plus de vertu sérieuse qu'à beaucoup de femmes de notre monde. Depuis longtemps je l'entrevoyais encore, au spectacle, au Bois, au concert des Champs-Élysées; c'était une fête pour mes yeux, tant elle était belle et tant elle était bonne.

— Oui, madame, vous avez raison. Jugez si je partage cette opinion-là, moi qui dois l'épouser demain.

Rodolphe sentait ses pieds brûler sous lui.

— Et à ce propos, reprit-il, je me rappelle que j'ai oublié...

Il n'acheva pas sa phase et disparut.

Il croyait trouver Cléopâtre chez lui; il ne retrouva que la sœur de charité qui priait. Il pria aussi.

Je dirais mal toutes ses angoisses. Il sortit encore; une seconde fois il retourna rue du Cirque: et à son retour, quand il passa devant l'hôtel de la duchesse, il sonna et interrogea le suisse.

— Tenez, dit-il, en lui donnant deux louis, dites-moi une chose toute simple : la duchesse est-elle sortie vers sept heures?

— Non, monsieur, dit le suisse en ne croyant point mentir; madame la duchesse avait du monde à dîner et n'est point sortie.

En effet, madame d'Armailly, pour arriver plus vite chez Cléopâtre, avait passé par la petite porte du jardin.

Rodolphe rentra chez lui plus désespéré que jamais.

Et ce désespoir d'avoir perdu Cléopâtre s'enfonça chaque jour plus avant dans son cœur. Ce fut vainement qu'il fouilla et interrogea tout Paris, depuis l'Auvergnat du coin jusqu'à la préfecture de police.

Il interrogea les amis de Max; il interrogea même son tombeau, pour voir si la main de Cléopâtre n'y avait point passé : il lui semblait qu'il l'eût reconnue à quelque bouquet renfermant les fleurs qu'elle aimait.

Quoiqu'il l'eût quittée malade, il croyait à tout instant la reconnaître çà et là dans Paris. Il écrivait chaque jour à Troyes, mais chaque jour on lui répondait que la fille de M. d'Hercigny n'avait point reparu.

Ceux qui ont cherché une maîtresse qui ne voulait pas qu'on la retrouvât savent seuls les douleurs de cette âme en peine.

LXVIII.

LES FUNÉRAILLES DE LA MARQUISE CAVONI
MORTE EN ODEUR DE SAINTETÉ.

Rodolphe trouva un jour sur sa table une lettre bordée de noir. Il l'ouvrit et la lut avec la fièvre :

« *Vous êtes prié d'assister aux convoi, service et
« enterrement de la marquise Vittoria Cavoni, décé-
« dée en son hôtel, rue Saint-Dominique, le 15 no-
« vembre 1863, à l'âge de vingt-quatre ans, munie
« des sacrements de l'Église,*

« *Qui se feront le mercredi 17 courant, à 11
« heures, en l'église Sainte-Clotilde, sa paroisse.*

« *On se réunira à la maison mortuaire.* »

Rodolphe fut très-surpris de cette mort soudaine.

Il se présenta chez la duchesse, qui ne le reçut pas.

Il alla à la messe mortuaire de la marquise.

Il trouva dans l'église Guy de Chavaillès, revenu tout exprès de son château où il chassait.

— Eh bien, lui dit le duc, mon malheur égale le tien; car j'adorais cette femme.

Rodolphe serra la main du duc.

— Tu n'as pas retrouvé Cléopâtre? poursuivit Guy. Qui nous eût dit, il y a quelques mois, que la vie de notre cœur finirait si tôt? Mais, après tout, toi, tu n'es pas si malheureux que moi; Cléopâtre n'est pas morte.

— Qui sait? dit Rodolphe tristement.

En ce moment Guy salua la duchesse, qui regardait Rodolphe avec un sentiment de compassion.

Madame d'Armailly sentait bien que le plus blessé des deux était Rodolphe.

M. de Marcillac était si perdu en lui-même, qu'il ne voyait rien autour de lui. Il fut pour ainsi dire réveillé au monde extérieur par la conversation de ses voisins, qui constataient la pompe des funérailles.

— Il n'y a encore, dit l'un d'eux, que les femmes

du faubourg Saint-Germain pour être enterrées avec une pareille solennité.

— Vous savez, dit un autre, que la marquise Vittoria Cavoni est morte en odeur de sainteté. Le curé de Sainte-Clotilde m'a dit qu'il n'oublierait jamais tout ce qu'elle lui a dit de beau à sa dernière heure.

— De quoi est-elle morte?

— Est-ce qu'on sait jamais de quoi meurent les femmes?

— Je le sais bien, moi, dit un La Rochefoucauld : elles meurent de ce qui les fait vivre.

LXIX.

LA TOMBE ANONYME.

Je traversais le cimetière du Père Lachaise, allant du tombeau d'Alfred de Musset au tombeau de Balzac; je vis passer Albert Henryet et Blanche Auvray.

Ils s'étaient mariés la veille, mais ils étaient en deuil. L'amour, dit le proverbe, met toujours des fleurs de mort dans son bouquet. Albert et Blanche ne voulaient pas être heureux sans pleurer.

J'allai à leur rencontre.

— C'est bien ce que vous faites là, leur dis-je. Il

faut consoler les vivants, mais il faut pleurer les morts.

— Pauvre Max! murmura Blanche.

— C'est votre père qu'il faut plaindre, dit Albert.

— Soyez son fils, lui dis-je, pour l'empêcher de mourir de chagrin.

Et nous allâmes tous les trois vers une tombe isolée.

— C'est ici, dit Blanche qui y était venue souvent.

Je remarquai une grille de fer encadrant deux mètres d'herbe.

— Pas une fleur! dit la sœur de Max.

Elle s'agenouilla et pria Dieu.

— Une tombe anonyme, dis-je à Albert.

— Oui, me répondit-il. M. Auvray n'a voulu ni un nom ni une fleur. Il ne poussera là que ce qui plaira à Dieu.

Blanche se releva en cueillant une poignée d'herbe et en la portant à ses lèvres.

LXX.

VITTORIA CAVONI, CLÉOPATRE, ANGÈLE.

Rodolphe allait partir pour Troyes, s'obstinant à croire, à certains moments, que Cléopâtre se cachait chez son père.

Un domestique, en grande livrée, lui remit un mot de la duchesse, qui le priait de venir la voir.

Cinq minutes après, il était chez elle. Il fut surpris de la trouver en grand deuil.

Quoiqu'il eût sur les lèvres le nom de Cléopâtre, il se contint pour demander à la duchesse de qui elle portait le deuil.

— D'une grand'tante, dit madame d'Armailly après avoir hésité un instant. Puisque vous voilà, vous allez monter avec moi dans mon coupé, nous irons ensemble au cimetière du Mont-Parnasse, où je fais arranger un tombeau.

Rodolphe n'eut pas un instant l'idée qu'il allait vers le tombeau de Cléopâtre. Nous parlons toujours de nos pressentiments : que de fois l'imprévu les déjoue!

On monta en voiture.

Rodolphe n'osait interroger la duchesse, qui elle-même n'osait lui dire un mot, tant elle avait peur de se trahir avant l'heure.

Cependant Rodolphe se hasarda à faire cette question :

— Je croyais, madame, que votre sépulture de famille était au château d'Armailly.

— Oui et non. Les morts doivent trop s'ennuyer là-bas. J'aime ce cimetière Mont-Parnasse, où les soleils couchants sont si beaux; j'y ai quelques amis, et je vous montrerai tout à l'heure la terre où je veux dormir.

Et après un silence :

— J'oubliais, monsieur de Marcillac, de vous dire pourquoi je vous ai prié de venir me voir. Mais puisque vous m'accompagnez dans mon pèlerinage, nous avons une heure devant nous pour mes confidences. Connaissiez-vous la marquise Cavoni?

— Je l'ai vue à peine deux ou trois fois.

— Vous savez qu'elle est morte?

— Oui, madame ; ne m'avez-vous pas aperçu à Sainte-Clotilde?

— Ah! oui, je me souviens. Elle est morte comme une sainte. Elle a édifié le curé de Sainte-Clotilde en donnant aux pauvres tout ce qu'elle avait.

— Pourquoi est-elle morte si jeune?

— C'est son secret; Dieu seul le sait. Elle m'a appelée, mais elle ne m'a rien dit.

— Cela me réconcilie avec elle, si elle a tout donné aux pauvres.

— Tout, tout, tout. Elle n'avait même laissé que de quoi être enterrée comme les pauvres; c'est moi qui me suis chargée de ses funérailles, c'est moi qui me suis chargée de son tombeau.

— Est-ce que Guy ne vous a pas disputé ce pieux devoir?

— Guy? Vous le connaissez bien! Trois jours après la mort de la marquise, il était retourné à la chasse. Il avait voulu l'épouser sérieusement; mais demain je n'ai qu'à lui faire un signe électrique, il voudra m'épouser tout aussi sérieusement.

— Et pourquoi a-t-elle refusé la main de votre cousin?

— Parce qu'elle en aimait un autre.

— Qui donc?

— Je vous le dirai.

Les chevaux s'étaient arrêtés à la porte du cimetière. Rodolphe et la duchesse s'avancèrent lentement, presque silencieux, sous les arbres dépouillés.

— C'est là! dit tout à coup la duchesse en indiquant de la main une tombe de marbre blanc, où aucun nom n'était inscrit. C'est là : agenouillez-vous, car c'était une vraie femme.

— Est-ce que c'est la tombe de votre tante?

— Non, c'est la tombe de la marquise Cavoni.

Rodolphe se découvrit.

— Pourquoi n'y a-t-on pas inscrit son nom?

— C'est que je voulais vous demander un conseil.

La duchesse regarda Rodolphe, qui était demeuré debout et semblait ne pas comprendre.

— Je voulais, reprit madame d'Armailly, vous demander lequel de ces deux noms il fallait graver ici.

Elle prit un crayon et elle écrivit :

LA MARQUISE VITTORIA CAVONI,

Et plus loin :

CLÉOPATRE.

Une lumière soudaine fit pâlir et chanceler Rodolphe. Il tomba agenouillé en étouffant un sanglot.

La marquise s'agenouilla aussi et pria.

— Je vous remercie, dit Rodolphe, de l'avoir bien aimée, qu'elle s'appelât Vittoria Cavoni ou qu'elle s'appelât Cléopâtre. Vous, qu'on a calomniée, vous êtes une noble femme. Elle, que mon amour a perdue, elle était restée digne de vous.

A cet instant, une jeune femme vêtue en petite bourgeoise vint, toute triste et toute recueillie, déposer une couronne de violettes de Parme sur le marbre blanc. Elle salua discrètement la duchesse et s'agenouilla à distance.

— Qu'est-ce que cette femme? demanda Rodolphe à la duchesse.

— C'est une jeune mariée qui doit son bonheur à celle qui est morte.

Madame d'Armailly raconta en quelques mots l'histoire de la dot de la raccommodeuse de dentelles.

— Elle était venue, poursuivit-elle, rapporter des dentelles à la marquise Cavoni, qui a voulu la voir. La jeune femme a reconnu Cléopâtre. Ç'a été une scène déchirante. Elle a demandé à la veiller, et elle était là, avec moi et le curé de Sainte-Clotilde, quand la marquise est morte.

Un silence.

— Et que vous a-t-elle dit en mourant? demanda Rodolphe.

— Elle a murmuré votre nom en me pressant la main. Mais chut! j'avais juré de ne pas vous dire cela. Et, d'ailleurs, ce n'est pas son dernier mot.

— Parlez.

— Son dernier mot, le voici : elle regarda cette jeune femme, qui priait comme aujourd'hui, et elle s'écria dans une effusion vers Dieu : QUE C'EST BEAU LA VERTU!

Rodolphe prit le crayon des mains de la duchesse.

— Voici, dit-il, le seul nom qu'il faudra graver sur ce tombeau :

ANGÈLE.

La duchesse serra la main de Rodolphe et lui dit, avec des larmes dans les yeux :

— Rodolphe, venez souvent me voir pour la pleurer.

J'ai vu hier Rodolphe chez madame d'Armailly : le consolera-t-elle ?

Dans un roman qui finit il y a toujours un roman qui commence.

FIN

Achevé d'imprimer le 15 juillet 1864.